谨以此书献给我的父亲

/中/华/女/子/学/院/性/别/研/究/丛/书/

中世纪英国
农村妇女研究

王向梅◎著

中国社会科学出版社

图书在版编目(CIP)数据

中世纪英国农村妇女研究／王向梅著 . —北京：中国社会科学出版社，
2013.12

（中华女子学院性别研究丛书）

ISBN 978 – 7 – 5161 – 3842 – 7

Ⅰ.①中…　Ⅱ.①王…　Ⅲ.①农村 – 妇女 – 问题 – 研究 – 英国 –
中世纪　Ⅳ.①D445.616

中国版本图书馆 CIP 数据核字（2013）第 312079 号

出 版 人　赵剑英
责任编辑　任　明
责任校对　石春梅
责任印制　李　建

出　　版　中国社会科学出版社
社　　址　北京鼓楼西大街甲 158 号（邮编 100720）
网　　址　http：//www.csspw.cn
　　　　　中文域名：中国社科网　　010 – 64070619
发 行 部　010 – 84083685
门 市 部　010 – 84029450
经　　销　新华书店及其他书店

印刷装订　北京市兴印刷厂
版　　次　2013 年 12 月第 1 版
印　　次　2013 年 12 月第 1 次印刷

开　　本　710 × 1000　1/16
印　　张　16.5
插　　页　2
字　　数　275 千字
定　　价　45.00 元

总　序

　　岁月如歌，芳华凝香，由宋庆龄、何香凝、蔡畅、邓颖超、康克清等革命前辈于 1949 年创设的"新中国妇女职业学校"发展而来的中华女子学院，已经建设成为一所独具特色的普通高等学校。学校积极承担高等学校职能，秉承引领先进性别文化、推进男女平等、服务妇女发展、服务妇女国际交流与政府外交的重要使命，坚持走"学科立校、科研强校、特色兴校"之路，正在为建成一流女子大学和妇女教育研究中心、妇女理论研究中心、妇女干部培训中心、国际妇女教育交流中心而奋发努力。

　　1995 年第四次世界妇女大会以来，性别研究和社会性别主流化在国内方兴未艾，我校抓住机会，积极组织开展妇女/性别研究，努力在此领域打造优势和特色，已取得积极成效。我校在大陆第一个设立女性学系、设立中国妇女发展研究中心、中国妇女人权研究中心，建设中国女性图书馆，率先招收女性学专业本科生和以妇女服务、妇女维权为研究方向的社会工作专业硕士研究生；我校还首批入选全国妇联与中国妇女研究会批准的妇女/性别研究与培训基地，成为中国妇女研究会妇女教育专业委员会、中国婚姻家庭法学研究会秘书处单位。

　　长期以来，我校教师承接了诸多国家级、省部级课题和国务院妇儿工委、全国妇联等部门委托的研究任务，在妇女/性别基础理论、妇女与法律、妇女与教育、妇女与参与决策和管理、妇女与经济、妇女与社会保障、妇女与健康等多个领域作出了颇有建树的研究，取得了丰硕的研究成果，为推进男女平等基本国策的实现、推动社会性别主流化、促进妇女儿童发展与权益保障作出了积极努力。

　　作为一所普通高等学校，我校也着力加强法学、管理学、教育学、经济学、艺术学、文学等学科和专业建设，鼓励教师将社会性别视角引入不同学科的研究，大力支持教师开展各自所在学科和专业的研究。特别是近年来，通过引进来、走出去等多种措施加强师资队伍建设，我校教师的科研能力与学术水平有了较好的提升，在不同学科领域，不少教师都作出了可喜的科研成果，值得鼓励和支持。

我校组织编撰的"妇女教育发展蓝皮书"系列已由社会科学文献出版社出版发行，并获得良好反响。为展示和推广我校教师在妇女/性别领域和其他学科领域的研究成果，学校特组织编撰《中华女子学院性别研究丛书》和《中华女子学院学术文库》两套系列丛书，并委托中国社会科学出版社统一出版发行。性别研究丛书将集中出版我校教师在妇女/性别理论、妇女发展的重大问题、跨学科、多学科研究妇女/性别问题等多个方面的著作；学术文库将收录我校教师在法学、管理学、教育学、经济学、艺术学、文学等学科领域有代表性的论著。入选丛书的著作，都经过校内外专家评审，有的是教师承担国家级、省部级课题或者专项委托课题的研究成果，有的是作者在修改、完善博士论文基础上而形成的成果，均具有一定的学术水准和质量。

上述丛书或文库是我校学科与科研建设成效的展示，也是献给中国妇女发展与高等教育事业的一份薄礼。"君子以文会友，以友辅仁。"我们期望，这两套丛书的出版发行，能够为关注妇女/性别研究和妇女发展的各界朋友提供一个窗口，能够为中华女子学院与学界的交流与合作提供一个平台。女子高等学校的建设与发展，为中国高等教育事业和妇女教育事业的发展增添了亮色，我们愿意继续努力，为这一事业不断添砖加瓦，也诚请社会各界继续对中华女子学院给予指导、关心、支持和鞭策。

是为序。

中华女子学院党委书记、院长　张李玺

2013 年 12 月 30 日

序

徐　浩

中国人民大学历史系

　　英国是世界上妇女史研究起步最早的国家之一。19 世纪中期到 20 世纪早期，某些中产阶级妇女兼做妇女史，这些业余女历史学家描述了英国许多阶层的妇女形象。1844 年，英裔（一说爱尔兰裔）旅法诗人和历史学家路易莎·S. 科斯特洛耶（1799—1870）出版《英国杰出妇女回忆录》，[①] 成为早期现代最早的英国上层妇女传记。1896 年，博学家和历史学家莉娜·霭堪斯泰因（1857—1931）出版《修道生活下的妇女：500 和 1500 年间的神圣学问和女修道院生活记述》，[②] 考察了中世纪修女的生活全景。1919 年，女商人和历史学家艾丽斯·克拉克出版《17 世纪妇女的劳动生活》，[③] 探讨了英国妇女的经济活动。19 世纪下半叶至 20 世纪初正值西方第一次妇女解放运动风起云涌，上述业余女历史学家大都是女权主义者。她们不仅积极争取现实生活中的妇女权利，也开始关注历史上各种妇女的境遇，当之无愧地成为英国妇女史的开拓者。

　　作为第一次妇女解放运动的余波和受到传统史学向新史学转型的影响，20 世纪一十年代英国妇女史研究启动职业化，艾琳·鲍尔（1889—1940）是 20 世纪上半叶最重要的经济社会史学家之一，也是早期妇女史职业化的奠基者。1907 年鲍尔进入剑桥大学格顿学院学习，在校期间加入妇女选举权学会全国联盟，积极投身争取妇女选举权的斗争之中。1911 年鲍尔获得伦敦政治经济学院（简称伦敦经济学院，LES）的乔治·肖伯

[①]　Louisa S. Costello, *Memoirs of Eminent English Women*, London, 1844.

[②]　Lina Eckenstein, *Woman under Monasticism: Chapters on Saint-Lore and Convent Life between A. D. 500 and A. D. 1500*, Cambridge, 1896.

[③]　Alice Clark, *Working Life of Women in the Seventeenth Century*, London, 1919.

纳研究奖学金，作为研究生开始研究中世纪妇女。1913 年起她先后在剑桥大学格顿学院（1913—1921）、伦敦经济学院（1921—1924，1910 年该学院并入伦敦大学）和伦敦大学（1924—1931）任教，主要研究中世纪妇女史和社会史。应该说，伦敦经济学院成就了鲍尔的社会史和妇女史研究。那里是英国经济史研究的中心，韦伯、陶内和贝弗里奇等著名经济史学家曾先后在此工作，潜移默化地形成了劳工社会主义和基督教社会主义的中左翼传统，学术空气比较开放和包容，这对一位研究妇女史和社会史的女历史学家来说是十分难能可贵的。1919 年起鲍尔出版了多种重要的社会史和妇女史著作，例如《科吉歇尔的佩考克斯家族》、《中世纪英国的女修道院，1275—1535》、《中世纪的人们》、《历史上的男孩和女孩》、《中世纪的遗产》中的第七章《妇女的地位》，以及演讲集《中世纪妇女》。① 鲍尔的研究充满人文关怀，大多以中世纪的普通人作为主角，与传统史学的英雄史观形成鲜明对照。

　　身为一位女历史学家，妇女史自然而然地成为鲍尔社会史研究的重要内容。完全可以肯定地说，妇女史是鲍尔毕生的学术追求。《中世纪妇女》是其未完成的遗嘱，由著名中世纪经济史学家，鲍尔的丈夫 M. M. 波斯坦（1899—1981，1937 年与鲍尔结婚）编辑出版。在为该书撰写的"序言"中，波斯坦饱含深情地指出了妇女史在鲍尔学术生涯中的重要地位：②

　　"艾琳·鲍尔（Eileen Power）作为一位学者，一生潜心钻研中世纪妇女的历史。鲍尔的抱负是要在这个领域进行更加全面的研究，超出现有的任何著作。同时，在其它方面，主要是在中世纪的贸易方面，她也花费了大量的时间与精力。但是，她从来也没有停止过为中世纪妇女的研究所进行的材料收集与整理工作。在她专心致志的研究中，她还有《中世纪的英国女修道院》、《巴黎的贵族》（似应译为《巴黎的古德曼》——引者注）、《圣母玛利亚的奇迹》这些副产品。但更大量、或许是更具有吸引

---

① Ileen Power, The Paycockes of Coggeshall, 1919; Medieval English Nunneries, C. 1275 to 1535, Cambridge University Press, 1922; Medieval People, London, 1924; 'The Position of Women', in C. G. Crump & E. F. Jacob, eds., The Legacy of the Middle Ages, Oxford University Press, 1926, pp. 401—433; Medieval Women, Cambridge University Press, 1975〔［英］艾琳·鲍尔：《女性与上帝》，乐爱国译，辽宁教育出版社 1989 年版〕.

② ［英］艾琳·鲍尔：《女性与上帝》，第 1—2 页。

力的是她就这个专题多次在剑桥、伦敦经济学院、美国各地以及广播电台上所进行的通俗讲演。这些通俗的文章大概除《中世纪的遗产》中的某一章外一直没有正式发表。"

鲍尔的演说集涉及了中世纪的妇女观，以及贵族、城市和农村以及修道院中的所有妇女，全面展示了中世纪人对妇女的看法和各阶层妇女的生存状态，成为鲍尔妇女史研究的扛鼎之作，同时也是英国中世纪妇女史研究的代表作之一。现实关怀则是鲍尔史学研究的另一重要特点。20 世纪30 年代第一次妇女解放运动归于沉寂，资本主义世界陷入严重的经济危机，历史学向经济史转向。从 20 世纪三十年代直至去世，鲍尔将研究重点暂时转向中世纪经济史，这也是她通常被认为是中世纪经济史学家的原因。她在三十年代曾担任伦敦大学、伦敦经济学院和剑桥大学的经济史教授，1926、1927 年分别创立经济史学会和《经济史评论》，著有《15 世纪的英国贸易》（与波斯坦合著，1933），《英国中世纪史中的羊毛贸易》（1941），与 R. H. 陶内主编《都铎经济文献》（三卷，1924），与克拉潘主编《剑桥欧洲经济史》第一卷"中世纪的农业生活"（1942）等。但天不假年，1940 年鲍尔在 51 岁时因心脏病去世，再没有机会完成她的中世纪妇女的著述计划，这不能不说是英国中世纪妇女史研究无法挽回的重大损失。

中世纪妇女史真正蓬勃发展出现在 20 世纪七八十年代以来。六十年代随着第二次女权运动兴起和社会史转向，妇女史研究进入繁荣时期。七八十年代以来，妇女史研究迅速走向专业化，并发展为历史学中最受欢迎和最有前途的分支学科之一。① 在此过程中，中世纪妇女史异军突起，成为妇女史研究的重要领域。截至 20 世纪末，妇女史研究成果突飞猛进地增长，梅薇思在 1999 年出版的《中世纪英国社会中的妇女》一书的"导言"中开篇感叹道："上个 15 年出版的中世纪妇女史著作比以前的 150年还要多。"② 中世纪妇女史研究涉及妇女史的史料收集、妇女地位与权利和妇女角色等一系列重要问题，大多已初步达成了共识。

从事中世纪妇女史研究首先遇到的问题是史料从何而来。无庸讳言，

---

① 徐浩、侯建新：《当代西方史学流派》，中国人民大学出版社 1996 年版，第 195—199 页。

② Mavis E. Mate, Women in Medieval English Society, Cambridge University Press, 1999, p.

由于史料的匮乏，写作中世纪妇女史成为一件极为困难的事情。中世纪妇女很少识字，大多数人没有机会记录自己的思想、感情和态度。大多数的中世纪档案都是由男人为男人写的，因而专门记载甚至包括妇女信息的文献少之又少，中世纪早期尤其如此。目前为止，中世纪妇女史学家使用的原始材料主要有以下几种。一是教会妇女的劝谕性书信；二是贵族妇女向丈夫通报家务等事项的通信；三是妇女遗嘱；四是少数妇女的自传和女性读本；五是男性撰写的有关妇女生活、本性和地位的评论；六是法庭案卷，特别是庄园或城市法庭案卷中透露了大量妇女劳动、婚姻状况、参加公共生活、家庭和朋友网络、犯罪和土地所有权的信息；七是记录土地转让的特许状，有时透露了女性所有权；八是考古发掘等。[①] 这些原始材料对研究中世纪各阶层妇女有不同价值，其中遗嘱和庄园、城市的法庭案卷等是研究普通妇女的珍贵史料。

中世纪妇女地位是妇女史研究讨论的另一个重要问题。妇女究竟在中世纪社会中处于何种地位？总的说，中世纪妇女的地位低于男子，苏拉密斯·萨哈将自己研究中世纪欧洲妇女的专著名为"第四等级"，[②] 即为明证。所谓第四等级是与 11 世纪的三等级理论相对而言的，按照这一理论，僧侣、武士和劳动者自上而下构成三个社会等级，分别负责祈祷、保护和生产。上述三个等级显然都是男子，没有为妇女留下一席之地。有鉴于此，妇女在中世纪社会中便迫不得已沦为继三个男性等级之后的第四等级。中世纪妇女地位低于男子完全是教会和贵族的偏见所致，除教会法将人类原罪的根源归咎于妇女的始祖夏娃外，世俗法也认为妇女智商低、轻浮、狡猾和贪婪等。中世纪妇女地位低于男性的重要标志是她们被剥夺了担任公职的权利，换言之，妇女不能像男子那样承担和履行公共职务。尽管"不同婚姻地位、不同阶层的妇女所拥有的权利是不同的，但是，有一些法律上的限制针对全体妇女，这也是等级文学把妇女看作一个特定阶层的原因之一。根据法律，妇女不能够参加国家和社会的任何管理，不能在政府和军队中任职，不能担任律师和法官。从封建领主的宫廷到城市自治机构，从皇家御前会议到欧洲各国的议会，所有这些政府机构的大门都

---

① Sandy Bardsley, Women's Roles in the Middle Ages, London : Greenwood Press, 2007, pp. 3—12.

② ［以］苏拉密斯·萨哈：《第四等级——中世纪欧洲妇女史》，林英译，广东人民出版社 2003 年版。

对妇女关闭，等级文学明确宣布，妇女绝对不能担任任何公职，她们应献身于女性和家庭的事务。"①

尽管中世纪妇女在理论上属于第四等级，但这并不意味着当时的两性关系势不两立，或者说妇女在实际生活中完全是被统治者和被压迫者，真实情况绝非如此。鲍尔甚至还提出了截然相反的看法，对中世纪日常生活中的两性关系做出了非常乐观的估计："妇女的社会地位决不仅仅是由理论上的看法来决定的，它更取决于必然存在的事实，取决于日常生活中妇女的奉献与获得。由这些事实决定的妇女在中世纪的地位就既不是高贵的，也不是卑贱的，而是一个与男人大致平等的地位。因为在日常生活中，男人不可能没有女人。他依靠她安排舒适的家庭，要依赖她在他外出时照料他的事务，这几乎在任何时期都是这样。的确，男人与女人的关系属于伴侣关系，这在中世纪随时可以看到，甚至在教士有关妇女的作品中也可以看到。"② 因此说，妇女作为"第四等级"并不是绝对的，中世纪两性关系更多地表现为合作而非对抗，有些妻子在家庭中的地位甚至超过丈夫。

除了性别上的不平等外，中世纪妇女权利还依据阶层和婚姻状况的不同而存在着这样那样的差异，换言之，不同阶层和婚姻状况的妇女享受不同的权利。例如贵族妇女比其他阶层妇女享有更崇高的地位。"在中世纪，上层阶级的贵妇人无论从何种意义上说都是有地位的人。按照骑士看来，她是受敬慕的人，是所有风流韵事的源泉和一切崇拜的对象，只要她一声令下，他便效犬马之劳，赴汤蹈火也在所不辞。"③ 再如，中世纪有些妇女出于宗教狂热和摆脱婚姻束缚的目的自愿进入修道院成为修女，但修道院却往往出于经济考虑拒绝贫困妇女成为修女。"理论上，任何拥有自由人身份的妇女都可以进入修道院，实际上，本笃会和其他新修会中的修女几乎全部出身贵族和市民家庭，来自社会下层的女子只能做俗人修女（Lay sister）和修道院中的女仆。"④ 此外，妇女的权利也会受到婚姻状况的影响，女孩、成年未婚女性、已婚妇女、单身妇女和寡妇的权利有所不同，其中已婚妇女权利最小，既不能独立处理家庭财产，对外也无独立法

---

① ［以］苏拉密斯·萨哈：《第四等级——中世纪欧洲妇女史》，第 11 页。

② ［英］艾琳·鲍尔：《女性与上帝》，第 23 页。

③ 同上书，第 24 页。

④ ［以］苏拉密斯·萨哈：《第四等级——中世纪欧洲妇女史》，第 41 页。

人资格。"在夫妇共同生活期间，（至少法律规定）妻子不经丈夫同意，无权出卖、抵押、转让和交换她自己的财产，没有丈夫的同意她也不能自立遗嘱分配财产，但她自己的衣服和珠宝除外。"同时，"已婚妇女受到丈夫的监护，换句话说，她在某种程度上又恢复到未成年者的地位上，她的法律权利很有限，法律一般认为未经丈夫同意已婚妇女不能签署、借贷或就民事纠纷向法庭起诉，这不仅是因为丈夫掌管财权，更是因为已婚妇女的地位。"①成年未婚妇女、单身妇女和寡妇在上述方面却与已婚妇女大不一样，在很大程度上拥有对财产的自主处置权和独立法人地位，城市和农村普通人家的成年未婚妇女、单身妇女和寡妇甚至比已婚贵族妇女具有更多被法律承认的民事权利。

　　妇女在中世纪社会承担着多种角色。首先，妇女可以担任修女。整个中世纪，修女通常来自社会上的富裕阶层，因为女修道院需要进入者交纳类似于嫁妆的一笔费用。各国修女数量多少不一，以修女数量最多的中世纪中期为例，1250年德意志有2.5至3万人，而英国仅有2500至3000人。其次，妇女承担操持家务和赚钱糊口或补贴家用的角色。中世纪妇女所从事的工作依据社会地位（农民妇女、城市妇女或贵族妇女）相差悬殊，不同阶层的妇女可以酿酒、纺织丝绸、照顾婴儿、贷款、出售食品、做妓女出卖身体和管理富裕家庭等。妇女工作的共同特点是经常同时从事多种工作，而非像男人那样长时间做一件工作。第三，中世纪妇女角色也与婚姻状况密切相关，女孩、未婚青年女性、终生未婚妇女、已婚妇女、母亲和寡妇等不同婚姻状况的女性扮演不同的角色。此外，中世纪个别妇女也从事文学艺术工作，女艺术家、女作家、女音乐家和支持上述工作的女赞助人不乏记载。②

　　国外中世纪妇女史早已成为显学，但令人遗憾的是国内却几乎鲜有人问津，读者现在看到的王向梅女士的这部著作对于改变这种不正常局面作出了积极的努力。向梅是我完整带的第一届博士生（与她同届的还有李化成），于2003年开始在中国人民大学历史系学习中世纪史，2006年获得博士学位。毕业后继续从事妇女学和妇女史的研究与教学工作，取得许

---

① ［以］苏拉密斯·萨哈：《第四等级——中世纪欧洲妇女史》，第99、100页。

② Sandy Bardsley, Women's Roles in the Middle Ages, pp. 39, 59.

多骄人的成绩。她的博士学位论文《中世纪英国农村妇女研究》以妇女中的绝大多数人作为考查对象，在广泛收集史料的基础上，以实证方法全面展示了中世纪英国农村妇女的地位、权利和角色，是国内学生学者和对历史感兴趣的人士了解中世纪英国农村妇女状况的不可多得的参考书。该著出版前，向梅索序于我，尽管事情非常多，但我还是很高兴做这件事情。在此也衷心希望向梅今后再接再厉，在中世纪妇女史领域不断做出新业绩。

是为序。

二〇一四年一月于世纪城

目　录

绪　论

一　选题的目的与意义

20世纪80年代以来，妇女史研究在国内得到了迅猛发展，成为史学研究中一个令人瞩目的新领域。一方面，妇女史研究的成果不断涌现，学者队伍也不断壮大；另一方面，妇女史研究的理论逐渐完善，研究方法也有显著改进。妇女史现已成为获得史学界关注和认可的新的学术增长点；它已经不再是单纯从女性立场来批判那种以男性为主体的传统史学，而是逐渐向更为客观和完善的妇女—社会性别史转变；妇女史研究不仅受到来自西方女性主义理论和方法的启迪与引导，而且更善于运用马克思主义唯物史观和新社会史的理论与方法。此外，随着妇女史研究理论与方法上的日趋丰富和完善，其研究领域也得到了不断的扩展。

但是，妇女史研究的推进在令人欣喜之余，也存在相当多的遗憾与不足：从妇女史学者在国内史学界所占的比重来看，学术力量相当薄弱；从妇女史的研究领域来看，对国内外妇女历史的研究比例失衡。据统计，在1990—2001年国内学者有关妇女史研究公开发表的论著中，外国妇女史研究论文仅占13%（85篇），中国妇女史论文占84%（584篇），妇女史理论占3%（26篇）；外国妇女史研究的著作占22%（6部），中国妇女史论著占78%（21部）。① 总体上，每年仅有屈指可数的国外妇女史研究论文发表，著作更是寥寥无几，足见外国妇女史研究的单薄无力。尽管近几年外国妇女史研究成果有增长的趋势，但是这组数字仍具有相当大的代

---

① 刘文明：《"新妇女史"在中国大陆的兴起》，《史学理论研究》2003年第1期，第82—83页。

表性。在这种情况下，外国妇女史研究上存在大量空白，且现有的为数不多的外国妇女史学者之间研究领域相差太大。这不仅极大地阻碍了相互之间的深入交流与讨论，而且使人难以形成对西方妇女历史的完整认识。这些状况，对于推动我国妇女史研究、中西妇女史的对比研究，以及对西方社会历史的研究等都非常不利。

纵观国内学者对英国妇女史的研究，研究对象主要集中于上层妇女、城市中产阶级妇女和女工等妇女群体；研究时段上，对近代以来，尤其是工业革命前后妇女历史的研究占多数；从研究专题来看，主要涉及女权运动、妇女就业以及妇女的地位和权利等专题的研究。对中世纪英国农村劳动妇女的研究尚未引起国内学者的足够重视，除了在中世纪经济史、社会史和宗教史的研究中偶尔涉及劳动妇女的部分情况以外，专题研究非常鲜见。不过值得肯定的是，一些学者对于中世纪西欧婚姻、家庭和寡妇的研究，在一定程度上展示了英国农村劳动妇女的部分生活状况，为进一步的研究奠定了基础。

而要全面了解中世纪英国农村劳动妇女的生活状况，就必须看到妇女在婚姻家庭生活领域之外的活动，包括经济活动、政治活动和社会交往等广泛内容，而且既要有对农村劳动妇女整体的分析，又要看到不同阶层、不同生命阶段的劳动妇女之间的差异。中世纪英国的农村劳动妇女，在乡村人口中占到半数以上，她们不仅在私人领域中扮演重要角色，而且在经济和社会生活中也发挥着非常重要的作用。所以，对中世纪英国农村劳动妇女的研究，不仅可以填补妇女史研究领域的空白，而且有助于深化对中世纪英国社会的认识。为此，笔者选择以中世纪英国农村劳动妇女研究为题展开论证，希望本研究能够成为引玉之砖，使西方妇女史得到学界更多的关注。

在现实层面上，随着社会的发展，人们对各类社会问题的关注越来越多，妇女问题就是其中之一。在认识和处理现实问题的过程中，人们逐渐意识到，当今的诸多妇女问题，都可以从历史中找到根源。换言之，脱离妇女的历史，就无法正确解释妇女和性别的现实问题。而西方妇女史研究，不仅有助于了解西方妇女的过去和现状，而且是正确认识西方女权运动的重要基础，对于正确对待女权主义思潮对中国社会带来的各种影响，以及解决现实性别问题都具有重要意义。

二　国内外研究现状

1. 国外研究状况回顾

妇女史是西方史学领域里一颗耀眼的明珠，自 19 世纪末在学术界产生以来，它不仅从不同的角度展示了妇女的生存状况和社会经历，增强了历史的客观性和完整性，而且对传统史学的理论方法和思维模式形成种种有益的挑战。中世纪英国大众妇女的研究，是西方妇女史研究的一个重要分支，但是由于受到主流史学观念的影响，以及资料收集和考证上的困难，使该领域一度受到漠视，学术界的专门研究非常罕见，而相比之下，上层妇女的研究成果却层出不穷。直到 20 世纪六、七十年代，妇女史研究开始转型，越来越多的学者从关注上层妇女转向大众妇女。在几代学者的不懈努力下，对于大众妇女的研究不但成果显著，而且理论和方法日趋完善，其中英国大众妇女史研究所取得的成绩尤其骄人。

19 世纪末到 20 世纪初，西方妇女史研究产生，并曾出现一次短暂的高潮。但是，此时西方学术界占主导的是侧重政治史和精英人物史的传统史学，妇女史研究必然受到直接影响。结果，此时段的妇女史研究一般以上层妇女为研究对象。不过，也有一些学者关注到了普通妇女的经历，在这方面做出杰出成绩的先驱是艾丽斯·克拉克，其著作《17 世纪妇女的劳动生活》（1919 年）考察了普通妇女劳动生活的特点与所经历的变化。她认为，17 世纪是妇女历史的转折点，此后，产品生产从家户转向了资本主义的大农场和厂房，这些机构雇用的是个体劳动力而不是整个家庭，这些变化必然会影响家庭内外的关系，影响到妇女的地位和处境。[①] 克拉克把妇女历史的转折点定位于 17 世纪，现在看来是比较保守的，因为这种转折早在一个世纪之前就已经开始了。不过，她率先从经济形态的转型来考察妇女经历的变化，为当时及其后的学术研究提供了很好的思路，而且她的研究所揭示出的问题成为后来妇女史研究的基础和无法回避的重点问题。

20 世纪六、七十年代，西方妇女史研究经历了一次重要转折。这种变化来自两个方面的推动：其一，女权运动的第二次浪潮在很

---

① Alice Clark, *Working Life of Women in the Seventeenth Century*, 1919；rpt. London：Routledge & Kegan Paul, 1982.

大程度上冲击了过去以男子为中心的社会结构和价值观念，也促使人们用一种新的眼光重新审视历史，结果发现以前的历史是片面的，于是一些学者就提出应该把妇女加入历史之中，此种观点被称为"添加式的妇女史"。其二，"自下而上"的新社会史兴起，它重视普通大众的行为和意识在历史过程中的作用，因此必然关心占人口一半以上的女性的行为和意识。而且新社会史倡导计量、口述、人类学和社会学等研究方法，使那些被忽视的资料，包括原始记录和教区记录、税务册、法庭档案、结婚登记簿等，被广泛发掘和使用，产生了一大批颇具影响力的成果。这两种学术倾向的联手，推动了传统妇女史的转型，越来越多的学者从关注上层妇女转向大众妇女。西方学者既受到女权主义思潮的启迪，又吸收了新社会史的理论和方法，掀起了一股妇女研究热潮，涌现出不少优秀成果，初步确立了妇女史在史学界的地位。

正是在这种"向下看"的妇女史研究中，中世纪英国农村劳动妇女也越来越多地进入研究者的视野，在 20 世纪 70 年代中后期尤其如此。艾琳·鲍尔的《中世纪妇女》（1975 年）和苏珊·莫舍·斯图尔特的《中世纪社会中的妇女》（1976 年）以及贝克主编的《中世纪的妇女》（1978 年），都对中世纪各阶层妇女的生活做出了多方面的积极探索。著名史学家希尔顿在其《中世纪晚期的英国农民》（1975 年）一书中为农村劳动妇女单列一章，对其生活状况作了较为详细的分析。在此时期的作品中，鲍尔与希尔顿的观点是比较典型的。鲍尔既是英国第一代的经济史学家及《经济史评论》创办者，也是社会史和妇女史先驱。她长期关注中世纪的妇女观、妇女教育及劳动与生活等专题，并发表了卓有见地的观点，对妇女史研究本身及其社会效应方面都做出了重大贡献。鲍尔在其对经济史研究的深厚基础上，考察了农村和城市妇女在经济生活中所扮演的重要角色。希尔顿作为著名的经济史和社会史学家，较早意识到在各个社会阶级的历史中缺失了另一半的独立历史，于是他在对中世纪晚期农村研究的基础上，考察了农村妇女的土地权利、工副业活动和乡村公共生活等方面的状况。尽管两位史学家对农村妇女进行研究的侧重点不同，但他们同样地对农村妇女的状况持乐观态度。鲍尔甚至认为中世纪的妇女与男人之间没有明显的地位高低之分，而是享有一种"粗略的平等"（rough and ready equality)。① 但随着研究的日渐深入，这些观点因为过于乐观而受到不少妇女史学家的批评。

此外，一些与中世纪大众妇女历史相关的专题研究也取得了不少成果。妇女的婚姻家庭和性生活等方面，以斯通所著的《1500—1800 年英国的家庭、性和婚姻》为代表。该著作对近代以来欧洲人在家庭、婚姻和性行为上的变化进行较为充分的分析和论证，使它成为研究婚姻家庭的典范之作。但是，斯通侧重于对上层社会的关注，而且书中对近代以前的家庭关系和妇女地位的论述也显示出他对中世纪怀有一定的成见。很显然，斯通所作的论证似乎没有把广大普通妇女包括在内，这使他的结论所涉及的范围比较有限。劳动的性别分工，在此时段开始受到一些学者的重视。罗伯茨研究了收获季节两性在农业劳动中的不同特点，梅德尔顿则对英格兰封建社会中的性别分工进行了深入探讨，莫韦奇的《中世纪妇女的角色》也对中世纪及文艺复兴时期妇女的工作和角色进行了分析。此外，妇女的生命预期也开始受到一些学者关注。②

总体上，此时段西方学术界对大众妇女史的研究主要集中于经济作用和社会地位等方面，其成果基本上可以归为"添加式的妇女史"，而且尤其注重不同阶级妇女之间的差异，而忽视了性别之间的重要差别。但值得肯定的是，此时段的妇女史学者率先开始反思历史本身的含义以及其研究对象被界定的方式，使历史研究呈现出新的面貌。

20 世纪 80 年代，有更多的学者加入普通妇女研究的行列，研究的角度也日渐多元，有致力于妇女通史的研究，也有针对某个专题的研究。首先应该提到的是安德森和津泽所著的两卷本《她们自己的历史：从史前至今天的欧洲妇女》（1988 年），该著作不但用

① Eileen Power, *Medieval Women*, Cambridge University Press, 1975, esp. , pp. 53—75, quote from p. 34; Susan Mosher Stuard, *Women in Medieval Society*, the University of Pennsylvania Press, 1976; R. H. Hilton, *The English Peasantry in the Later Middle Ages*, Oxford, 1975, esp. , pp. 95—110.

② Lawrence Stone, *The Family, Sex and Marriage in England*, 1500—1800, Penguin Books, 1984; M. Roberts, "sickles and scythes: Women's work and men's work at harvest time", *History Workshop*, 7 (1979), spring, p. 329; C. Meddleton, "the sexual division of labour in feudal England", *New Left Review*, 1979; R. T. Morewedge, ed. , *The Role of Woman in the Middle Ages*, London: Hodder and Stoughton, 1975; D. Herlihy, "Life expectancies for women in medieval society", in R. T. Morewedge, ed. , *The Role of Woman in the Middle Ages*, 1975.

丰富的资料来展示欧洲妇女生活的漫长历程，而且将农村劳动妇女的劳动与生活放在第一卷中进行研究，显示出对于劳动妇女状况的重视。更为重要的是，该书采用社会性别视角来分析不同时期各阶层妇女的经历。作者认为社会性别（gender）是塑造欧洲妇女生活的最重要因素，因为时代、阶级和国家等范畴对于区分妇女的经历，没有像它们影响男人的经历那样重要，而社会性别给妇女带来的是具有压倒一切差异的共性。正如作者在书中所说，"生为女性，既是界定妇女经历，并使妇女与男性的经历截然不同的首要因素，也是给所有欧洲妇女的生活带来一种根本共性的首要因素"。① 总之，该著作不仅在资料、选题、内容等方面有所突破，而且也是西方妇女史学家将社会性别视角引入历史研究的第一项大型研究。不过，尽管社会性别这一分析范畴在历史研究中非常有用，但学者们在运用这一新的视角进行分析时，难免有矛盾和牵强之处。

大众妇女研究方面，以贝内特的《中世纪英国乡村中的妇女：瘟疫前布里格斯托克的社会性别与家户》为主要代表。贝内特在书中首先指出了西方妇女史研究中对中世纪妇女研究的不足，然后以一个庄园为个案，深入研究了两性在乡村社会中的不同经历及其成因。她指出，家户内的地位和社会性别等因素同时影响着中世纪乡村中的两性关系：男人在家户内的权威，成为他们在法律和政治层面上的权威的基础，而且也是妇女在公共层面上被认为应该附属于他们的依据；但那些曾经服从于丈夫的妻子，一旦寡居就可能成为户主，从而像男人一样享有对家庭其他成员的权威，并且承担乡村社会中的许多公共责任；但是，无论妇女处于什么样的家庭地位，她们总会遭遇到那些因为其性别而被限制的方面。因此，对中世纪的性别关系的考察既要以社会性别为研究视角，又要考虑到家户地位、年龄和婚姻状况等因素的影响，家户的地位所带来的影响常比社会性别更为重要。②

有关大众妇女的专题研究成果也颇多，主要集中在妇女的劳动与就业等方面。比如，林赛·查尔斯等主编的《工业化以前的妇女与劳动》

---

① Bonnie S. Anderson & Judith P. Zinsser, eds. , *A History of Their Own*：*Women in Europe from Prehistory to the Present*, Volume I, Harper & Row, 1988, quote from p. xv.

② Judith M. Bennett, *Women in the Medieval English Countryside*：*Gender and Household in Brigstock before the Plague*, New York：Oxford University Press, 1987.

（1985 年），不仅考察了工业化以前英国妇女的劳动与就业，而且还重点考虑了家内劳动的历史。苏珊·卡恩的《奉献的行业：1550—1660 年英格兰妇女工作的变革》（1987 年），对英国社会转型时期妇女的社会和经济状况的变化进行了分析，既探讨了家庭主妇的劳动，也涵盖了女性工人的经历。[①] 这些专题研究，使人们对于妇女在工业化以前的经济和社会领域中的状况有了较为深入的认识。

在研究妇女历史状况的基础上，许多学者对导致妇女在历史上处于不利地位的深层原因也进行了探讨。在这方面做出突出成绩的是著名女性主义学者杰达·勒纳，她把批判的矛头直接指向了父权制。在其广为人知的著作《父权制的起源》（1986 年）中，勒纳开宗明义地指出，自己是要通过历史证据来追溯"父系制性别关系得以纳入西方文明的主要观念、符号和隐喻的发展历程"。在对 70 年代以来西方学者对父权制的讨论进行总结之后，她发表了对于父权制的起源及发展历程的主要观点。在勒纳看来，"妇女，作为一个群体，具有对男性的决定权，或者决定性行为的规则或控制婚姻交换的那样一种的社会从未存在"。[②] 勒纳的观点有助于妇女史研究的深入，但她对父权制所进行的分析和批判后来受到不少指责，论者主要是批评她企图建构一个单一的欧洲中心的父权制模式。另一位学者理安·艾斯勒同样关注历史上的性别关系，但却提出了不同的论点。艾斯勒在其著作《圣杯与剑——男女之间的战争》中，对西方史前男女两性关系进行了考察，认为在人类社会中曾存在伙伴关系和统治关系两种组织模式。但是，自古代以来，社会的模式越来越以"剑"为主，而不是以一种和平的"圣杯与剑"并行的方式存在，这样，以男权话语为主的统治关系成为主导的社会形式。她认为社会发展的最佳状态是回归到一种男性和女性之间的平等伙伴关系上。艾斯勒对性别关系的分析和对社会模式的设想，引起了学术界的普遍重视。其著作自出版以来被多次再版，并被著名人类文化学家 A. 蒙塔古称赞为"自达尔文《物种起

---

① Lindsey Charles & Lorna Duffin, eds., *Women and Work in Pre - industrial England*, Croom Helm, 1985; Susan Cahn, Industry of Devotion: *the Transformation of Women's Work in England*, 1500—1660, Columbia University Press, 1987.

② Gerda Lerner, The Creation of Patriarchy, New York: Oxford University Press, 1986, quote from pp. 10, 30.

源》以来最重要的一本书"。①

总体来看，20 世纪 80 年代的西方妇女史研究经历了一个新的转折，呈现出新的趋势：

一方面，对妇女自身历史的研究日趋广泛和深化，学者们不再停留于对妇女地位和状况的概括与对比，开始把妇女研究与更广泛的社会经济变革联系起来，分析妇女的经历如何受到社会各种因素的塑造和影响。而且妇女史学者还意识到一个重要问题，即不能孤立地研究妇女，更不能将妇女的历史简单地纳入以男性为中心的传统史学的既定框架之中进行"添加式"研究，而是应该把妇女研究与对男性的考察结合起来。于是，围绕两性关系的模式与根源产生了长时间的热烈讨论，勒纳与艾斯勒的不同观点均是在此基础上产生的。

另一方面，研究角度日渐多元，尤其在 80 年代末，社会性别作为一个历史分析的范畴开始被接受和运用于研究。妇女史理论家琼·斯科特在 1988 年发表了《社会性别：一个有用的历史分析范畴》一文，对社会性别进一步界定，并且主张把它作为一个社会和历史研究的重要范畴，尤其要用于妇女史的研究。② 社会性别视角的引入，促使单纯的妇女史研究向妇女—社会性别史研究转变，有力地抵制了"生物决定论"对史学的渗透。在这种氛围的影响下，学者们开始把妇女置于社会、经济和政治进程以及知识发展的中心地位来进行研究，从而把妇女史研究推进到了一个新的阶段。美国学者苏珊·阿穆森的《一个有序的社会：英国近代早期的社会性别与阶级》，显示出她在这方面所做的显著努力。阿穆森开门见山地指出，本书旨在考察阶级与社会性别的关系。在该书的导论中，她结合斯科特等人的观点明确指出，社会性别与阶级一样，都是被社会建构并处于历史情景之中的。阶级视角强调的是对社会经济等级和与之相应的社会关系的研究，而社会性别则强调从可以看得到的男女之间的生物差别角度转向

---

① ［美］里安·艾斯勒：《圣杯与剑——男女之间的战争》，程志民译，社会科学文献出版社 1995 年版。

② ［美］琼·斯科特（Joan W. Scott）：《社会性别：一个有用的历史分析范畴》（1988 年），转引自李银河主编《妇女：最漫长的革命》，三联书店 1997 年版，第 151—175 页。原书中 gender 译为"性别"，为了便于区分，本书采用学界一般接受的译法，即"社会性别"。

社会关系角度的考察。社会性别与阶级并非独立体系，而是相互影响，围绕这两个核心的社会关系也因时而异。但是，人们对社会性别关系变迁的了解却远远不及对等级制度与阶级关系变化的了解。为此，作者力图透过17世纪英国资本主义产生对乡村社会所带来的影响，来考察社会性别关系的变化，以及阶级与社会性别之间的动态关系。① 社会性别引入史学研究的做法逐渐得到广泛认同，这为史学领域带来了新的活力，并引发了一种新的研究趋势。

20世纪90年代，妇女与社会性别史的研究日渐普遍和深入，而且异彩纷呈的女性主义理论对史学研究产生了重大影响，新的理论、方法和视角使妇女史研究呈现出与以往不同的显著特点。此时，越来越多的理论家倡导避免单一化的妇女或社会性别研究，要考虑它与阶级、种族、政治、宗教差异的交叉和互动，因为对妇女与社会性别的强调容易走向一种把妇女视为无差别的群体的误区，从而被冠以"西方中心论"和"白人中心论"而受到指责和批评。1996年，斯科特也在其原有的理论基础上提出要强调妇女研究中"差异"的重要性。她指出，由于人们身份认同的各种社会差别的相互作用，以及各种差别的内涵的历史变化，"妇女"不可能是一个内涵一致、固定不变的统一体，妇女之间存在着千差万别。因此，不能把社会性别用作单一的分析范畴，应该把它与国家、种族、民族、阶级、教育、年龄、性向等结合起来分析。② 这一理论认识上的迈进，反映了西方妇女史研究在理论上的深化和发展。

同时，妇女史研究的理论和方法上因文化史等研究方法的引入而取得突破性进展。从这一角度进行妇女史研究的学者，吸收了文学批评的理论和后结构主义的人类学方法，开始向那些放之四海而皆准的

---

① ［美］琼·凯利－加多（Joan Kelly－Gadol）：《性别的社会关系——妇女史在方法论上的含义》，见王政、杜芳琴主编《社会性别研究选译》，三联书店1998年版，第93页；盖尔·鲁宾（Gayle Rubin）：《女人交易》，同上书，第21—81页；［美］琼·W.斯科特：《性别：历史分析中一个有效范畴》，见李银河主编《妇女——最漫长的革命》，第151—175页。Susan Dwyer Amussen, *An Ordered Society: Gender and Class in Early Modern England*, Basil Blackwell, 1988, pp. IV, 4.

② ［美］琼·W.斯科特：《女性主义与历史·序》（1996），见王政、杜芳琴主编《社会性别研究选译》，第359—376页。

宏大叙事理论和普遍方法（如进化史观）挑战，强调情景化的话语构建和分析，对语言文字的中立质疑，认为任何再表现都难免有立场和价值观渗透其中，因此应侧重于对收集来的史料进行文本解读与分析。文化史的另一个重要启示是关于历史主体性问题，即对社会史中的"人"、妇女史中的"妇女"这类主体都进行质疑。受文化史影响的学者认为，没有普遍的"人"和"妇女"，也没有与生俱来的、本质的"男"和"女"，只有具有差异性的和在多种情境下形成的、复杂的、多重的甚至流动的社会身份及其认同，而这些都是社会文化建构的结果。90年代末，苏姗·弗里德曼进一步提出要"超越社会性别"，要用"社会身份新疆界说"来包容这种复杂、多元、变易的关于社会身份、位置的新社会论地理论概念——包括六种相关的不同的社会身份话语表现——多重压迫论、多重主题位置论、矛盾主体位置论、主体社会关系论、主体情景论、异体合并杂交主体论（1996—1998年）。① 这一理论在文学批评、文化研究、历史研究等学科领域得到了广泛响应与应用。

此外，认识论和方法论上也出现了新的趋势，传统的二元思维模式受到较大的冲击和质疑。一些理论学者致力于思考如何跳出困扰西方人的认识论和方法论上二元对立的思维模式，因为"男/女"、"生物/社会"与"自然/文明"等二元对立的成分，限制了学术思路的扩展。琼·斯科特在《对社会性别和政治的进一步思考》（1999年）一文中分析这种二元划分的困境，指出在把社会性别（gender）界定为一种社会文化建构时，无法排除其带有自然的内涵；同样当把性别（sex）定义为自然的生理范畴时，事实上与文化因素难以分开，比如，处于性别和社会性别中间的性行为（sexuality）在很大程度上是取决于文化建构而不是生理因素。因此，二者都是具有历史背景的概念，都是用语言表达的，其含义随文化的变化而变化，而且因文化不同而异。②

理论方法上如此新颖的观点不断出现，在一定程度上动摇了建立在

---

① ［美］苏姗·弗里德曼：《"超越"社会性别："社会身份新疆界说"与女权主义批评之未来》（节译），见《赋知识以社会性别》，天津师范大学妇女研究中心2000年版，第50—55页。

② Joan W. Scott, "Some Reflections on Gender and Politics", *Gender and the Politics of History*, New York：Columbia University Press, 1999.

"经验"基础上的实证主义史学传统对"经验"的信任，因为很大程度上它们也是被"建构"的结果，语言的使用和对客观真理的发现都变得更加困难，这些给历史学家带来的挑战是空前的。在这种学术氛围下，史学研究呈现出一些新的特点，就妇女史研究来说，社会性别已经成为最有效的、不可或缺的分析工具和研究视角之一。

此时期出版的有关西方妇女史的著作中，由乔治·杜比主编的五卷本《西方妇女史》是一部很有影响的力作。该书以女性主义的视角探讨了史前到现代与西方文明进程密切相关的女性活动与体验，考察了在不同历史时代"妇女"这个概念变动的范围，论述了性别建构的方式以及它对于社会、政治和经济生活的影响。该书的作者们在研究西方妇女史时，不仅把妇女看作话语的客体，也将她们视为积极的主体。他们不但注意女性对本身的看法，还注意男性对女性的态度，并从男女两性观点的差异中探讨历史的本来面目。它的价值正如杜比所说，"它是西方社会中男人和妇女之间关系上的正在进行而且影响深远的革命的一种产物"。此书也受到大量学者的称赞，劳伦斯·西斯认为，这部书做出了勇敢的新探索，无疑会成为欧洲史的里程碑。[1]

有关大众妇女的专题研究成果显著。学者们主要是关注妇女的劳动、财产权利和法律地位等，但是他们已经不再是仅仅考察妇女的状况，而是从社会性别的角度，把妇女与其所处的社会背景紧密结合起来。对妇女劳动的研究主要集中在工业化时期，其中，帕梅拉·夏普对工业化时代妇女劳动的研究十分具有代表性，她的《配合资本主义：英国经济中的劳动女性，1700—1850 年》（1996 年），以及她编著的《女性的劳动：英国的经历，1650—1914 年》（1998 年），都是从社会性别的角度考察英国资本主义发展和妇女劳动的关系，以及英国妇女的经济和社会状况与性别角色。伦德尔的《工业化社会中的英国妇女》（1991 年）研究了英国女工、家庭经济与工业化的关系。[2]

---

①　Georges Duby & Michelle Perrot, eds. , *A History of Women in the West*, I – V, Harvard University Press, 1992—1994.

②　Pamela Sharpe, *Adapting to Capitalism*：*Working Women in the English Economy*, 1700—1850, New York：St. Martin's Press, 1996 and *Women's work*：*the English Experience*, 1650—1914, New York：Arnold, 1998；Jane Rendal, *Women in an Industrializing Society*：*England*, 1750—1880, Oxford, UK；Cambridge, Mass. , U. S. A：B. Blackwell, 1991.

　　一些学者把社会性别与其他研究视角结合来开展史学研究，取得了不少有分量的成果。在这些学者中，有不少是著名的社会史和经济史学家，他们不但开始把社会性别运用于自己的研究，而且通过社会性别与其他传统史学范畴相结合来研究社会关系的变革。S. H. 里格比的《中世纪晚期的英国社会：阶级、地位和社会性别》（1995 年），就是把社会性别和阶级、种族、身份地位结合研究的一个典型例子。同类研究还有不少，比如，罗伯特·舒梅克的《1650—1850 年英国社会中的性别：领域分离的出现》（1998 年）、安东尼·弗莱彻的《1500—1800 年英国的社会性别、性与服从》（1995 年）等。[①]

　　值得肯定的是，随着妇女史理论的日渐完善，对妇女"差异"的研究，使得妇女被以不同的标准分为不同的群体来研究，比如青年妇女、家庭主妇、寡妇和单身妇女。贝内特等编著的《欧洲历史上的单身妇女》（1999 年）颇具代表性，它汇集了从不同角度进行的单身妇女的研究，展示了欧洲单身妇女的数量、行为、性角色、就业和机会等社会状况和经济状况，以及社会对单身妇女的态度，等等。其他生命阶段的妇女状况也受到了不同程度的关注：梅维斯·梅特的《黑死病之后苏塞克斯郡的女儿、妻子和寡妇》（1998 年），考察了同时期内不同妇女群体的状况；艾利森·西姆的《都铎时期的家庭主妇》（1996 年）；桑德拉·卡雅鲁等主编的《中世纪与近代早期欧洲的孀居》（1999 年）；卡瑟琳·刘易斯等编著的《中世纪青年妇女》（1999 年）等。[②]

　　值得一提的是，伴随着研究的日趋深入，一些学者对学术观点和

---

　　① S. H. Rigby, *English Society in the Later Middle Ages: Class, Status, and Gender*, Macmillan Press LTD, 1995; Robert B. Shoemaker, *Gender in English Society, 1650—1850: The Emergence of Separate Sphere?* London and New York: Longman, 1998; Anthony Fletcher, *Gender, Sex and Subordination in England, 1500—1800*, Yale University Press, 1995.

　　② Judith M. Bennett & Amy M. Froide, eds., *Singlewomen in the European Past, 1250—1800*, Philadelphia: University of Pennsylvania Press, 1999; Mavis E. Mate, *Daughters, Wives, and Widows after the Black Death: Women in Sussex, 1350—1535*, Woodbridge: The Boydell Press, 1998; Alison Sim, *The Tudor Housewife*, Mcgill Queens University Press, 1996; Sandra Cavallo & Lyndan Warner, eds., *Widowhood in Medieval and Early Modern Europe*, Longman, 1999; Katherine J. Lewis & Kim M. Phillips, eds., *Young Medieval Women*, New York: ST. Martin's Press, 1999.

研究体系进行不断梳理。梅维斯·梅特在《中世纪英国社会中的妇女》中就对自20世纪80年代中期以来有关中世纪英国妇女史研究取得的进展和存在的争论与问题，进行了非常全面的概括。在此基础上，梅特还重新研究了妇女史上老生常谈的一些方面，比如政治权利和经济地位等，而且她以有力的证据推翻了一些长期存在的"盎格鲁—撒克逊时期是妇女的黄金期"的传统观点，揭示了妇女在中世纪社会中所受到的深层次限制。①

　　总体上，90年代中后期妇女史研究的思路被不断拓宽，学者们既关注到了妇女在整体社会政治经济环境中所处的位置，也看到了社会性别与其他因素如何在社会结构和社会关系的形成与变化中相互作用，并且还用女性主义的视角来重新审视历史上的各个重要转折时期。在女性主义视角下，史学研究的成果几乎涵盖了欧洲历史上各个阶层，以及处于不同生命周期中的妇女的角色和状况。在"差异"理论的影响下，学者们看到了不同婚姻状况、不同阶级和不同种族妇女之间的不同经历，也发现了性别给不同妇女群体所带来的共同影响。在关注妇女差异的基础上，乡村妇女的状况开始受到妇女史和社会史学家较多的关注，S. H. 里格比与梅维斯·梅特的研究，虽然出发点并不相同——前者注重用社会性别来考察社会关系，而后者更加侧重于社会变革对不同妇女群体带来的影响——但是，他们注重于把农村劳动妇女放在乡村社会的大背景之下来进行考察。

　　进入21世纪，妇女史的研究有了更大的发展，理论上更加深化，研究的问题和视角更加多样化。此时期的研究成果，主题大都集中于妇女的劳动与作用、妇女与宗教及法律的关系、妇女的家庭生活和社会关系以及独特妇女群体，等等。虽然主题与以前差不多，但是方法更多样，分析更深入。对于妇女的劳动的考察，主要是对于女性工人的生活和工作的分析，提姆·梅尔德伦的《家内服务与社会性别：1660—1750年伦敦家户中的生活与工作》（2000年），从社会性别的视角看家内仆佣的劳动，审视男人和女人的历史，展现女仆的处境；马德琳·奥斯曼的《欧洲中世纪的工作女性》（2000年），考察了欧洲中世纪妇女受雇佣的情况，并从这个角度分析了中世纪社会的状

---

① Mavis E. Mate, *Women in Medieval English Society*, Cambridge, 1999.

况。尼科拉·维登的《19 世纪英国的乡村女工：社会性别、工作和工资》（2002 年）一书，则以乡村女工为分析对象，探讨了 19 世纪英国乡村女工的受雇佣情况，以社会性别的视角考察男女在就业与薪水方面的差异，更深刻地揭示了妇女的处境。有的学者从某个行业的角度来看英国妇女的就业，卡罗尔·摩根的《1835—1913 年英国棉纺业和金属业中的女工与社会性别特征》（2001 年），就是通过对纺织工业和金属工业中的女工进行专门研究，来揭示女性遭遇的性别歧视问题，并且考察了女性参与工会活动的情况。另外，卡特里娜·霍尼曼的《1700—1870 年英国的妇女、社会性别和工业化》（2000年），也论述了妇女受雇佣的历史，考察了劳动的性别分工状况，以及妇女就业与工业化的关系，揭示妇女在工业化进程中的种种处境。[①]总的来看，多数研究女性劳动的学者都围绕工业化这一主题展开论证。

　　而且此时越来越多的学者把目光投向中世纪及以前的历史，力图揭示历史上的复杂多样的性别关系和身份特征。莎伦·法默等主编的《中世纪的社会性别与差异》（2001 年），从文化的角度对中世纪的性别差异和性别角色进行了深入分析。玛丽·俄勒的《中世纪晚期英国的妇女、阅读和虔诚》（2002 年）和苏珊·莫里森的《中世纪晚期英国的女朝圣者》（2000 年），都对妇女与宗教的关系、妇女的宗教虔诚进行了分析。[②]另外还有一些学者关注到了妇女的公共参与、社会的妇女观、与妇女相关的家庭和邻里关系，等等。把不同的妇女群体

---

① Tim Meldrum, *Domestic Service and Gender, 1660—1750: Life and Work in the London Household*, New York: Longman, 2000; Madeleine Pelner Cosman, *Women at Work in Medieval Europe*, New York: Facts on File, Inc. 2000; Nicola Verdon, *Rural Women Workers in Nineteenth-Century England: Gender, Work and Wages*, Woodbridge: The Boydell Press, 2002; Carol E. Morgan, *Women Workers and Gender Identities, 1835—1913: the Cotton and Metal Industries in England*, London and New York: Routledge, 2001; Katrina Honeyman, *Women, Gender and Industrialisation in England, 1700—1870*, New York: St. Martin's Press. London, Macmillan Press LTD. , 2000.

② Sharon Farmer & Carol Braun Pasternack, eds. , *Gender and Difference in the Middle Ages*, Minneapolis: University of Minnesota Press, 2001; Mary C. Erler, *Women, Reading, and Piety in Late Medieval England*, Cambridge University Press, 2002; Susan S. Morrison, *Women Pilgrims in Late Medieval England: Private Piety as Public Performance*, Routledge, 2000.

作为专题研究仍然是研究的热点之一，其中主要包括针对老年妇女、青年妇女、助产士和寡妇的研究。林恩·巴特勒霍与帕特·赛恩主编的《1500年以来英国社会的妇女和老年化》（2001年）是近期值得关注的一本论文集，它包括10篇关于英国历史上老年妇女问题的学术论文，分别从不同角度考察了英国近现代历史上老年妇女的特殊经历。而且几位作者对许多人们约定俗成的有关"老年"与"老年妇女"的概念进行了重新思考，并提出了新的看法。金·菲利普斯的《中世纪的未婚少女：1270—1540年英国的青年妇女与社会性别》（2003年），对年轻妇女的独特经历进行了专门的分析，是非常值得称道的著作。①

　　进入21世纪以来，西方妇女史学者在对新的理论和视角的运用方面显露出较多的自信和成熟，社会性别的视角也日渐成为妇女史和社会史研究广泛采用的分析工具。更为重要的是，妇女和性别的历史现已逐渐被纳入通史的研究和写作之中。西方的妇女史研究经过了一个多世纪的发展，已经逐渐摆脱了以前的"添加式"研究，二元对立的思维模式也基本上被批判地对待，同时对妇女的考察不仅与广泛的社会背景相关联，也把社会性别视角与阶级、种族、国家、区域、立法、风俗习惯、阶层、婚姻状态、家户中的地位、年龄、性态等诸多范畴相结合来进行研究，这些变革给史学研究带来新的气息和趋势。

　　2. 国外英国大众妇女史研究简评

　　总体来看，国外对于普通妇女的研究成果具有以下特点：

　　其一，理论和方法上，从添加式的妇女史到社会性别史，其关注点从单纯孤立地看妇女转向了对两性关系的关注，以及对性别和各种社会、经济和文化因素的关系的关注；社会性别史仍然把妇女置于中心位置，但它不是把社会性别作为唯一的分析范畴，而是以具体的、有差异的、流动的多元社会身份的"妇女"为考察的对象；研究的方法也日渐多元化，人口学、社会学、宗教学、心理学和历史计量学被广泛应用于研究，并取得了显著的成果。

---

　　① Lynn Botelho & Pat Thane, eds., *Women and Ageing in British Society since 1500*, New York and London：Longman, 2001；Kim M. Phillips, *Medieval Maidens：Young Women and Gender in England, 1270—1540*, New York：Manchester University Press, 2003.

其二，研究主题上，妇女的劳动与作用一直是研究的热点，但是研究者的结论不再仅仅是对妇女地位做出或高或低的评判，而更多的是挖掘不同妇女群体的不同身份和体验；对各时段的妇女都有研究，但以近代以来的妇女史的研究为多，对古代及中世纪妇女的研究相对较少；在对大众妇女的研究中，对女工和女仆等劳动阶层的关注较多，但对广大农村劳动妇女的研究相对滞后。这种选题的倾向，主要是受到女权运动注重考察妇女现实处境的影响，在某种意义上，这恰恰暴露了西方妇女史研究所难以避免的实用主义的倾向。

其三，研究体例上，通史与专题研究并存，但专题研究成果明显高于通史。这有助于挖掘和利用地方的和私人的资料，丰富历史，但也容易碎化历史，造成认识上的偏颇。可喜的是，自20世纪70年代以来，有一些学者致力于西方或欧洲妇女通史的工作，随着妇女史在西方的长足发展，其研究成果和理论体系已经为多数学者所认可，逐渐被纳入西方通史的轮廓之内。

其四，尽管西方各国妇女史的研究有一个共同点，即与女权主义思潮和学术发展（如新社会史、"后学"、女权主义学术发展和跨学科的趋势）息息相关，但也呈现出不同的特点和趋势。在英国，尽管妇女史和社会性别史没有被混为一谈，而且这两类研究所体现出的侧重点也明显不同，但是，它们之间又很少分离，反而一直紧密联系在一起。而在美国，社会性别视角的引入，给妇女史带来了极大的影响。大批学者投身于这种新的研究当中，使社会性别史以惊人的速度发展，尤其在后结构主义的社会性别史研究方面，美国学者取得了令人瞩目的成绩。英美两国在对待社会性别研究上的不同态度，显示出他们女性主义理论上接受的不同程度：美国在妇女史研究方面受到后现代、后结构主义的影响要比其他国家明显得多，这使美国的妇女史在20世纪90年代末日益让位于"社会性别史"。但无论西方史学界如何争论妇女史与女性主义史之间的关系，它们各自的研究成果说明了一切：二者其实一直存在着紧密的联系。

今天的西方妇女史所取得的辉煌成绩，获得了学术界的普遍认可，从边缘走向了主流，这要归功于学者们一百多年来的探索与努力。但是，西方学者并不满足于此，在他们的眼中妇女史的发展仍存在障碍，有学者甚至认为妇女史一直处于学术的边缘，所以她呼吁"现在到了应该把它放在中心舞台上的时候了"。①

3. 国内有关英国大众妇女史的研究概况

自 20 世纪 80 年代以来，国内妇女史的研究也迈开步伐。1995 年在北京举行的第四次世界妇女大会，给中国妇女史研究带来了极大的鼓舞。在"世妇会"前后，国内出现妇女研究的热潮，妇女史也是其中的重要组成部分。在其后的 10 年中，随着西方女性主义理论不断被国内学者所接纳，国内的妇女史也呈现出一些新的特点。但总体上，因为中国的女性主义是舶来品，所以受其影响的妇女史学者在研究理论和方法以及选题和学术定位上都呈现出与西方不同的特点。从妇女史研究的整体来看，国内对于本土妇女历史的研究已经较为深入，不仅在研究的深度和范围上，而且在理论和方法上都取得了令人瞩目的成绩。随着妇女学作为一种学科的性质逐渐被学者们所接受，妇女史的研究也呈上升趋势。但国内对于外国妇女史的研究却明显薄弱，其研究的深度和范围不仅与国外学者的研究无法相提并论，而且与中国妇女史研究也具有非常大的差距。

从外国妇女史研究成果发表的情况来看，国内对西方妇女史的研究开始得并不算晚，而且在各研究领域几乎都有学者在研究妇女的地位和状况。对西方妇女史的研究专著来说，李平的《世界妇女史》（1993 年）可算是较早的妇女通史著作，作者几乎对西方妇女从古至今地总揽了一遍。尽管现在看来该书主要是从传统史学的框架之内进行研究，但对于此后的妇女研究曾起过非常重要的作用。裔昭印等学者撰写的《西方妇女史》（2009 年）② 可以说是一本集近十年西方妇女研究成果的力作。该书运用历史学、文化学和社会性别的理论与方法，对西方妇女自古至今的发展历程作了系统的阐述，其研究涵盖西方不同历史时期的不同阶层和群体的女性，如上层社会女性、中产阶级女性、下层劳动女性，修女、女巫、寡妇和妓女等。该书可以说是中国学者撰写西方妇女通史的代表作。

除了妇女通史研究以外，专题史、断代史和国别史领域也有不少成果。20 世纪 90 年代末至 21 世纪初，国内外国妇女史的研究曾有一个小高潮。其中，古希腊和罗马的妇女史较受学者关注。裔昭印的《古希腊的妇女——文化视域中的研究》（2001 年）和刘文明的《文化变迁中的

---

① June Purvis, "Women's History Today", *History Today*, Nov. , 2004, Vol. 54, Issue 11.

② 裔昭印等:《西方妇女史》，商务印书馆 2009 年版。

罗马女性》（2001 年），是国内对上古西方妇女史研究的主要成果。① 而且这两位学者较早开始把社会性别的视角和文化研究的理论方法运用于西方妇女史的研究，对其他学者有较大的带动作用。其他的一些学者，如郭超英、颜海英、刘扬、林中泽等②，也发表了有关上古妇女史研究的论文，丰富和推进了对于古希腊妇女状况的研究。对其他国家妇女史的研究也已经起步，马瑞映、康琪、吴新云、黄虚峰等学者分别发表了有关德国与美国妇女史的研究论文。③

就英国妇女史的研究来看，较早的是马缨的《工业革命与英国妇女》（1993 年），该书论述了英国工业革命对英国各阶层妇女所产生的影响。王萍的《现代英国社会中的妇女形象》（2005 年）对现代时期英国社会观念和现实生活中的妇女形象进行了分析。其他的研究主要集中于工业革命及此后的中产阶级妇女、女工和妇女运动等方面，包括陆伟芳的《英国妇女选举权运动》（2004 年）和潘迎华的《19 世纪英国现代化与女性》（2005 年）等，主要从妇女的政治权利和妇女在现代化过程中的地位与作用等进行了专门研究，并分别提出了自己的见解。另一位学者王纠研究了英国维多利亚时期中上层妇女的状况。④ 这些学者的研究从经济、政治和

---

① 李平：《世界妇女史》，海南出版社 1993 年版；裔昭印：《古希腊的妇女——文化视域中的研究》，商务印书馆 2001 年版；刘文明：《文化变迁中的罗马女性》，湖南人民出版社 2001 年版。

② 郭超英、颜海英：《古希腊妇女的社会地位及其演变》，《河南大学学报》（社会科学版），1995 年第 4 期；林中泽：《古代雅典的妇女与民主政治》，《华南师范大学学报》（社会科学版），1996 年第 3 期；裔昭印：《古希腊人妇女观的衍变》，《上海师范大学学报》（哲学社会科学版），1999 年第 6 期；刘扬：《古希腊女神与女人的两种角色》，《历史教学》2004 年第 3 期。

③ 马瑞映：《德国纳粹时期的妇女政策与妇女》，《世界历史》2003 年第 4 期；康琪：《美国工业化时代的妇女解放运动》，《中学历史教学参考》2003 年第 4 期；吴新云：《美国民权运动中的黑人妇女》，《妇女研究论丛》2001 年第 5 期；黄虚峰：《工业化与美国妇女地位的变化》，《历史教学问题》1998 年第 4 期。

④ 马缨：《工业革命与英国妇女》，上海社会科学院出版社 1993 年版；王萍：《现代英国社会中的妇女形象》，江苏人民出版社 2005 年版；陆伟芳《英国妇女选举权运动》，中国社会科学出版社 2004 年版；潘迎华《19 世纪英国现代化与女性》，浙江人民出版社 2005 年版，及《19 世纪英国妇女选举权运动与自由主义》，《世界历史》2002 年第 6 期；王纠：《英国维多利亚时期已婚妇女财产权的变迁》，《历史教学问题》2002 年第 2 期；《论英国维多利亚前期中产阶级妇女的地位》，《江西社会科学》2001 年第 6 期。

意识形态等方面入手，研究了工业革命以来英国妇女的政治权利和经济社会地位。但是，作者们倾向于把城市和中上层妇女作为主要研究对象，所涉及的下层妇女仅为女性工人，没有涵盖当时社会中广大的农村妇女。

与对近代以来的英国妇女史研究相比，对于中世纪英国妇女的研究虽已起步，但研究成果相对较少，而且经常是被涵盖在西欧妇女的历史研究中。刘文明的《上帝与女性——传统基督教文化视野中的西方女性》与薄洁萍的《上帝作证——中世纪基督教文化中的婚姻》都是从西欧基督教文化的角度考察妇女和婚姻制度的情况。[1] 专题的研究也主要集中在以下几个群体上，如贵族妇女、城市妇女、寡妇、修女和女巫。[2] 其中，俞金尧对中世纪的一个独特群体——寡妇给予了特别关注，并分别著文对寡妇产和寡妇改嫁问题进行了较为深入的分析。刘文明在《妇女在中世纪西欧城市工商业中的作用与地位》中对城市妇女的经济地位进行了考察。[3] 另外，这些研究虽然在很大程度上揭示了不同阶层妇女的状况，但却不能成为推断英国中世纪妇女整体状况的充分依据。

值得一提的是，近年来，有些学者开始关注中世纪英国的农村妇女，王超华的《中世纪英国乡村妇女的劳动和工资》[4] 以微观的视角考察了中世纪英国乡村妇女从事工资劳动的情况，发现其劳动类型和工资水平与男性工资劳动者有较大差别，而这与妇女的依附性地位和传统观念密切相关。裔昭印等主编的《西方妇女史》中也专门设立一节"普通劳动妇女的日常劳作"，呈现了城市劳动妇女在纺织业、酿酒业、零售业、娼妓业和做女仆等方面的参与状况及其特点，同时也简要介绍了农村妇女的家内劳动和户外劳动情况。[5]

---

① 刘文明：《上帝与女性：传统基督教文化视野中的西方女性》，武汉大学出版社 2003 年版；薄洁萍：《上帝作证——中世纪基督教文化中的婚姻》，学林出版社 2005 年版。

② 李建军：《西欧中世纪贵族妇女修道原因试析》与《从修道生活试析中世纪英国贵族妇女的社会地位》，《首都师范大学学报》（社会科学版）2003 年第 5 期、2005 年第 5 期；陈志坚：《试论中世纪英格兰贵族妇女的不动产继承权》，《首都师范大学学报》（社会科学版）2005 年第 5 期。

③ 俞金尧：《中世纪晚期和近代早期欧洲的寡妇改嫁》，《历史研究》2000 年第 5 期；《中世纪欧洲寡妇产的起源和演变》，《世界历史》2001 年第 5 期；刘文明：《妇女在中世纪西欧城市工商业中的作用与地位》，《首都师范大学学报》（社会科学版）2002 年第 1 期。

④ 王超华：《中世纪英国乡村妇女的劳动和工资》，《史林》2012 年第 2 期。

⑤ 裔昭印等：《西方妇女史》，2009 年版。

总体来看，关于普通妇女的研究逐渐增多，但仍未能呈现她们生活的完整风貌，亟待进一步的研究。

4. 对国内研究状况的一点认识与思考

从现有的一些研究来看，国内的外国妇女史研究呈现出这样一些特点：

第一，国内的妇女学研究虽然很大程度上是受到了西方女性主义理论的启发，但是与国外的妇女史研究相比，中国的妇女史研究显示出理智、冷静和沉稳，而很少带有激进和偏激之处，在国外妇女史研究上也是如此。这一方面是由于中国不同的社会和学术传统，另一方面也与国内在理论和方法革新上的保守态度密切关联。

第二，国外妇女史研究的学者较少，而且主要集中在部分领域，这使一些国家和地区的妇女历史，在中国的学术界完全"失语"。就西欧的妇女史来说，因为能以其他相关研究的长足发展为基础而且具有语言上的便利，英国妇女史研究受到相对较多的关注。

第三，现有研究主要集中在上古的希腊罗马和近代以来欧美的妇女历史上，对于中世纪妇女史的研究国内尚比较少。仅对少数妇女的历史有所涉及，比如对贵族妇女、修女和女巫等，还有一些有关婚姻、家庭和财产等论著也不同程度地涉及妇女的权利和基本生活状况。但是，对于中世纪社会中占大多数的妇女，即农村妇女尚未有专门的研究。在这种情况下，对于城市妇女在经济生活中的地位和作用的论述，以及关于贵族妇女的生活状况的研究，很容易导致对妇女整体状况的错误认识，从而不利于西方妇女史研究的深入。所以在专题研究的同时，需要有综合性的研究和分析，从而展示给人以妇女的整体形象。

前人的这些研究成果为我们全面了解中世纪的妇女奠定了初步的基础，但有一些不足，比如许多研究是出于对家庭和婚姻等"私人领域"的关注，才写到妇女，而不是以妇女为研究的出发点。不少专门的妇女史研究，尚徘徊于传统的"地位中心论"，不能把研究与新的理论相结合。一些传统的观念模式影响对西方妇女的认识，如长期以来谈及西欧中世纪妇女，多数人持的是悲观论调，认为妇女是依附的、受压迫的、无思想的。这种观点完全抹杀了妇女自身的主观能动性，以及不同阶层、不同身份的妇女之间的差异性。尽管历史上西方的伦理思想曾致力于建构一种被动的妇女角色，但是，实际上妇女在内化了一部分社会建构的同时，也发挥了自己的能动性，她们的活动在家庭、村社甚至在整个中世纪社会都扮演了重要角色。当然也有一少部分人持乐观浪漫论调，强调中世纪对妇女的尊重。但是他们往往选择骑士文学为例证，这牵涉到另一个问题，就是要考察现象背后的本质，骑士文学对妇女的描述和中世纪对妇女的种种规定，是对妇女的"保护"还是"限制"，尚需进一步讨论。这又关系到一个资料考证的问题，在研究中，最有用的资料往往也是最难以分析的。由于资料撰写者不同的目的、立场和经历，其心目中的妇女形象和对妇女状况的估计存在极大差异。

由此可见，尽管国内外国妇女史的研究已经起步，并且在部分研究领域取得显著进展，但是在理论、方法和选题等方面仍存在很多不足，而且外国妇女历史的绝大多数方面都尚未受到关注。仔细分析起来，国内对西方妇女史的研究有很多值得反思的地方，也有很多空白有待填补，需要更多学者的努力。而且国内学者研究西方妇女史，不仅要做专题的研究，也要重视通史研究；不但要修正一些研究的陈旧观点，而且要理性地吸收西方新的理论方法和观点。

鉴于此，为真正了解中世纪的英国妇女，笔者没有选取上层妇女或寡妇、独身妇女、女巫等居少数的妇女群体为研究对象，而是致力于考察当时妇女的主体部分，即中世纪英格兰乡村社会的劳动妇女，以期展示中世纪的英格兰妇女的面貌和生存状况，增进对中世纪社会的全面认识。而且笔者并不局限于考察私人领域内的妇女状况，而是把妇女在家庭内外的角色、身份、权利与机会等方面结合起来研究。本书研究的重点不在于揭示中世纪妇女地位的高低，而是考察性别、婚姻状况、家户地位，以及阶级、经济参与和法律权利等因素如何相互影响，又如何塑造两性关系以及男女在乡村生活中的不同经历。

这种对于农村劳动妇女的考察可能会遇到许多困难，但也有有利的方面，因为国内学者对于中世纪史的大量研究，不仅提供了有利的研究基础，也提供了学术讨论的氛围。近年来，国内学者对中世纪的经济和社会状况的研究非常深入，而且研究的侧重点也不断革新。并且国内中世纪研究的学者对新的理论和方法越来越重视，一些学者所倡导的经济—社会史、日常生活史等史学新思路和新方法，对于外国妇女史的研究不无裨益。不过，多数的中世纪史研究仍然是以男性为主体或者根本不涉及性别关系与性别差异，从而使妇女的经历缺失或被隐藏。所以，笔者欲在学界对于中世纪乡村社会的政治、经济和宗教等方面研究的基础上，从社会性别角度来发掘那些原先被忽视或隐藏的部分，展示农村劳动妇女的整体状况，深化对中世纪英格兰农业社会的认识。

三　研究对象的特点及界定

在传统的思维模式影响下，对英国中世纪妇女的认识存在两种误区：其一是把她们描绘成完全被动、依附、受压迫、无思想的角色，是男人泄欲和传宗接代的工具、依附者、卑下者和无法律行为资格的人，等等；其二是受到浪漫文学的影响而把她们描绘成受男人尊重与爱戴的、贤淑高贵的人，一些近代史学家也根据妇女在工业社会中所遭遇的不利而主张中世纪曾出现过妇女的黄金期。随着研究的深入，这些观点被证明与妇女的现实经历并不相符，因为持这些观点的多数学者没有看到妇女群体之间因阶级、阶层和婚姻状况等因素而造成的差异。就笔者所收集到的资料来看，中世纪英格兰的农村妇女与这些已有的刻板印象有着较大的差距。实际上，妇女在中世纪英格兰的农村扮演了非常多元的角色。她们不仅仅是一味地屈从和被动，她们可以在某个生命阶段扮演独立行为者的角色，可以和男人结成良好的伙伴关系，可以在传统社会发出自己的声音，也出现在田间地头、街头巷尾、教堂、法庭、酒馆，甚至村庄和庄园的每一个角落。所以，对于中世纪英格兰农村妇女的考察，既要分析其总体的特征，也要关注其内部的差异性。妇女，从来不是一种毫无差别的、静止的概念，它本身包含着多样性的妇女群体，而且其内涵在社会属性和自然属性等方面在不断地变化。

1. 社会属性——阶级与阶层

为了能够客观且全面地了解中世纪农村的劳动妇女，首先应该看到她们所具有的阶级属性——劳动阶级。"劳动阶级"的定义，很早就成为史学家们讨论的一个主题。著名史学家希尔顿把它定义为农民，并指出了其基本的属性。他认为，农民即乡村居住者，他们占有或拥有（possess/own）农业的生产方式。土地耕种的基本单位是家庭，但是家庭处于更大的单位（村庄或小村落）之内，后者有某种程度的集体和共同体利益与规范。并非所有农民一直从事农业生产，他们可以用雇佣劳动补充农业，参与市场交易，或为其他农民提供技术服务，如木匠、裁缝或酿酒工人。在定义农民方面十分关键的是，他们的农业生产不仅是自给，而且还要供养在其之上的阶级和组织,如政治上控制他们并且提取他们剩余利润的领主、教会和城市。① 希尔顿的观点得到了多数史学家的认同,尽管他所描述的这个农民主要是那些持有土地的男性佃户,但是,这对于界定这个阶级的另一半也是非常适合的。

农村劳动妇女带有劳动阶级的基本属性:她们是乡村居民中占半数以上的群体,参加农业劳动,是家庭经济中的重要力量,而且也通过工副业劳动和雇佣劳动等途径为家庭经济做出贡献;她们也作为乡村中的成员而受到共同体的规范,并且也要向领主尽义务,并因为婚姻或地产交易而向领主交纳罚金。农村劳动妇女的阶级属性,决定了她们与其他阶级的妇女之间有较大的差异性。考察农村劳动妇女的状况,离不开阶级这一分析范畴,因为对阶级属性的忽视就会把妇女从当时的社会背景中隔离出来,从而有失准确和客观。

当然,农村劳动妇女内部也存在一些重要的差别,她们可以被划分为不同的阶层。这种阶层的划分,与她们的家庭的状况密切相连。在富裕农民阶层,户主一般有 30 英亩以上的土地和其他资产,生活比较宽裕,该阶层的妇女不但从事农业劳动,还有可能经营土地和工副业,而且她们在公共领域也相对活跃;中等农户,是农民的主体部分,一般持有 15 英亩土地,这在当时通常不够提供家庭的全部需要,因而男女家庭成员都要从事农业、工副业或雇佣劳动,而且该阶层的妇女也因为较为广泛的社会联系而经常出现于法庭等公共场合;小土地持有者和雇工阶层,通常只有几英亩土地,因此十分依赖雇佣劳动,妇女要想方设法维持家庭生计和耕种自家地产,也常与男人一起去寻找其他雇佣机会,而且该阶层的男女很少出现在法庭之上,但他们却最可能沦为赤贫者、乞丐和流浪者,从而受到领主或乡村共同体的关注。

农村劳动妇女,与大众妇女、普通妇女并非内涵一致的范畴。大众妇女和普通妇女,包含了更为广泛的妇女群体,既包括农村劳动妇女,也包括城市中的妇女。在中世纪,城市和农村妇女的生活具有较多相似性,但她们处于不同的共同体之内,其政治与法律权利及经济机会等方面皆有明显的差异。尤其在中世纪末期,城市妇女在经济领域的活跃程度,是多数农村劳动妇女所无法比及的。而且许多城市规定寡妇可以接手丈夫的事

---

① R. H. Hilton, *The English Peasantry in the Later Middle Ages*, Chap. 1, esp., p. 13.

业，并被接受到行会中；但农村妇女在独立从业方面机会相对较少，即使在做户主时，她们得到的更多的是户主的责任，而较少获得全部地产的持有权和与地产相关的社会身份。所以，研究中对此必须有适当的区分。

基于以上的考虑，对中世纪英格兰农村妇女的考察，既要考虑到阶级属性，也要注意到阶层差异。因为属于劳动阶级，她们有不同于贵族妇女和城市妇女的生活方式和生存处境；因为处于不同的农民阶层，她们也可能拥有不同的经济条件和社会活动空间。对妇女所具有的阶级属性和分层情况的关注，有利于研究的客观和深入。

2. 自然属性——生命周期与婚姻状态

中世纪的农村劳动妇女，因为其所处的生命阶段和婚姻状态不同，会有不同的权利和机会。妇女的生命周期，基本可以划分为童年期、青春期、中年期和老年期；按照婚姻状态，妇女可以分为女童与青年妇女、已婚妇女、独身妇女和寡妇等。因为多数妇女在进入成年之后，不久就会步入婚姻，所以青春期的妇女与青年妇女、中年期妇女与已婚妇女所指的群体经常重叠，但是，婚姻状态对妇女的影响要比生命周期的影响明显得多，所以在文中提到妇女处于某个生命阶段，主要是按照妇女的婚姻状态来区分的。本书中主要涉及了妇女的三个生命阶段：未婚的青春期阶段、婚姻生活阶段、寡居与老年阶段，所对应的是未婚少女、已婚妇女和寡妇。

婚姻状态对妇女的影响非常大，中世纪的英国社会赋予了不同婚姻状态的妇女不同的权利和机会。已婚状态被视为妇女的常态，但却是妇女法律权利最少的阶段，因为社会赋予了丈夫对妻子极大的权威。一旦进入婚姻，妇女在法律上就要服从于其丈夫的权力和权威。她们被视为丈夫的依附者和从属者，是没有完全法律行为资格的人；她们不能在没有丈夫在场或许可的情况下与其他人订立契约，即使订立了这样的契约也被视为无效；她们不能独立进行法庭诉讼，理论上她们也不能在法庭上为自己的行为负责，而是由其丈夫来为其负责；她们的财产要交由丈夫管理并由其享有收益权，没有丈夫的许可，她们无权转让自己名下的财产，更无权支配家庭资产。在公共交往中，她们比所有男人都更依赖于家庭关系的支持，这种依赖性也超过其他生命阶段的妇女。

对于处于青春期的少女来说，无论在哪个阶层，她们在法律上处于父亲的控制和权威之下。但是，中世纪的青年妇女，往往比处于其他生命阶段的妇女享有更高的独立和自主，尤其是拥有远远超过妻子的法律权利和经济自主，而且权利上与青年男子非常接近。尽管青年妇女在经济生活中会比男性同伴遇到更多的阻碍并获得较低的工资，但是她们通过做仆人或雇工而获得了一定的经济自主。她们可以积攒自己的嫁资，交纳婚姻捐，购买小块土地，从而为建立新的家庭做出积极的准备。这样的女孩往往获得了经济和情感上的一定独立，在自己的婚姻配偶的选择上也有较大的自由。青年妇女能够在没有兄弟的时候继承家庭财产，并能以自己的名义持有地产，也能把它们带入婚姻，法律上父亲对此没有支配权；她们能够独自出席法庭，在法律上能够以自己的名义行事。在中世纪乡村，青年妇女经常在经济生活中扮演重要角色，并且是其中充满活力的组成部分。

寡居的妇女通常拥有较高程度的法律权利和行为独立性。丈夫的死亡给中世纪的乡村劳动妇女带来了经济上和感情上新的责任、机会和独立性，而这些机会是其他生命阶段的妇女所无法享有的，甚至青年妇女也无法与其相比。寡妇不仅可以按照法律拥有亡夫土地的 1/3 或 1/2 作为寡妇产，而且还经常作为丈夫的遗嘱执行人或未成年人子女的监护人，从而在较大程度上支配家庭地产；她们可能成为一家之主，承担起和其他男性家长几乎一样的责任，且握有对家庭成员的权威，还能在家庭事务的决策上行使全权；她们能够以自己的名义租种领主的土地，像其他人一样向领主缴纳租金和服劳役，并能与邻居一起合作耕种土地；她们因为拥有的财产权和独立法律行为身份，所以能够与其他人独立缔结土地、雇佣或借贷的契约；她们出席法庭，并能独立处理自己或家庭的事务。总之，她们能够拥有作为妻子和女儿的妇女所不能拥有的权利和独立性，以及对家庭成员的权威。她们的法律权利和家内地位与其他男性户主非常接近，但二者在乡村公共事务中的角色却相差很大。

由此可见，不同婚姻状态和生命阶段的妇女，在法律权利上有很大的不同，从而影响了她们在现实生活中的经历。所以，在研究中世纪农村劳动妇女的过程中，笔者非常重视婚姻、生命周期等因素对于男女的不同影响，以及对于不同妇女所产生的不同影响。

不过，值得一提的是，农村劳动妇女本身所具有的社会属性经常与自然属性相互影响。笔者发现，妇女所处的劳动阶级和阶层情况，经常改变她们在家庭中所受到的权威。在中世纪末期，大量雇工与工匠的女儿经常在十一二岁就离开家，去做仆人或其他工作。这样，她们不仅为自己积攒了嫁资，还脱离了父辈的直接控制，从而在选择婚姻对象上拥有相对较多的自主。而妻子，通过酿酒、纺织或出售产品补充了家庭收入，从而能够自由支配部分家庭收入，有的甚至能够获得在家庭中的权威，尽管她们法律上依然要服从于丈夫的法律权威。而寡妇，尽管法律给予了她们较多的自主性，但并不是所有的寡妇都会选择寡居生活。她们有时选择或被领主要求再婚，或者把财产交给已婚的儿女，退休到他们家中，从而丧失了寡居时的独立。而且在财产权利上，寡妇所获得的寡妇产通常仅为终生使用权，不能永久让渡；而未婚少女和独身妇女都能够自主处置其名下的财产。

所以，在看待中世纪农村劳动妇女时，既要把她们放在劳动阶级这样一个整体的框架中，也要把她们看作是处于不同阶层和不同生命阶段的、多样性的群体。同时，也要把性别视角运用于对妇女的研究，从而发现在同一阶级、阶层和生命阶段上，两性关系的情况以及两性之间的差异。

3. 几点说明与考虑

尽管笔者将阶级、阶层、婚姻状态和生命阶段等方面的因素都纳入本项研究，但在具体操作中也遇到了很大困难，使本项研究带有一定的不足。为避免造成歧义与错误，笔者将自己对于本研究的一些做法和考虑予以说明。

首先，本书虽选题为中世纪时段的英国农村妇女，但由于资料等方面的原因，主要的写作着眼于威廉征服以来的英格兰农村劳动妇女情况。而且因为本书的资料主要来自庄园的租税册、法庭案卷和教区档案，而这些文件中的记载有较强的目的性和针对性，一般仅包含那些涉及领主财产和权利的人和事件，所以笔者所做的论证多数仅仅涵盖那些有土地的阶层，而对于那些生活在社会底层的赤贫妇女状况很少能够找到有力的证据。

其次，从威廉征服到 15 世纪，庄园并非全国普遍存在的现象，但它却是主导的现象，从王室政令和法律习俗以及宗教等方面的相关记载来看，多数地区在很长的时间内存在庄园制度，所以笔者主要考察的是庄园背景下农村妇女的劳动与生活状况。

再次，鉴于资料收集上的困难和笔者自身的精力所限，本书在写作中有所侧重，而非农村劳动妇女丰富生活的全面体现。比如，笔者对于妇女的法律权利、经济活动和婚姻状况着墨较多，因为它们能够在庄园和教会的记录中找到大量证据。但对于妇女的宗教信仰、精神心态和家庭情感等方面的内容，笔者虽非常关注，但论述上却力不从心，只好有所取舍。因为农民阶级很少写日记或传记，即使有也不太可能流传下来；而且农民的精神生活和情感关系，很少被体现于文字之上，而更多是体现在人际交往的实践中，这也增加了深入研究的难度。

此外，本书意在呈现中世纪英国农村劳动妇女的整体状况，所以对部分章节并未进行特别深入的量化研究，有时也尽量忽略区域和地理环境等方面的差异性，仅在宏观考察和微观分析方面尽可能地保持平衡。尽管深入的专题研究是一种重要的研究方式，但是它不能取代整体的综合分析所能带来的宏观考察视角。鉴于资料上的限制和选题上的考虑，整体的宏观考察在本项研究中更有利于展现中世纪农村劳动妇女多方面的状况和经历。

四　研究的思路与理论方法

1. 研究的思路与基本框架

为尽可能从多角度、多侧面来考察中世纪英国的农村劳动妇女，笔者跳出了传统的"私人领域"，把妇女放在更广阔的社会背景中，先后考察了妇女的政治与法律权利、经济活动与公共生活、已婚妇女的婚姻与家庭生活、未婚妇女与寡妇的生活处境以及老年妇女的生活等方面内容。这些章节，既考察了妇女的政治与法律权利，又考察了其婚姻和家庭生活的情况；既考察了妇女的整体经济角色，又考察了不同婚姻状态下的妇女不同的机会；既分析了妇女与男人之间的差异，又分析了不同阶层和生命阶段妇女之间的不同权利与机会。

按照这种思路，笔者在本项研究的框架设计上做了如下的安排：

绪论，首先回顾了国内外有关英国大众妇女史研究的现状，并对已有的成果进行了简单评析和反思，其后对于本书中的研究对象——中世纪英国农村劳动妇女进行了界定，并分析了劳动妇女的内部差异性，从而为把阶级、阶层、性别、生命周期和婚姻状况等角度运用于本项研究提供了重要根据。

第一章，农村妇女的政治与法律权利。本章主要考察英国农村劳动妇女在中世纪乡村社会的政治体制和法律制度中被赋予的权利、所受到的限制及其原因等。笔者发现，妇女几乎没有参与地方行政管理的权利，也没有参与地方官员选举的机会。在法律权利方面，女性的继承权利比较有限，而且已婚妇女受到较多的权利制约，她们被视为没有独立法律行为资格的人，不能支配自己带入婚姻的财产和婚姻存续期间所获得的财产。妇女在政治和法律权利上所面对的障碍，很大程度上是由于其性别。但笔者发现，性别并非决定妇女权利的唯一因素，英格兰对财产优先在核心家庭之内传递的习俗可能给予女儿继承的机会，而妇女的生命周期阶段和在家户中的地位也是重要影响因素，寡妇可以享有寡妇产和独立行为的公认权利。

第二章，农村妇女的经济活动。本章主要考察了妇女的农业劳动、土地持有与经营、家庭工副业活动、雇佣劳动等内容。笔者发现，农村劳动妇女明显受到本阶级属性的影响，她们参加农业领域里的各类劳动，既包括为自己的家庭地产而劳作，也包括为领主的自营地服役所进行的劳动，还有她们受雇于其他村民的工资劳动，由此可见，性别的劳动分工在农业劳动领域并不明显。农村劳动妇女还从事其他工副业活动来为家庭经济做出贡献，她们既是乡村中重要的食品供应商（酿酒、烤面包等），也是集市交易者、酒馆旅店经营者和零售商。除了受雇于农业劳动之外，还经常受雇做工匠助手，而更多的妇女则是作为女仆从事家内服务业。尽管妇女在乡村社会经济中扮演如此多的重要角色，但是她们也面对相当多的不利，劳动性别分工影响她们受雇佣的机会和职业选择，社会对女性劳动价值的贬低使妇女不能与男人同工同酬，而且生活在男性家长权威之下的妇女缺少从事经济活动的资源，而在雇佣劳动中也经常被隐藏于丈夫的身后。

第三章，农村妇女的公共生活。本章考察妇女在中世纪公共生活中所扮演的角色及其特点。笔者发现，尽管妇女在政治与法律权利上受到一定的局限，但是她们并非完全局限于私人领域，而是经常出入公共场合，而且大量妇女出现在庄园法庭上，解决私人纠纷或者与领主的代理人进行交涉，有时也因为破坏共同体的和平或侵犯他人财产和人身权利而被十户区长官带到法庭受审。但是，妇女的公共活动很少包括影响公共地方事务的活动，而且她们在法庭上处理私人事务时经常要依赖于其家庭成员的帮助，而不像男人那样从更广泛的关系网络中寻找支持。总体上，妇女在公共领域不如男人活跃，但是在乡村社会里对于两性来说，公共空间与私人空间的分隔并不明显，或者即使存在也很难有效维持。

第四章，农村妇女的婚姻与家庭。笔者首先考察了中世纪乡村妇女的婚姻所受到的来自基督教、世俗领主和家庭以及地方传统习俗的影响。其后，笔者对于围绕婚姻的几个重要方面进行了分析，包括初婚年龄、妇女在伴侣选择上的自由程度、订婚时的财产安排、婚礼的多元做法以及乡村中基本的通婚原则和婚姻制度等。在中世纪，婚姻受到基督教教会的密切关注，教会神学家和法学家致力于为婚姻赋予宗教色彩，从而使婚姻成为符合基督教理想的世俗生活方式。教会对于婚姻中的性与爱、婚姻中两性的主次地位、婚姻的永久性等都进行了规范，时时处处显示着基督教禁欲主义的色彩，以及教会把婚姻导向生育和避免淫乱行为的实用主义倾向，也显示出教会人士对世俗的私人生活的怀疑。世俗文学作品中有关婚姻的部分，似乎多是用描述或讽刺的手法来谴责婚姻和贬低妇女。但是，劝喻文学中对青年人建立良好夫妻关系的教导，却能看出人们对婚姻生活的美好向往。笔者从档案资料中探寻妇女婚姻生活的实际经历，发现农民夫妻的婚姻通常是较为融洽的，而且婚姻尽管因为死亡率高等因素而比较脆弱，但夫妻一般能够共同生活 20 年左右。

第五章，农村未婚妇女、寡妇和老年妇女。因为妇女在家庭和乡村社会中的境况受到其婚姻状况的明显影响，所以笔者对于生活在婚姻状态之外的妇女进行专门考察。笔者发现，青年期未婚妇女、寡妇以及独身妇女享有已婚妇女所没有的独立和机会。未婚的青年妇女，可以独立持有地产，并在结婚时带入婚姻；她们中很大比例的人会被送入别的家庭或进入城市做仆人或工资劳动者，从而基本摆脱了家长的权威，在生活空间和婚姻伴侣的选择上能有较多的自主。寡妇，可以获得并终身持有寡妇产，有些寡妇还可以作为丈夫的联合承租人在丧偶之后继续以自己的名义持有该地产；寡妇可以成为共同体能够接受的独立户主，并享有对家庭成员的权威。鉴于未婚妇女和寡妇的权利在前面的章节已有论述，本章更侧重于论述这两个群体的基本生活状况，包括未婚妇女行为方式的特点和两性关系，寡妇的生活状况和再婚情况等。老年妇女的状况很少受到学界关注，笔者首先考察了老年妇女的一般生活状况，包括她们基本的生活方式和晚年处境，其后重点分析了老年妇女的赡养方式与社会支持情况。笔者发现，尽管农民能够通过退休协议和遗嘱等方式为老年生活做出尽可能地安排，乡村共同体、教会和私人慈善家为老年人和贫困者提供了些许帮助，但在缺少社会保障制度的社会里，年老体衰及财产权利的丧失使大量老年人陷入困境，而老年妇女的晚年困境尤其突出。

2. 研究的理论、方法与进一步思考

本书以马克思主义的历史唯物主义为基本指导思想，吸收和借鉴了社会史、经济史、政治史、文化史与妇女学等相关学科的理论方法及研究成果，运用多种视角，从多个层面对中世纪英国农村劳动妇女的状况进行研究，能够挖掘不同阶层和不同婚姻状态中的妇女在权利、机会和经历上的多样性与差异性。

传统史学分析范畴与新的多元视角的结合，是本书写作方法上的重要特点。对于中世纪英国农村劳动妇女的研究，必须在传统史学方法的基础上进行。因为中世纪的英格兰是一个等级分明的社会，农村劳动妇女首先具有的是这个阶级所具有的共同属性，所以，笔者将阶级和阶层作为本项研究的一个重要分析范畴。阶级视角的运用，使对农村劳动妇女的研究与其身处的社会大背景联系起来，能够看到妇女在中世纪等级社会中所处的社会位置，以及她们基本的生活方式。因为本研究选择妇女为研究对象，这样就特别需要采用另一个新的历史分析视角，即社会性别。因为没有社会性别视角的介入，就无法看到妇女与男人的不同经历，更不可能剖析出两性差异背后的根本原因。而且妇女之间也存在差异性，这使阶层、年龄、婚姻状况和家户内的身份地位等因素也成为本研究重要的分析范畴。

但是需要指出的是，阶级、性别、阶层、婚姻状态和家内地位等范畴必须结合起来进行分析。因为同一阶级中男人和女人会因其性别而被赋予不同的权利和机会，比如已婚的成年男人有权持有土地，而妇女仅在寡居、独身或未婚的情况下才有可能持有土地，可见婚姻和性别同时在影响着男女的权利。即使作为户主，寡妇仍然受到比男性户主更多的限制，他们的权利和机会从来没有等同，这是因为性别因素在起作用。所以，只有把这些多元的视角结合起来考察，才能够将妇女的多元身份与多样化的处境揭示出来，从而使研究更加深入。

尽管本书借鉴了很多文化史、社会史和政治史的研究理论与方法，但是也对它们进行了反思，对于其中几个重要的问题笔者进行了初步思考，并希望在今后做出进一步的讨论：

其一，"压迫理论"和"地位说"的反思。

在传统的政治史和社会史中，妇女基本上被描述为受压迫者，是男性权威下的牺牲品，是被动消极的角色。但笔者发现，中世纪社会中农村劳动妇女，无论在家庭关系和社会处境方面都不是完全消极被动的，她们既在经济生活中扮演重要角色，也拥有一定的法律权利。在多数农民家庭中，男女之间更多的是合作而不是压迫，夫妻之间更多地表现为融洽和睦的关系而不是暴力与虐待。

传统妇女史研究对妇女地位高低的评判现在已经成为学术落伍的标志。更多的学者开始以"妇女的状况"（women's condition）来取代"妇女地位"（women's status）。这不仅仅标志着研究侧重点的改变，而且更多地显示出研究者理论和方法上的完善。过于关注妇女地位高低变化的研究，通常忽视了妇女之间的差异性，更看不到性别之间的根本差异及其原因。对于"妇女状况"的考察，可以把更多的研究视角纳入分析框架之内，从而既看到性别之间的差异，也看到妇女内在的差异。所以，本研究的目的不再是对妇女地位高低的判断，而是力图全面揭示妇女所受到的法律和宗教规范，她们在家庭、社会经济、政治等领域所发挥的作用，以及她们在社会体制结构中所处的位置。另外，本书也关注中世纪的社会性别制度的诸多方面如何被建构，如何随着影响因素的变化而演变，以及如何影响男女的生活与体验等问题。

其二，规范与现实关系。

中世纪通常被描述成基督教统治下的社会，而且基督教在社会的政治经济，以及私人生活领域都起着重要的作用。基督教对婚姻家庭和性别角色所制定的各种规范对现实生活具有极大的影响。但是，理想规范和现实之间究竟有多大的距离？教会的理想对中世纪的农民能有多大的影响力？笔者对此颇为关注，希望能够从史实中找寻答案。

本书尝试探讨教会的理想模式和现实生活之间的区别。在笔者看来，教会的规范，对中世纪的广大农民来说是十分重要的：没有了教会的规范，就不能有对婚姻性质、婚龄和通婚原则等方面的禁忌，就没有了教会法庭对违规者的惩罚，社会秩序就可能受到极大的威胁。更重要的是，教会的规范与人们的生活密切相关，几乎成为人们生命中不可缺少的一部分，是人们的行为规范、精神支柱和寄托。但是，教会所宣扬的各种规范和理想模式，并非人们的实际生活，二者之间的差距在农民阶层尤其明显。这种情况的出现，一方面是因为各种教会理念无法真正被大众所熟悉和接受，另一方面则是由于现实生活的压力使人们在做出选择时更多是考虑个人现实需要，而不是未来的天堂。所以，那些被现代史学家片面夸大的中世纪禁欲生活方式，在农民阶层中的影响，相对于其他阶层来说非常有限。并非因为教会宣扬禁欲主义，人们就过着禁欲的生活；并非教会宣扬婚姻和性行为以生育为目的，而不能有性快感，那么人们就对于夫妻生活无动于衷。中世纪普通大众生活方式的选择很大程度上来自于生产生活实践中摸索出来的经验和道理。尽管教会对人们生活的影响非常明显，而且虔诚的农民并不少见，但是，教会的理想总伴随着人们带有实用主义倾向的变通做法。正如罗莎琳·迪尔斯所说，"即使在教会反性到不可抑制之时，也必然有纵欲男女存在"。[①] 所以，笔者注意把规范和理想与生活实际区分开，更侧重从庄园和教区记录等资料中考察妇女的实际生活。

其三，有关"连续性"的考虑。

对于妇女状况的连续性问题，笔者也希望进行初步探讨。对于历史进程中"变化"的研究，往往会导致对历史发展中一些恒定不变的方面的忽视；对于"连续性"的考察，有助于发掘不同时期所研究的问题上一些根本不变的方面。对于妇女史研究来说，如果仅仅看到妇女在不同时期的经济机会和政治权利上的变化是不够的，社会性别视角的引入，有助于发现那些对妇女的状况起到决定作用的方面，比如劳动的性别分工和女性劳动的价值，它们在中世纪和近代社会变革中并未发生明显改变，而是呈现连续性。史实证明，不管是在中世纪的农业雇佣劳动中还是近代以来的工业生产领域，妇女在经济领域总会遇到基于她们性别的某种障碍。

妇女史的研究，不管从什么角度切入，都可以增加新的研究内容、拓展研究视野，而且还能挑战既有的性别盲区，不管是历史遗忘的内容，还是史学研究的理论与方法。

---

① ［英］罗莎琳·迪尔斯：《女人的世界史》，刁筱苹译，麦田出版社 1998 年版，第 160 页。

第一章

农村妇女的政治与法律权利

中世纪是一个等级森严的社会，各社会阶层的经济地位、政治权利和法律权利皆有很大不同，从而使其生存状况和生活方式存在显著的差异。同时，中世纪又是一个多元权利体系并存的社会，各阶层的权利都有明确的界定，而且受到较高程度的重视。那么，理论上，如何行使个人的政治与法律权利，在多大程度上参与和影响公共事务，以及在什么范围内享有政治和法律权利，对中世纪的男人和女人来说都十分重要。可是，那些记录当时人们公共生活和社会交往经历的资料，却几乎完全是男人们的公共生活史，与妇女相关的资料少之又少。那么，妇女有什么样的政治与法律权利呢？是那些曾经活跃在乡村和庄园中的妇女被遗漏了，还是她们历来都被完全排斥在社会公共权利之外呢？

为了解决这些疑问，进一步揭示中世纪英国农村劳动妇女的公共生活真相，就必须不断挖掘新的材料，并对已有的材料以新的视角进行分析。有关中世纪农民公共生活的资料浩如烟海，而且主要记录了男人的活动，但妇女也没有完全被忽略或淹没。有关妇女公共权利的资料虽然稀少且零散，但对它们进行仔细梳理，能够发现妇女权利与机会的一些重要特征：农村劳动妇女尽管不像男性同伴那样活跃在乡村公共生活中，但也没有完全隐退到私人领域；尽管没有权利和机会担任公职，但也享有一些法定的政治与法律权利。总之，尽管妇女在公共权利和社会交往上受到明显的限制，但仍有大量妇女活跃在中世纪乡村的公共与法律生活中。

第一节　农村妇女的政治权利

中世纪是一个在等级观念支配下的社会，它重视各等级的权利和义务，并且为这些权利的保障和义务的履行提供了各种实施机构和法律法规。由于"阶级"作为分析历史的一个范畴被广为使用，从而限制了不少学者对于性别之间政治与法律权利差异的进一步挖掘。在某种程度上，大量从阶级视角来研究各社会阶级的政治与法律权利的学术成果，丰富了对中世纪等级社会的认识，但也容易造成一种误导，即认为在每一等级之内的成员，都分享了该等级所被赋予的权利和义务。随着研究的深入，经济状况、性别、年龄和婚姻状态等因素被考虑进来，内部差异性才渐渐得以展现：不同阶层具有不同的权利，不同性别之间在政治与法律权利上也有显著差异；即使同一性别的人，在不同的生命周期和婚姻状态下也拥有不同的权利。

就中世纪的英国农村劳动妇女来说，尽管她们在经济生活中扮演着重要角色，并且从未退出公共领域，但她们几乎完全被排除在公共权力之外；在法庭上，她们不曾位列陪审团之中，也不曾扮演庄园管理者的角色；在共同体内，她们既不能选举官员，也不能作为维护地方和平的十户联保组的成员。不过，中世纪的劳动妇女拥有明确的法律权利，既拥有像男人一样的基本法律权利，也享有社会赋予女性这一性别的法律权利。

一　公共权力空间

中世纪的英格兰，庄园、村庄和教区三种平行机构负责乡村社会中公共事务的管理。它们在地理区域上并不一致，而更可能是交叉或基本重叠，但是它们对辖区内乡村社会的公共事务有着不同程度的统治权。而且这些机构拥有各自的管理体制，除了行使对其辖区居民的管理权外，还为他们提供了进入地方政治机构的机会。

庄园是农村地方行政管理的一个主要单位。在多数情况下，领主本人很少直接管理庄园，而是任命大大小小的庄官负责具体事务。充任这类公职的人被称为总管（steward 或 seneschal）、管家（bailiff）、庄头（reeve）或差役（sergeant）。一般，总管、管家和差役多是由领主任命的，有时是领主的亲戚，有时是自由人，他们代表领主管理庄园的各项事务，维护领主的利益。而庄头通常是从维兰①中选举或推荐出来的代表，一般是村里

---

① 在中世纪的英国，维兰是农奴的统称，用于称谓人身处于依附状态并承担奴役性义务的非自由农民。

的大土地持有者。庄官们不但关注庄园的各种事务，而且还通过法庭来调解或处理村民之间的纠纷。除这些庄官以外，农民还有可能被召去充任管事（messor）、警役（beadle 或 constable）和林务官（forester）① 等职位，他们多数也是较大的土地持有者。

村庄，是郡和百户区之下的一种基层行政单位。在中世纪，村庄在维持地方治安方面起着重要的作用，而且其他的一些传统功能也没有完全消失②。村庄有一些官员来承担国家行政管理和地方事务所要求的各项责任，比如出席郡和百户区法庭，收税和维持十户联保制等。村官一般来自村中的富裕农民，若村庄与庄园在地域上重合，则庄园的管理者实际上就是村庄的领袖人物。

另一种在乡村社会起着重要作用的基层组织就是教区。它是英国教会基层的管理单位和最小的地理区划。教区以教堂为中心，神职人员和各种官员进行日常宗教事务的管理。神职人员包括教区长（rector）、教区代牧（vicar）和助理司祭（assistant priest），其他的世俗官员包括教区书记员（parish clerk）和教会执事（churchwarden）等，他们分别负责不同的事务。

庄园、村庄和教区三种行政管理单位，既把农民置于严密的管理之下，又为他们带来了参与地方事务管理的机会。一些村民被选举为村庄或庄园的官吏，从而在其同伴中显露出来：他们既有可能在当地行使较大的公共权力，又有可能出入上一级的郡和百户区等管理机构；他们既能够对村民的日常事务进行监督、干预和规范，也能站在农民和领主斗争的前线上；他们中许多人获得了声誉、名望和地位，但也有人因为滥用职权或帮助领主加强搜刮民财而受人唾弃。除了这些官员以外，也有一小部分农民能有机会进入教区管理体制，从而获得稳定的收入和较高的社会地位，更重要的是，他们与人们的信仰行为密切关联，从而可能获得更多的尊敬。

教俗管理体制除了提供参与公共事务管理的机会之外，还为村民提供了解决内部纷争的村规、习惯法和教会法，并设立了相应的法庭来行使地

---

① 这些庄园官吏的称呼和译法，见贝内特《英国庄园生活：1150—1400 年农民生活状况研究》，龙秀清等译，上海人民出版社 2005 年版，第七章。

② 村民自己在规范农业实践方面发挥了较大作用，并形成村庄法规来确定土地的使用，这种情况在那些被划分进不同庄园管理下的村庄里尤其明显。Warren O. Ault, *Open-field Farming in Medieval England*, London, 1972, p. 65.

方司法权。农民可以在不同的法庭上为各类事务进行诉讼，从而获得公正的判断。而且这些案例都会被记录下来，成为以后审判的依据，这样，地方习俗惯例的不断丰富和修改在很大程度上来自农民的公共参与。可见，农民既有可能充任地方官吏，从而握有一定的公共权力，参与并影响公共决策，又有广泛的机会作为乡村共同体的成员参与到地方公共事务之中。

二　农村妇女的政治权利

中世纪的乡村妇女处于这样的管理机构之下，但是她们却没有获得与其男性亲属（其父亲、兄弟、丈夫和儿子等）同样多的公共机会。中世纪的妇女被认为没有参与公共权力的资格，正如法学家格兰维尔（Ranucf de Glanville）所说："妇女既无能力，也无必要，更无惯例在军事和其他方面为领主和国王服务。"[1] 妇女在政治权利上的不利地位非常明显。

首先，妇女没有机会掌握政治权力，不能进行村庄和庄园的管理。尽管多数情况下仅有少数农民能够担任公共职务，比如总管、管家、庄头、管事和差役等，从而能够行使管理庄园和村庄以及监督土地使用等权力。而且乡村中的许多官职对农民来说是一种机遇和身份，既能得到报酬，也能获得劳役和税收上的减免，还能享有在共同体内的较高声誉和地位。所以多数情况下，在地方上任职是较为富裕的男性户主所享有的一种特权。因为出任公职所带有的特权性质，任职者就能够以官方行为的方式出现在乡邻面前，而且他们能够在社会、政治和经济利益等诸方面行使权威。[2] 尽管曾有一些男人为了避免出任官员而宁愿交纳罚金，比如布里斯托格庄园的威廉·德·苏达格努，他在 1314 年交了 20 先令以被豁免做采邑总管。[3] 但这种逃避公职的现象并不普遍。

---

① F. Pollock & F. W. Maitland, The History of English Law before the Time of Edward I, Cambridge, 1898, vol. I, p. 485. 转引自苏拉密斯·萨哈《第四等级：欧洲中世纪妇女史》，林英译，广东人民出版社 2003 年版，第 11 页。

② 大量的研究中提到地方官员的职位控制在农民阶层中有钱有势的人手中。相关的研究见：Anne Dewindt, "Peasant Power Structures in Fourteenth-Century King's Ripton", *Mediaeval Studies 38* (*1976*), pp. 236—267; Barbara A. Hanawalt, "Community Conflict and Social Control: Crime and Justice in the Ramsey Abbey Villages", *Mediaeval Studies 39* (*1977*), pp. 402—423; 对于从公共任职中获得利益的情况，可以参见 George Caspar Homans, *English Villagers of the Thirteenth Century*, 1941; rpt., New York: Ruseell & Russell, 1960, pp. 301—302.

③ Judith M. Bennett, *Women in the Medieval English Countryside*, p. 22.

但是，中世纪乡村社会中的妇女几乎完全没有机会从公共职务中分享权力、责任与利益。乡村共同体的政治生活几乎完全是男人的事务，女人被排斥在外。从现有资料来看，几乎没有妇女担任公职，她们也不能做乡村公证人或庄园法庭的书史。除了不能担任村庄和庄园的官吏以外，妇女也不能进入教区管理机构中。她们不能担任教区牧师、教区代牧和助理司祭这样的教职，也不能担任教区书记员、教会执事等世俗官员。

其次，妇女不能参与官员的选举。通常，只有男性户主才有机会参加地方的选举活动。乡村社会中的公职人员，主要来自领主的任命或者村民的选举。一般来说，总管、管家、差役和林务官等多是由领主任命，而庄头、管事和警役一般是从维兰中选举或推荐出来并获得领主的认可的代表。因为多数情况下，庄园书史仅仅记录了某些职位选举的部分情况，所以很难确定官员的具体选举过程，但是，庄园记录显示出了选举的存在。一些档案表明，领主常常运用其权力选出他满意的庄头，但也常遭遇农民的反对。在 1284 年的斯塔普勒格拉夫（Staplegrove）庄园，农民向其领主温切斯特修道院院长支付了 6 先令 8 便士，目的就是"选举自己的庄头，不要未经他们选举的庄头"。[1] 由此可见，庄头的选举常常是农民和领主产生争端的一种根由，而且双方都可能希望通过握有实权的庄头来维护自己的利益。乡村妇女（包括女性佃农）一般不可能参与官员的正式选举，因为她们本身无权入选，也没有资格参与选举。因此，妇女几乎没有机会在选任官员上发挥任何影响力。

再次，妇女不能参与维持乡村社会和平的组织。英格兰地方上维护和平的一种基本制度是十户联保制（frankpledge）或称十户联保组（tithing）。它一般是以村庄为基础，把村民划分成若干个十户组，每个组包括 10 户人家，这种十户组有时也称为十户区。所有年满12—60 岁的男性都被安排进入十户组，每个组中会选出 1—2 个人作为负责人，即十户长（chief pledge 或 tithingman），他们一般是村庄中的全份地持有者。在这种制度下，十户组内的村民对彼此的行为负有监督、报告和指控等责任，而十户长则必须要对十户区内所有居民的行为负责，包括把犯罪的成员带到法庭，征收行为不端者的罚金交给领

---

① A. E. Levett, *The Black Death on the Estates of the See of Winchester* (Oxford Studies in Social and Legal History, v.), Oxford, 1916, p. 14.

主，以及出席每年召开两次的十户联保组检查（view of frankpledge）。
自 12 世纪早期以来，十户联保制在英格兰日渐普及，15 世纪达到鼎
盛。① 这种维持和平的体系（peace - keeping system）对乡村社会的治
理起到了很重要的作用。所有的男性村民一到 12 岁就被编入相应的
十户组，几乎没有例外。但妇女，法律上被认为是其家长的依附者
（dependents 或 mainpasts），从来不能参加这些团体。②

尽管十户联保组被看作是一种男性的义务，但这种义务却是乡村公共
事务的重要组成部分，也是村民在共同体中获得权力和地位的途径；男人
正是通过这种义务才紧密联系起来，构成一个互惠的政治共同体，并相互
依赖和支持。③ 但是，妇女从来没有得到这种机会。

最后，妇女不能做法庭的陪审员。中世纪英格兰，庄园法庭是乡
村共同体内行政和司法管理的中枢机构，与农民的公共生活和私人事
务联系密切。它能够依据村庄的习惯法来处理村民之间或村民与领主
之间的纠纷。庄园法庭在 13 世纪前后，开始采用陪审制，陪审员从
庄园农民中选出。陪审员最初多是帮助法庭澄清事实，后来他们逐渐
成为案件的裁判官，不仅要亲自对犯罪行为及诉讼双方的实际情况进
行调查，而且要向法庭提出公诉及作出判决。陪审员在乡村生活中扮
演了十分重要的角色，而且在地方事务上也能发挥极大的影响力。但
妇女不能担任法庭的陪审员，在乡村法律事务上几乎没有任何发
言权。

尽管妇女没有机会获得公共权力，但是她们作为共同体中的成员，享
有一些基本权利，尤其是未婚妇女和寡妇，她们常常能够比作为妻子的妇
女获得更多的公共权利，比如，她们均能以个人的名义参与公共领域里的
活动，能够出席庄园法庭，能够在部分情况下为别人做担保（pledge），

---

① R. H. Britnell, *The Commercialisation of English Society*, *1000—1500*, Cambridge University Press, 1993, p. 6.

② William Alfred Morris, *The Frankpledge System*, New York, 1910. 梅特兰认为，妇女不被
包括进十户联保组，是因为"每一个妇女都是某个男人的 mainpast"。见：F. Pollock &
F. W. Maitland, *The History of English Law before the Time of Edward I*, Vol. I, p. 482；Judith
M. Bennett, *Women in the Medieval English Countryside*, p. 24。

③ ［以］苏拉密斯·萨哈：《第四等级：欧洲中世纪妇女史》，第 242 页；Judith M. Bennett,
Women in the Medieval English Countryside, p. 24.

等等。但是，这种相对扩展的公共权利并不能使她们有机会进入公共权力部门。总体上，农村劳动妇女的公共权利是一种与"权力"分离的"权利"。① 妇女在公共权利上的诸多不利，很大程度上归因于她们法律上的无资格（disability）。这种无资格不仅使妇女无法分享社会的公共责任与权力，也使她们仅有的政治与法律权利带有局限性。

第二节　农村妇女的法律权利

教会和世俗的法律历来都十分关注妇女的法律权利，尽管各自的出发点并不一定相同。总体来看，中世纪教俗界有关妇女法律权利的规定，内容颇为丰富，涉及她们生活的无数方面，其中既有对妇女权益的保障，又有对妇女法律行为的种种限制。在有关妇女的各种法律权利中，财产权利和法律行为资格对她们的家庭和社会生活有极大的影响。所以，本节主要分析这两方面的权利。

一　农村妇女的财产权利

在中世纪的法律上，妇女的财产权利一直受到密切关注；在现实生活中，围绕妇女财产权利的纠纷也大量存在。通过对与妇女财产权利相关的法律规定和法庭调查的分析，笔者发现中世纪的农村劳动妇女既可以通过多种渠道继承家庭财产，也可以在单身的情况下独自持有地产，法律、习俗惯例以及中世纪的人口状况等为妇女提供了继承的依据和机会。不过，在继承和持有财产方面，妇女与男人相比处于明显的劣势，而那些已为人妻的妇女比其他妇女具有更多的局限性。

1. 农村妇女的继承权

中世纪的英格兰，农民财产的继承要遵循地方惯例，且多数财产纠纷要在庄园法庭上进行处理。这样，通过各地的习惯法汇编与庄园法庭档案的相互印证，能够较为客观地揭示各地不同的继承习俗。总体上，农民财

---

① 鉴于此，笔者将与妇女的公共权利相关的诸多活动，放在"农村妇女的公共生活"一章中阐述。

产的继承惯例有两种主要形式，即不分割继承与分割继承。① 在继承者的
选择上，无论哪种继承惯例，都首先考虑把儿子作为财产继承人，而不是
女儿。所以，在中世纪的乡村，妇女获得继承权的机会受到明显的限制。
不过，中世纪英格兰的继承制度中有一条原则却为妇女继承提供了可能
性，即土地持有者的女儿具有优先于土地持有者的兄弟或侄子等男性亲属
的继承权。

不分割继承是大多数乡村财产传承的惯例做法。在奉行这一原则的地
区，农民的地产会完整地传递给一个儿子。具体的做法因地而异。一些庄
园实行长子继承制（primogeniture），而另外一些庄园则采用幼子继承制
（ultimogeniture）。也有一些地方，父亲可以根据自己的意愿从儿子们中挑
选一个作为继承人。② 在一个家庭没有儿子做地产继承人时，女孩就可能
获得继承权，这种权利有时是由某个女儿独自获得，有时则是所有的女儿
分享。如果土地持有者没有任何子女作为继承人时，家庭的财产通常会传
给他的某个兄弟或者其他亲属。

不论是长子继承制还是幼子继承制，它们对于女孩的影响要比对男孩
的影响小得多。因为无论是在较为普遍的长子继承制度，还是在少数地区
实行的幼子继承制度下，土地持有者的女儿们获得继承的机会相差不大。
她们只有在没有任何兄弟的情况下才有继承权，而且她们在继承权上都优
先于其他男性亲属。但是，在土地由女孩继承时，人们通常会放弃不分割
继承的原则，把土地在所有的女儿中均分，或者让她们作为共同继承人
（但是，这种联合继承最终还是会走向地产的分割，因为未婚的女孩很可
能要把她的那一份地产带入新的婚姻家庭之中）。尽管也有一些庄园的惯
例是让长女或者最小的女儿来继承，但是更为普遍的做法是让所有的女儿
分享家产。③

---

① 土地保有权的性质，也是决定财产继承方式的一个很重要的因素，但它似乎对于社会上
层比广大农民更重要。可以参阅 Ralph A. Houlbrooke, *The English Family, 1450—1700*, London and
New York: Longman, 1984, pp. 229—232; F. Pollock & F. W. Maitland, *The History of English Law be-
fore the Time of Edward I*, Vol. II, p. 260; E. Kerridge, *Agrarian Problems in the Sixteenth Century and Af-
ter*, George Allen & Unwin, London, 1969, pp. 32—40; A. Macfarlane, *The Origins of English Individu-
alism: The Family, Property and Social Transitions*, Basil Blackwell, Oxford, 1978, pp. 106—108.

② George Caspar Homans, *English Villagers of the Thirteenth Century*, p. 110.

③ Ibid. , pp. 123—124.

那些奉行分割继承原则的地区，以肯特为典型代表，一般是遵循诸子平分的惯例（the custom of gavelkind）。据此，地产在土地持有者的儿子们中平均分开；在没有儿子的情况下，就在其女儿们中平均分开。这些做法的结果，一般会使土地重新划分，但也经常是由多位继承人共同持有，或者有时候是由一位继承人负责地产的经营，其他的继承人从地产收益中得到一定的份额。分割继承的做法，在英格兰的其他地方也出现过，比如在诺福克的一些庄园，以及东盎格利亚地区。[①] 总体上，奉行分割继承原则的地区比奉行不分割继承原则的地区少得多。但不管是哪种继承原则，都没有给予女孩与其兄弟平等的继承机会。

在那些给予土地持有者自主选择继承人机会的地区，依然是以男性继承为主导。在有选择余地的情况下，土地持有者可以按照自己的意愿指定某个儿子来做继承人，但如果他在逝世前没能选出继承人，那么其财产就会按当地惯例来处理。在英格兰东南部的赫特福德郡圣阿尔班（Albans）修道院的巴奈特庄园，法庭记录中就有这样的例子。[②] 这种做法，对于那些有能力的儿子来说是一种突破地方继承惯例限制的机会，不过，它没有增大妇女的继承机会。

通过遗嘱安排财产继承的方式，给了财产持有者更多的自主权，使他们能够避开地方继承惯例，按照个人的情感和意愿来为家人做出适当的安排。但是，从对遗嘱的研究来看，农民的选择仍然是以男性继承为主导。在 274 份遗嘱研究抽样中，女孩能够得到的家庭财产最多的是牲畜（占26%），此外，21% 的人是得到现金，14% 的人是得到家庭动产，11% 的人是得到谷物，还有 9% 的人是得到家庭宅地（tenement）之外的土地，以及 4% 的人是得到其他物品。此外，还有部分人得到除了家庭宅地以外的一座住房（占 4%）、某种手艺或教育（0.5%）以及剩余财产（3%）。[③] 很明显，这些遗嘱反映了立遗嘱者尽可能多地为女孩提供动产的倾向，但它们再次表明了人们以男性为主导的继承观念。

此外，地理和经济环境等因素常常影响财产继承习俗，但也没有给女孩继承带来积极的影响。比如在北安普敦郡的罗金厄姆（Rockingha）地

①　George Caspar Homans, *English Villagers of the Thirteenth Century*, pp. 112—116.

②　Ibid., p. 127.

③　Barbara A. Hanawalt, *The Ties That Bound: Peasant Families in Medieval England*, Oxford University Press, 1986, p. 77.

区的布里格斯托克庄园上，处于林地类型的地理位置塑造了它独特的继承习俗。当一个佃农去世时，他的土地在长子和幼子之间分开：长子获得其父亲一生中所购买的所有土地；幼子获得其父亲得自继承的土地。但是，对待女儿的方式，却如在多数乡村一样：仅在没有儿子时才让女儿继承，而且财产要在所有女儿中分开。这种原则在 1326 年进行的一次继承调查中被清楚地说明。当时，罗伯特·勒·诺森的财产卷入纠纷，陪审员们判令该财产应在他的三个女儿中分开，并由长女的丈夫来负责法庭义务。[①]显然，该地区继承习俗的独特性没有给女孩带来更多的继承机会，男孩仍具有优先于其他姐妹的继承权。

可见，中世纪英格兰乡村中，能够获得继承权的人不是土地持有者的长子就是幼子，或者被选出的某个儿子。妇女仅仅是在家庭没有儿子来继承时才有继承的机会。从上述这些基本的继承原则和制度来看，妇女获得继承权的机会是非常有限的。但是，通过对大量地方记录的研究发现，妇女在实际生活中能够获得继承的机会尽管不能与男性相提并论，但也占据一定的比例。

在中世纪人口稳定的时期，女儿继承地产的家庭可能占到 20% 以上。研究表明，大约 60% 的土地所有者在去世时有一个以上的儿子，大约 20% 只留下女儿，大约 20% 无子女而终。那么，在最简单的情况下，长子继承制盛行地区大约 20% 的家庭要让女儿继承地产。[②] 庄园法庭档案显示，女孩继承的比例与这种假定相符或更高。在布里格斯托克庄园，女儿与儿子继承的比例是 1：4。[③] 但是，在许多地区，继承上的灵活性，使年轻女孩持有土地的情况超过这个比例。有些地区女孩比其他年龄段的妇女更活跃，14 世纪早期韦克菲尔德的情况便是如此。[④] 总体来看，农民在由一个男性继承家产的原则下，通过分

---

① Judith M. Bennett, *Women in the Medieval English Countryside*, pp. 15, 107.

② E. A. Wrigley, "Fertility strategy for the individual and the group", in Charles Tilly (ed.), *Historical Studies of Changing Fertility*, Princeton, 1978; Paul Brand, "Family and inheritance, women and children", in Chris Given – Wilson (ed.), *An Illustrated History of Medieval England*, Manchester, 1996, esp. p. 75; S. J. Payling, "Social mobility, demographic change, and landed society in late medieval heirship", *Comparative Studies in society and History*, 15 (1973), pp. 3—20.

③ Judith M. Bennett, *Women in the Medieval English Countryside*, pp. 81—82.

④ Kim M. Phillips, *Medieval Maidens*, p. 123.

割财产的做法尽可能地保障所有儿女的生活，其中较为常见的方式是以土地作为嫁妆或婚前的土地赠与，以及保证当事人终身使用权（inter - vivos）的土地转让等。这些灵活变通的做法，通常使女儿获得家庭地产或部分土地机会超过20%。[①]

男性继承人的缺乏，经常为妇女提供更多填补空缺的机会。13世纪后期的农业歉收与14世纪的黑死病，导致大量人口死亡，打断一些家庭的男性传承世系，从而使女性继承地产的比例显著增长。不过，妇女的这种机会似乎仅是昙花一现。尽管在瘟疫第一次浪潮过后的几年中，持有土地的女孩明显增多，但从长远来看，这次大的人口危机并未改变农村女孩在继承地产上的不利境遇。女孩继承地产情况的波动，一方面可能是由于大量持有土地的女孩嫁给庄园上的新移民，并把土地的控制权交给她们的新丈夫；另一方面，其他一些世俗力量也在阻挠女孩接管地产，在基布沃斯—哈考特以及库克斯汉姆等地，似乎都有女儿继承受到极力排斥的迹象。[②] 到15世纪末期，各地的情况都显示出女孩在继承中没有占据什么优势，那些曾进入女性手中的地产往往随着女继承人的很快结婚而重新回到男性继承的轨道上去。

值得注意的是，庄园档案中出现了一些有趣的案例，显示出中世纪英国农民对姓氏与土地之间的联系极为重视。白金汉郡一个村庄的记录中就有这样的例子，一个名叫亨利·奇尔德的男人，娶了沃尔特·奇尔德的女儿兼继承人琼为妻，并采用了妻子家的姓。在另一个例子中，一对夫妇在

---

① Cicely Howell, "Peasant inheritance customs in the midlands, 1280—1700", in Jack Goody, Joan Thirsk and E. P. Thompson (eds.), *Family and Inheritance*: *Rural Society in Western Europe*, *1200—1800*, Cambridge, 1976, pp. 113—119. Lloyd Bonfield and L. Poos, "The development of deathbed transfers in medieval English manor courts", in Zvi Razi & Richard M. Smith (eds.), *Medieval Society and the Manor Court* (Oxford, 1996). Kim M. Phillips, *Medieval Maidens*, p. 125.

② 在1348—1349年的危机之后，莱斯特郡的基布沃斯-哈考特（Kibworth Harcourt）的管家西蒙·贝肯汉姆将大部分地产分配给死去佃农的儿子（其中许多是未成年人）、兄弟、侄子、其他亲属或姻亲以及寡妇。显示出对女孩继承的排斥，用豪威尔的话说，"没有必要让女儿来继承"。在牛津郡的库克斯汉姆，女儿似乎也不曾被看作瘟疫之后空缺租佃的解决方式，到1355年从外地迁入的男性成为新佃农的主体。详见 Cicely Howell, *Land, Family and Inheritance in Transition*, Cambridge, 1983, p. 242; P. D. A. Harvey, *A Medieval Oxfordshire Village*: *Cuxham 1240 to 1400*, Oxford, 1965, pp. 123, 135—137.

继承地产的时候，把名字改成了这位妻子的父姓。① 可见，继承地产的妇女，在结婚后可以不改变姓氏，而是丈夫改成妻子家庭的姓氏，并且其婚生子女也沿用母亲的姓氏。这样，地产被女孩继承时，仍与原土地持有者的姓氏保持密切的联系。这种做法，在一定程度上显示出女性继承人可能拥有婚姻市场上的优势地位和家庭中的较高权威，同时也透露出人们对地产和姓氏之间的联系的重视程度。农民对土地与姓氏之间关系的重视，或许是以男性为主导的继承制度长期存在的原因之一。

综上可见，妇女在中世纪英格兰不动产的继承上处于明显劣势，她们仅能在没有男性继承人的时候获得机会。继承的原则与制度的地域差别和土地持有者财产分配的自主性程度的高低，对于女性继承的比例没有多少影响，但人口等因素的改变却经常直接影响女性继承的机会。不过，女孩即使不能成为继承人，也可以作为家庭成员得到部分家庭财产，主要是动产和小块土地等。

女孩对家庭动产的继承权得到社会习俗的普遍认可，因为英国有关财产分配的两种主要观念对此都是支持态度。首先，英国农民认为控制家庭地产的人与其说是它的所有者（owner）还不如说是它的管家（steward），所以土地应完整地传递；其次，家庭成员在他们的地产上所创造的财富属于全体成员所有，那些达到成年的孩子能够要求从中得到一部分利益或者继续依赖家庭地产生活。② 这两种观念不同程度地影响各地的习惯法，进而影响到了不同子女的继承前景：这些继承观念确保了家庭财产首先要由一个男性继承人来继承的做法成为英国多数地区的主导习俗，这也同时普遍限制了女孩分享家庭地产的可能性；但是，这些继承观念也没有完全剥夺非继承人的机会，在一定程度上提供给女孩从家庭财产中获得一部分的合理性。

---

① A. C. Chibnall, Sherington: *Fiefs and Fields of a Buckinghamshire Village*, Cambridge, 1965, p. 95. Chertsey Abbey Court Rolls, Abstract, trans., Elsie Toms, Surrey Record Society (1937), p. xxxix. Barbara A. Hanawalt, *The Ties That Bound*, p. 82. 戴维·赫利西对欧洲中世纪前期的研究也发现了此类采用女方姓氏的做法。见 "Land, Family, and *Women in Continental Europe*, 701—1200," in *Women in Medieval Europe*, ed., Susan Mosher Stuard (Philadelphia, 1976), pp. 13—46。

② Jack Goody, "Inheritance, Property and Women: Some Comparative Considerations", in *Family and Inheritance: Rural Society in Western Europe*, eds., Jack Goody, Joan Thirsk, and E. P. Thompson (Cambridge, 1976), pp. 10—34.

于是在庄园记录和遗嘱等资料中经常可以看到，除部分女孩作为继承人得到地产以外，多数女孩能够从家庭财产中获得一定的份额。这部分财产一般是以动产的形式出现，比如现金、器皿或衣服等。不过，对于维兰家庭的女孩来说，能够获得的动产份额是非常有限的。根据一般惯例，维兰的动产不可能全部留给家人。首先，最好的牲畜要交给领主作为继承税（heriot），如果没有牲畜，就代之以最好的工具或现金；其次，教区牧师要拿走次好的牲畜作为死手捐（mortuary）。此外，为死者守灵和举行葬礼也需要一笔费用。而那些农作和居家所需的工具和器皿应该留给继承人所用。最后，所剩的其他动产还要平均分成三份，一份归于寡妇，一份由所有子女（不包括继承人）平分，另一份的支配权留给死者本人处理，惯例通常允许他用临终遗嘱来安排自主遗赠。[①] 这种动产三分原则在许多地区一直延续到近代，比如在整个约克主教管区（直至 1693 年），还有伦敦（直至1725 年）和其他城镇。[②] 在这种动产分割惯例中，女孩能够从父亲那里得到的动产数量是有限的，即使有些父亲的临终遗嘱中包括对女儿的考虑，但多数女孩的处境没有根本改观。

除了动产以外，女儿和其他没有继承权的儿子也有可能从家庭里得到土地。多数地区的惯例所要求的继承地产，是指家庭财产的核心部分，并非全部地产。通过开荒、购买或其他方式所积累的地产，常可以被农民用来为那些不是继承人的子女提供安排。这样，中等水平以上的家庭，在把家庭地产留给继承人的同时，多数子女都能得到一份财产（portion）。对于那些结婚的女孩来说，她们的份额就是将要随她们进入新家庭的嫁妆（dowry）。这种财产的数量和种类常因家庭而异。有些家庭为女儿提供了可观的嫁妆，从而保证她们得到一个好的婚姻，并在婚后过着和原来一样富裕的生活；有些家庭仅能提供少量衣物、用具器皿或现金；还有一些家庭不能为女儿提供任何嫁妆，女孩常通过打工积累自己的嫁资。在人口危机时期，女孩得到的嫁妆和其他婚前的礼物往往增多。史密斯发现，1315—1319 年间，农业

① George Caspar Homans, *English Villagers of the Thirteenth Century*, pp. 133—134.
② T. F. T. Plucknett, A *Concise History of the Common Law*, Butterworth, London, 5th edition. , 1956, p. 745; Ralph A. Houlbrooke, *The English Family*, *1450—1700*, p. 230.

歉收和饥荒导致人口下降，那些较富有的佃农赠送给女儿的土地明显增加。①

嫁妆，是女孩对家庭财产的一种继承方式，它不是在户主去世时才可以获得，而是在女孩结婚时兑现的一种提前继承。② 所以，已经从家庭财产中获得一份嫁妆的妇女，一般就没有资格再要求继承父母家庭的地产。习惯法普遍规定，如果一个家庭中还有一个或多个女儿还没得到婚姻嫁妆，那么其他那些在结婚时得到了一份家庭动产的女儿就不能再要求继承家庭地产。

在 1315 年埃塞克斯郡邓莫庄园（Dunmow）的法庭档案中，有一个案例就是根据这种习俗处理的：罗伯特·奥斯本的女儿安妮丝与丈夫约翰·鲁塞尔向法庭请求继承罗伯特的一处宅院和 20 英亩维兰地产。法庭对此事的调查主要包括三个方面的内容，即安妮丝是不是罗伯特的女儿和最亲近的继承人（nearer heir），她是否已脱离了领主的庄园，以及她在结婚时是否从罗伯特那里得到过动产。最后，全体出庭人一致认为，安妮丝是罗伯特最亲近的继承人，并且从未脱离庄园，也没有在结婚时带走罗伯特的财产。于是，他们获得了对上述财产的占有权。③ 显然，在邓莫庄园，如果一份宅地（tenement）的最后持有者没有儿子做继承人，就会由一个女儿来继承。但如果一个女儿从父亲这里得到过动产做嫁妆，并且已结婚或离开庄园，就被排除在继承权之外；财产应该给其他没有结婚或离开庄园的女儿。各地法庭记录显示，这一惯例是普

① Richard M. Smith, "Families and their land in an area of partible inheritance: Redgrave, Suffolk 1260—1320", in Richard M. Smith (ed.), *Land, Kinship and Life-Cycle* (Cambridge, 1984), pp. 160—161.

② 嫁妆可以看作一种提前继承。农民的女儿出嫁要向领主交纳婚姻捐，它们表面上看来是允许一个被奴役的妇女出嫁的罚金，但包括埃莉诺·塞尔在内的许多历史学家认为，它们扮演了一种对富裕农民女孩结婚嫁妆征税的角色，对她们来说嫁妆是一种死亡继承之前的继承方式。嫁妆意味着要留出部分家庭财产给女儿结婚时使用。这么做的一个后果是减少了领主在佃农死亡时从家庭财产中征收继承税的份额。因此，塞尔认为，婚姻捐是对领主权利上的那种可预见的损失的一种补偿。琼·斯卡梅尔（Jean Scammell）和埃莉诺·塞尔对此的争论，见 *Economic History Review*, ser. 2, 27 (1974), pp. 523—537; 29 (1976), pp. 482—486, 487—490; 也可见于 Eleanor Searle, "Seigneurial control of women's marriage: the antecedents and function of merchet in England", *Past and Present*, 82 (1979), pp. 3—43; Paul A. Brand and Paul R. Hyams, "Debate: seigneurial control of women's marriage", *Past and Present*, 99 (1983), pp. 123—160。

③ George Caspar Homans, *English Villagers of the Thirteenth Century*, p. 141.

遍存在的。在邓莫庄园之外的一些地方，这种规定被明晰地表述出来，如在 1224 年贝克郡的布雷庄园和库克汉姆庄园就明确规定，如果一份宅地要传递给最后持有者的女儿，那么，为了保护仍旧待在家里的女儿的利益，那些带着父亲的动产出嫁到宅地之外的女儿则被排除在继承之外。[①]

在这种财产分配体系的影响下，多数没有继承权的男女带着一份财产离开家庭步入婚姻或单独生活，但也有相当一部分非继承人是继续依赖于家庭地产生活。如果一个非继承人继续待在家庭地产上并且不结婚，不管男女，都能按照习惯法享有继承人为他们的生活提供的供应。在 1300 年，剑桥郡拉姆塞的奥弗地区（Over），一个叫玛格丽·西沃德的妇女向继承了其父地产的两个兄弟要求一定的生活供应。与此类似的是，在塞文汉普顿（Sevenhampton）、威尔特郡、奥肯顿（Oakington）、科顿汉姆（Cotten-ham）、德雷顿（Drayton）和剑桥郡，按照惯例，一个未能继承家庭财产的儿子，只要保持不婚，就有权从家产中获得供应。[②] 这与奥弗地区的那个不能继承的女儿所拥有的权利是相同的。

另外，一些没有继承权的女孩能够从父母那里得到适当安排。在北安普敦郡的布里格斯托克庄园上，一些寡妇会从自己的寡妇产中为没有继承权的儿女提供某种支持。因为她们没有权利转让寡妇产，所以就依赖于继承人作为中介，但继承人有可能顾及自身的利益而从中使坏。在 1315 年，艾丽丝·塔尔科想把寡妇产中的一处住宅赠给一个女儿。按照地方惯例的规定，寡妇仅能把寡妇产让与继承人。所以，她先把这个房宅转让给作为继承人的儿子，由他再转让给所要赠予的女儿。但她的儿子在接受房宅之后，卑鄙地将它扣留下。艾丽丝的控诉没有使她的儿子受到惩罚，因为她转让给继承人财产的行为是有效的，后者占据此财产已属合法行为。尽管这是一个失败的安排，但却看出父母会对无继承权子女尽可能地给予供应。在该地区 106 个寡妇转让土地的案例中，有 8 个案例是成功地按照上述方式分两步把财产转让给了无继承权的子女。[③] 当然，在这一过程中，继承人可能

---

① George Caspar Homans, *English Villagers of the Thirteenth Century*, pp. 141—142.

② Ibid. , p. 142.

③ Judith M. Bennett, *Women in the Medieval English Countryside*, pp. 166, 285.

获得某种好处或同样关心其他兄弟姐妹的处境。

　　妇女的继承权利一般不受年龄的限制，在那些继承地产的女孩中不乏未成年人。她们常常要由其监护人来帮助管理地产，直至她们成年或结婚。例如，在 1377 年的摩尔，托马塞特·洛德的女儿艾格尼丝接受了一份地产，包括房屋与宅地和半码地。她根据庄园的惯例持有它，并要承担惯例规定的租金和劳役。但因为她是未成年人，还不能经营地产，她的父亲代为管理，并在法庭上保证要在宅地上建起一座房子。[①]

　　妇女的继承可以采取多种方式，多数妇女是以自己的名义继承，但也有不少妇女，尤其是已婚妇女，可能会与丈夫或其他亲属共同继承。上文所说的白金汉郡的村民，就是以夫妻共同继承的方式接受了岳父的地产，并改为岳父的姓氏。[②] 夫妻也可以共同继承来自男方家庭的财产。比如在布里格斯托克庄园，当亨利·克罗尔与艾格尼丝·佩尼法德尔结婚时，他们从亨利的父亲那里获得对半维尔格特（semi – virgate）的共同继承权利。[③] 共同继承使妇女受到较多的限制，因为不经丈夫同意，她无法动用这些财产。不过，有些丈夫甚至可能把妻子安排成自己的继承人，在萨默塞特（Somerset）的方顿·迪恩庄园（Faunton Deane）上，惯例做法就是以寡妇做丈夫的继承人，而且允许她再婚并把土地传给最后一次婚姻的孩子。[④] 但是，这种情况比较罕见。

　　既然多数妇女能够得到家庭的部分动产，有时还能得到父母通过开荒或购买等方式获得的小块土地；部分妇女在没有兄弟作为家庭主要地产的继承人时，能够得到这一通常保留给男性的权利，那么，在比较理想的状况下，中上层农民家庭中的女孩经常能够拥有一定动产或地产。但不可否认，中世纪的农村劳动妇女在继承和持有地产方面具有明显的局限性，对其财产权利不能作出过于乐观的估计。实际上，女孩能够独立持有并经营她们得到的财产的机会并不多，也不像人们想象中那么长久。如果持有地产的是未成年女孩，那么她的地产一般要由其监护人（父亲、寡妇或者

　　① R. H. Hilton, *The English Peasantry in the Later Middle Ages*, p. 98.

　　② A. C. Chibnall, Sherington: *Fiefs and Fields of a Buckinghamshire Village*, Cambridge, 1965, p. 95. Chertsey Abbey Court Rolls, Abstract, trans., Elsie Toms, *Surrey Record Society* (1937), p. xxxix. Barbara A. Hanawalt, *The Ties That Bound*, p. 82.

　　③ Judith M. Bennett, *Women in the Medieval English Countryside*, p. 58.

　　④ Ralph A. Houlbrooke, *The English Family*, 1450—1700, pp. 211—212.

其他亲属）来管理并从中受益，直到她成年或结婚。如果她们是未婚少女或寡妇，她们握有财产的时间一般很短暂。一方面，女继承人以及得到较大份额嫁妆或寡妇产的妇女，都是对男人比较有利的结婚对象，所以通常成为男人追求的目标；另一方面，社会氛围对女性独自持有地产不利，她们在公共生活中不能像男人一样活跃，她们会遇到更多的困难和阻力，这些使得她们难以在男性为主导的世界里独立经营产业。另外，社会主流观念中对女性能力的贬低，降低了女性独立经营的自信，也可能促使她们尽快寻找可以依赖的丈夫。于是，多数未婚女孩在达到结婚年龄以后不久就结婚，寡妇也经常很快就步入下一次婚姻。这样，地产权利再次进入到男性手中。

另外，尽管一些妇女在没有继承人的情况下能够继承家庭宅地，但她们通常要与其他姐妹分享这份家产，每个人的份额就会相对减少。而对大多数的女孩来说，能够有幸从家庭财产中得到的一份供应通常只是少量动产或现金，她们多半会在获得了或多或少的财产份额之后离开被其兄弟接管的地产和房宅。如果所得到的地产或动产不足以谋生，或者找不到合适的结婚对象，她们就会长期做仆人或雇工来维持生存，其中一些人甚至会沦为流民和乞丐。一些法庭档案中显示，在古老英格兰的道路上不乏年轻力壮的男女乞丐。[①]

总体上，中世纪英格兰的惯例是将地产传给儿子，女儿们仅在没有兄弟做继承人的时候，才能获得平分家产或单独继承的机会。在这种情况下，她们比其他男性亲属具有优先继承权，但是没有儿子继承的家庭通常仅居少数。多数的男女非继承人能够从家庭财产中获得一定份额，但通常是动产、现金或小块地。多数女孩带着一份财产离开家庭，外出谋生或结婚，但也有不少妇女以保持不婚为代价换取寄居在被继承人接管的宅地上。

2. 农村妇女的婚姻财产权利

在中世纪，理论上维兰农民没有财产权，但事实上，维兰农民能够占有和支配他们的财产，并能够从中受益。当然，他们必须向领主交纳租金并履行一定的劳动义务。正因为农民享有对财产的支配权，他们能够将财产在家庭之内继承，或在家庭之外交换。按照中世纪农民的财产观念，家

---

① George Caspar Homans, *English Villagers of the Thirteenth Century*, p. 139.

庭财产属所有家庭成员所有，每个成员都能从中享有一部分财产权利。但家庭财产的实际支配权仅属于一家之主，通常是男性户主。如前文所述，一个家庭中的女儿很少从父母那里继承或得到土地，除了能从家庭财产中得到一份嫁妆之外，她们不能对父母的其他财产享有任何支配权。相比之下，儿子更可能继承家庭核心地产，从而能够行使一定的财产权。可见性别在决定一个人的财产权利上起了很大作用。

婚姻是影响两性财产权利的另一个重要因素。对女人和男人来说，婚姻的缔结是极为重要的人生转折点，但却具有十分不同的意义。结婚不但意味着两个人的结合，而且意味着双方的财产也要合并在一起。妻子在婚前通过继承、礼物或各类经济活动得到的财产都应该带入婚姻经济共同体内，与丈夫的财产合并在一起，成为一种婚姻资产（conjugal fund）。形式上，婚姻资产是夫妻财产的合并，但实际上成为由丈夫控制的财产。这样，夫妻在婚姻经济共同体中获得了不同的地位：丈夫成为独立的家长，而妻子成为"依附的经济伙伴"[1]。

丈夫对妻子财产的支配权利，得到法律的支持。按照英国普通法，丈夫和妻子没有共同财产，而且在婚姻的存续期内，丈夫基本上控制着所有由妻子或他自己拥有的财产。丈夫可以不经妻子的同意而自由让渡他依法占有的财产，只要他不损害指定给妻子将来在寡居期间维持生活的寡妇产权利；同样，他能够独立地让渡妻子的财产，只要不是永久让渡即可。只有在妻子自由赞同（free assent）的情况下，丈夫才能永久让渡妻子的财产。但是，妻子的赞同是否出于自主决定对当时的人和现代学者来说都难以确定，因为法律规定她服从丈夫的意志，那么她所表达的赞同有可能是心甘情愿的决定，也有可能是丈夫要求或逼迫的结果。此外，丈夫还控制婚姻家庭的所有动产，而妻子无权支配它们，除了置备必需的衣服和随身用品等所需的日常费用。[2]

对于丈夫的财产权利，多数地方的习惯法与普通法保持一致。即使在一些地区，名义上是由夫妻共同分享财产权利，但实际上家庭资产还是处于丈夫的控制之下。比如，在布里格斯托克庄园，婚姻存续

---

[1]　Judith M. Bennett, *Women in the Medieval English Countryside*, p. 35.

[2]　F. Pollock & F. W. Maitland, *The History of English Law before the Time of Edward I*, Vol. II, pp. 399—436. Judith M. Bennett, *Women in the Medieval English Countryside*, p. 110.

期内，或是由丈夫独自控制家庭所有资产，或是由丈夫与妻子联合行事。尽管妻子获得了同意与否这样的微小权力，但是在实际的层面上，婚姻期内的婚姻资产是丈夫的财产。① 大量的资料显示，已婚妇女所继承的财产，会直接进入丈夫的掌控之中。15 世纪晚期和 16 世纪早期贝德福德郡的 319 份遗嘱中，有 14%（44 个人）的男人仅有女儿做继承人。有些女儿已经结婚，遗嘱中就明确写着由女婿来支配被继承的地产。② 另外，婚姻契约中许诺的嫁妆被女方家庭扣留的情况时有发生，这使丈夫的财产权利受到了直接损失，于是他就会把违约者告上法庭。在 1294 年，亨廷顿郡布劳顿庄园（Broughton）的威廉·阿利恩控告亨利，原因是他娶了亨利的女儿，但亨利没有给威廉约定的动产和现金。结果，亨利被罚款 12 便士。另一个例子来自德比郡，在 1312 年贝尔珀（Belper）的法庭上，约翰·韦德起诉理查德·莫德，因为"这位理查德不正义地扣留了应给他的 20 先令的赔偿金，一头价值 10 先令的母牛，以及一件价值 1 马克的衣服"。这些物品他（理查德）曾答应在这位约翰和他的女儿结婚时给他（约翰）的。③ 显然，无论是妇女的继承财产，还是她的嫁妆，都将由丈夫管理和支配，收益权也归于丈夫，所以他们常常要极力确保这种财产进入他的名下。

从妻子的角度来看，在婚姻生活期间，她所有的财产归丈夫管理，不经丈夫同意，她本人无权出卖、抵押、转让和交换她自己的财产。以布里格斯托克庄园为例，1315 年，在威廉·克罗塞姆不在的情况下，他的妻子奎娜想把她通过继承而得到的土地转让出去，陪审团毫不犹豫地宣布这一买卖无效，因为法庭认为"一个妻子的出售行为若没有丈夫在场就无效"。显然在法庭看来，已婚妇女没有单独处理任何财产的权利。在 1331 年被记录的一个案例中，约翰·海隆起诉约翰·苏特及其妻子斯特朗吉娅，但他最终败诉，他与斯特朗吉娅单独缔结的契约也成为泡影。④ 可见，在法律上，妻子单独订立的契约是无效的，丈夫不用对此负责。

那些卷入财产交易的妻子，一般是在丈夫的陪同下处理相关事务。

---

① Judith M. Bennett, *Women in the Medieval English Countryside*, p. 110.

② Barbara A. Hanawalt, *The Ties That Bound*, pp. 142—143.

③ George Caspar Homans, *English Villagers of the Thirteenth Century*, p. 140.

④ Judith M. Bennett, *Women in the Medieval English Countryside*, pp. 8, 28, 112.

关于土地转让的庄园记录显示，妇女在财产转让时一般是与丈夫一起出现的。从布里格斯托克庄园抽样调查的情况来看，在转让土地的 40 个妻子中，绝大多数妇女是和她们的丈夫一起进行转让，仅有 3 个人是独立交易。但是，这三个人中有两个是把土地转让给她们的丈夫，第三个是一个再婚的寡妇，把她第一任丈夫的财产转让给他们的儿子。[①] 显然，因为这三个妻子并非将地产转让到家庭之外，而是转给户主或继承人，所以才会被法庭接受。一般地，妻子既没有处理自己婚姻资产的权利，也没有在法庭上独立进行财产交易的资格。

妻子带来的地产由丈夫接管的同时，也由丈夫来承担其附带的义务。在领主的租税册上记载的应尽义务的人是丈夫而不是妻子。而且这种地产的收益，不管是现金还是其他形式的财富，也都由丈夫支配。但是，丈夫的经营不善或者其他行为，会导致妻子财产的丧失。理查德·布鲁汉姆的女儿琼在父亲去世后继承了他在奇丁利（Chiddingly）地区的 60 英亩土地。后来，她嫁给了亨利·克利福德。但是在 1540 年她的土地被贝勒姆庄园（Pelham）的领主扣押，原因是"她丈夫的各种违法、犯罪和不服从"行为。作为合法继承人，琼要回了她的财产，条件是她和丈夫要对领主忠心并不拖欠义务。但是，后来亨利·克利福德继续违抗领主，并在被选为差役的时候，携带所收缴的租金外逃。这使他妻子的财产被没收，并被分给了另外两个人。[②]

妻子对丈夫的财产和夫妻共同生活期间的家庭收入无支配权。尽管妻子和丈夫一样对家庭财富的积累作出贡献，但是对于丈夫的财产以及夫妻共同生活期间的家庭收入，妇女都没有支配权。丈夫则可以随意支配管理并支配家庭财产。虽然，有些丈夫会在关系到家庭财产的耕作和出租问题上征求并尊重妻子的意见，然而他们在法律上没有义务必须这么做。值得注意的是，中世纪的社会观念中，分居或被抛弃的妻子有从家庭财产中获得供应的权利。法律既承认被抛弃的妻子有从丈夫那里获得赡养的权利，又承认受虐待的妇女有与丈夫分居但

---

① Judith M. Bennett, *Women in the Medieval English Countryside*, p. 112.

② Mavis E. Mate, *Daughters, Wives and Widows after the Black Death: Women in Sussex, 1350—1535*, The Boydell Press, 1998, pp. 78—79.

仍然由丈夫赡养的权利。①

丈夫的财产权利并非没有任何限制。首先，不经妻子同意，丈夫无权出卖或抵押她结婚时带来的财产或婚后继承的财产。其次，对在结婚时约定留给妻子的寡妇产部分，丈夫也不能不经妻子同意随意处理。此外，夫妻共同承租的地产，丈夫一般也不能独自处理。这些土地的永久转让和出售，需要有妻子的同意，这使得丈夫不能随心所欲地处理与妻子的利益密切相关的财产，在一定程度上保证了妻子的财产权利。而且如果丈夫不负责任地支配这份陪嫁财产，妻子可以起诉，要求归还陪嫁。不过，许多妇女都在结婚后失去了对财产的监督意识，任由丈夫处理与陪嫁相关的事情。

一些把相当可观的财产带入婚姻的妇女，还能够获得家庭内相对较多的自主权利；也有一些妻子凭借自己的某种手艺和能力，在家庭经济中扮演十分重要的角色，从而保证了自己对家庭财产的某种权威；还有一些妻子能够与丈夫结成情感融洽的伙伴关系，从而能在家庭财产的支配上享有法律规定之外的权利。但是，一些丈夫也会突破法律的限制，侵犯妻子的合法权益，实际上就使那些法律上对他的限制流于形式。一种可能的途径就是丈夫利用自己在家庭中的权威迫使妻子同意某一财产的转让。为了防范这种情况，一些法庭也做出了努力，即单独询问妻子是不是自主决定财产的转让。不过，资料显示，无论法庭如何谨慎，仍然有丈夫不经妻子的赞成或同意就卖掉了她继承的土地的案例。苏塞克斯的琼·庞特曾从她祖父那里继承了 100 英亩土地。法庭上，有三个证人证明这些土地在未经她本人同意的情况下被卖了出去。②

妇女对她带入婚姻或在婚后得到的财产的权利并未完全丧失，在获得丈夫同意的情况下，她们能够把土地让渡给子女或其他人。威廉·阿普斯雷的女儿兼继承人琼，在她父亲死后继承了在布拉特钦顿（Blatchington）的 2.5 维斯特（wists）土地。她立即把这份地产转让给了她的女儿伊莎贝尔和女婿理查德·弗伦奇。其后，伊莎贝尔把这块地中的 5.5 英亩在她的女儿吉莉安与西蒙·杰弗雷结婚时让渡给了她。另一位妇女玛格丽·博

---

① ［美］理查德·A. 波斯纳：《性与理性》，苏力译，中国政法大学出版社 2002 年版，第 333 页。

② Mavis E. Mate, *Daughters, Wives and Widows after the Black Death*, p. 78.

代尔把自己的土地也转让给了女儿和一个亲属。[1]

　　而且即使已婚妇女在婚姻存续期内无法行使对自己财产的支配权，但是，若她们的丈夫先于她们去世，她们就能重新获得对自己财产的全部权利。在 15 世纪晚期和 16 世纪早期贝德福德郡的 319 份遗嘱中，那些把地产交给女婿来支配的遗嘱里，规定了女婿行使这种权力的期限，即在婚姻存续期内。[2] 这样，一旦女继承人的丈夫去世，这部分财产便可以毫无保留地回到她的手中。不管丈夫生前曾经支持还是反对她们转让地产，作为寡妇她们可以自主决定地产的分割或继承。如果妻子先于丈夫去世，她可以把这份遗产留给丈夫的儿子或其他亲戚。但是，如果他们有婚生子女，则根据英国普通法的鳏夫产权（curtesy），丈夫对其妻的财产享有终身权益。[3]

　　总体上，已婚妇女对于自己在婚前或婚后得到的财产没有支配权，而且对于在婚姻存续期间夫妻共同积累的财产没有丈夫的同意，也不能支配。已婚妇女这种有限的财产权利，很大程度上是由于她们在法律上依附于其丈夫。无论是法律上的依附还是现实财产权利的限制，都深深影响着妇女在经济生活中的参与程度。相对于未婚青年妇女和寡妇来说，处在婚姻状态中的妻子拥有的财产权利最少。

　　3. 寡妇产权利

　　尽管已婚妇女在公共活动和经济机会上受到非常大的制约，但是如果她们比其丈夫长寿的话，就会进入一段特殊的生命周期，即孀居时期。孀居的寡妇，不再依附于一个男性户主，获得了家庭中的户主地位，并独立地参与地方的社会交往和经济活动。此外，对寡妇来说还有一种重要的权益受到法律的严格保护，即寡妇产权利。

　　寡妇产，顾名思义，是指给予寡妇的一份产业。在中世纪英格兰的乡村，寡妇产通常是新郎在婚礼上许诺给新娘的一笔财产（通常是地产）[4]。

---

[1]　Mavis E. Mate, *Daughters, Wives and Widows after the Black Death*, p. 79.

[2]　Barbara A. Hanawalt, *The Ties That Bound*, pp. 142—143.

[3]　F. Pollock & F. W. Maitland, *The History of English Law before the Time of Edward I*, Vol. II, pp. 403—409.

[4]　这种在结婚前后由新郎提供给新娘财产的做法，具有悠久的历史渊源，这种财产的名称、所包括的财产的性质和财产使用上的规范，在各个时期有所不同。详见俞金尧《中世纪欧洲寡妇产的起源和演变》，《世界历史》2001 年第 5 期，第 50—59 页。

这份财产妻子在婚姻存续期内无权动用，但可以监督它的使用，以确保丈夫不会把它分割或转让出去，从而损害妻子将来的利益。一旦丈夫去世，寡妇即可得到这份财产。

按照普通法，寡妇有权享有丈夫地产的 1/3 作为寡妇产（dower 或 free bench）①。不过，寡妇可以获得的寡妇产份额，受到地方惯例的很大影响。有些地区，寡妇可以得到亡夫土地的 1/3；也有一些地区，寡妇能够得到亡夫土地的 1/2 或者 2/3，有时甚至得到全部家庭财产。因此，各地的寡妇所能获得的亡夫财产会有较大差别。如在埃姆雷堡（Elmley Castle）等地区，寡妇会终生持有整个地产；而在斯塔福德郡的恩顿（Endon），寡妇有权享有地产的 2/3；在塔德比格庄园（Tardebigge）等地区，寡妇享有一半地产。从法庭档案来看，寡妇持有一半家庭地产的做法较为普遍。在 1376 年的沃尔勒（Wolverley），威廉·杰拉尔特的财产一半给了他的寡妇克里斯蒂娜，另一半给了他已成年的儿子。② 在苏塞克斯的巴克斯提普，寡妇可以获得亡夫的一半土地，另一半则由家中的幼子继承。③

法律不但规定了寡妇产的份额，而且对寡妇有权从中要求寡妇产权利的"亡夫地产"也作了比较细致的规定。中世纪早期，寡妇产是从新郎结婚时已有的土地上指定一部分。12 世纪时，如果丈夫未指定寡妇产，那么寡妇只能得到普通法规定的 1/3 份额。在 13 世纪末，习惯法规定，如果寡妇没有得到丈夫明确指定的寡妇产，她有权取得丈夫在婚姻存续期间的任何时候所取得的土地的 1/3 做寡妇产。到 14、15 世纪时，普遍的做法是，如果丈夫未指定寡妇产，寡妇就可以在婚姻期间的任何时候由其丈夫所占有的土地中取得寡妇产份额。这样，指定寡妇产的做法逐渐被废弃，未指定寡妇产的做法成为一种主要的寡妇产提供方式。14 世纪时，妻子甚至可以在其丈夫去世后，拒绝领取其丈夫在结婚时指定给她的寡妇产，有权提出习惯法赋予她的权利要求，就好像是根本没有发生过指定寡

---

① 中世纪，健在的配偶享有死去配偶土地的权利，被称为"free bench"。在英格兰的多数地方（肯特除外），free bench 主要表示给予寡妇（而不是给鳏夫）享有亡夫土地的权利，bench 指的是靠近炉灶边上（家庭里）的位子。详见：F. Pollock & F. W. Maitland, *The History of English Law before the Time of Edward I*, Vol. II, p. 419。

② R. H. Hilton, *The English Peasantry in the Later Middle Ages*, p. 100.

③ ［以］苏拉密斯·萨哈：《第四等级：欧洲中世纪妇女史》，第 260 页。

妇产这一回事①。

除了得到土地形式的财产以外，寡妇还经常有权得到部分或者全部的房产权，并终身持有它们。② 对寡妇在家庭宅地上居住权利的关注，即使不是以寡妇产的形式，也是以遗嘱安排等方式体现出来。按照惯例，寡妇通常能够得到 1/3 的房产权。③ 但人们在遗嘱中对寡妇居住条件做出的安排，却往往会超过这个比例。在立下遗嘱的 326 个成年男性中，有 235 个人的妻子尚在世，她们多数（63%）得到住宅的终身使用权，还有 9% 的寡妇或是可以居住到长子成年，或是被允许拥有主房宅（main house）中的一个房间，或是在放弃地产权利的情况下得到完全的住房权。④ 可见，农民为其妻子所做的安排是比较慷慨的，他们似乎宁愿给妻子超过法律规定的更多权益，而没有拘束于普通法所要求的 1/3 份额。由此可见，遗嘱权的确立和男性财产支配权力的扩大，并不一定会带来寡妇财产权利的丧失。丈夫经常会为妻子做出力所能及的安排，以保证其孀居期的生活。

寡妇对家庭的动产也有权提出要求，中世纪英国的惯例一般是把死者的动产平均分成三份，其中一份归于没有继承权的子女，一份给寡妇，另外一份由丈夫用临终安排的方式来处理，一般是给予妻子或子女。如果丈夫没有子女，则动产的一半归寡妇，另一半根据死者的临终遗嘱来安排。⑤ 这样，丧偶的妻子不仅可以得到寡妇产，还能够得到房产和部分动产。

除了寡妇产的份额因地而异之外，寡妇对这份财产的权利也具有多样性。一般情况下，寡妇不能永久转让其寡妇产土地，只是终身享有它。但是，各地的惯例和实际做法存在很大差异。有些地区，寡妇享有对寡妇产的全部权利，可以自由转让或安排继承，甚至可以带入新的婚姻并由最后婚姻的孩子继承这笔财产。而另一些地区，寡妇仅能在保持不再婚的情况

① George L. Haskins, "The Development of Common Law Dower", *Harvard Law Review 1* (1948), Vol. 62, p. 54. 转引自俞金尧《中世纪欧洲寡妇产的起源和演变》，《世界历史》2001 年第 5 期，第 55—56 页。

② Christopher Dyer, *Standards of Living in the Later Middle Ages: Social Change in England C. 1200—1520*, Cambridge University Press, 1989. p. 255.

③ ［以］苏拉密斯·萨哈：《第四等级：欧洲中世纪妇女史》，第 260 页。

④ Barbara A. Hanawalt, *The Ties That Bound*, p. 222.

⑤ George Caspar Homans, *English Villagers of the Thirteenth Century*, pp. 133—134.

下，终身持有寡妇产土地。在苏塞克斯的巴克斯提普，寡妇一旦再婚，就会失去对寡妇产（占亡夫土地的一半）的权利。但大多数地区的寡妇即使再婚，依旧保有她的寡妇产。①

因为多数寡妇只拥有财产的终身用益权，而没有永久转让的权利。所以，多数情况下，寡妇的财产转让对象是丈夫的继承人。但是，也有一些寡妇通过其他方式来实现土地转让。通常的方法是采用两步转让方式（two - step transfers），即把财产经由继承人转让给第三方，从而避免了惯例对寡妇产权的限制。例如，在1340年的布里格斯托克庄园，亨利的寡妇艾丽丝把她寡妇产中的一个宅地（tenement）转让给其儿子兼继承人约翰，后者随即把它转让给了约翰·沃尔夫。这种规避对寡妇地产限制的做法在布里格斯托克庄园尤其普遍；在106项由寡妇做出的转让中，有37次（35%）是寡妇这样通过继承人之手将地产转让到第三方手中。这些两步转让的方式通过继承人之手来进行，确保了转让的合法性，不会引起寡妇与继承人之间的财产纠纷，但可以相信，能够与寡妇合作转让土地的继承人可能从中得到某种好处，因为一般情况下，被转让出去的土地将来会由他继承。为了尽早获得自己在寡母财产上的利益，有些继承人可能会主动催促寡妇将土地出售，从而获得部分好处。但是，在布里格斯托克庄园有8个案例是用两步转让方式把土地给予无继承权的兄弟姐妹，这类过程中继承人很可能得不到什么经济上的好处。② 或许是在那些渴望扩展其权利的寡妇强迫之下，继承人才同意这些土地的转让。

中世纪妇女的寡妇产权受到宗教和世俗法律、习俗的保护。首先，基督教教会始终不懈地关怀妻子在丈夫死后的利益，并在很大程度上影响了习惯法对于寡妇产的规定。教会赞许新郎在婚礼上将礼物赠给新娘的行为，因为这一公开的财产赠与行为，有助于造成婚姻本身的公开性。在12、13世纪，在教堂门口把礼物赠给新娘的行为，甚至成为婚姻圣事仪式中的一部分，从而使寡妇产的赠与变得更加严肃庄重。教会的这种态度以及公开的赠与行为本身，有助于寡妇产被广泛认可和尊重。其次，世俗法律在保护寡妇产方面起了更为直接的作用。普通法不仅规定了寡妇产的份额，而且在保护寡妇产不受侵犯方面起了很大作用。为了防止丈夫在强

---

① ［以］苏拉密斯·萨哈：《第四等级：欧洲中世纪妇女史》，第260页。

② Judith M. Bennett, *Women in the Medieval English Countryside*, pp. 166, 285.

迫或欺瞒妻子的情况下，转让涉及寡妇产权利的土地，国王法庭 12 世纪开始就不断采取措施。从 13 世纪末开始，妻子对让渡土地的"同意"都要经过法官的调查与核实。这样一来，有关寡妇产权的土地让渡纠纷案就明显下降。《大宪章》也为保护寡妇产权利作出了明确而严格的法律规定。1215 年，英国国王约翰的《大宪章》第 7 条规定，"寡妇在其丈夫死后应不受任何留难立即取得其嫁资和遗产。她不用为取得她的寡妇产、妆奁，以及在其丈夫生前由她和丈夫共同拥有的财产中归她继承的遗产而支付任何代价。她可以在其丈夫死后，在亡夫的家宅中滞留 40 天。在此期限内应将她的寡妇产转拨于她"。① 可见，普通法为妇女的寡妇产权利提供了基本的法律保障。最后，地方的习俗惯例对寡妇产权利进行了具体规范，并维护寡妇的合法权益。庄园惯例既允许丈夫指定更多的寡妇产或用遗嘱增加妻子的财产，也接受夫妻共同承租土地等变通的做法。这样，多数丈夫为妻子提供较了为慷慨的生活保障。

不过，寡妇产权利也常常受到来自丈夫、继承人或其他人的侵害。首先，一些与寡妇产利益冲突的人可能会以各种借口企图剥夺寡妇的合法权利。其次，丈夫有时会损害妻子的未来的寡妇产权益。因为丈夫在家庭中享有最高权威，并且控制了全部婚姻资产，这使他很容易随意支配家庭财产。尽管他不能随意处理和寡妇产有关联的地产，但是在获得妻子的同意的情况下，他就可以自由让渡他的财产，并且可能会削减妻子的寡妇产。一些丈夫甚至会通过与其他人串通的办法欺骗妻子，从而取得她的同意，而法庭很少调查妻子的同意是否属于自愿或真实。从出现于 13 世纪法庭档案中那些有关寡妇产纠纷的案例可以看出，大量的丈夫曾因为把包含着寡妇产权的土地转让给第三方而引起诉讼。② 这些出现于法庭的案件，或

---

① Michael M. Sheehan, "The Influence of Canon Law on the Property Rights of Married Women in England", *Mediaeval Studies*（1963）, Vol. 25, p. 114; R. M. Smith, "Womens Property Rights under Customary Law: Some Developments in the Thirteenth and Fourteenth Centuries", *Transcations of the Royal Historical Society 36*（1986）, pp. 82—84; Great Charter of Liberties, 1215, Chap. 7, in George Burton Adams & H. Morse Stephens eds., *Select Documents of English Constitutional History*, New York, 1908, p. 43. 转引自俞金尧《中世纪欧洲寡妇产的起源和演变》，《世界历史》2001 年第 5 期，第 50—59 页。

② R. M. Smith, "Women's Property Rights under Customary Law: Some Developments in the Thirteenth and Fourteenth Centuries", *Transactions of the Royal Historical Society* 36（1986）, p. 80. 转引自俞金尧《中世纪欧洲寡妇产的起源和演变》，第 56 页。

许仅是冰山一角，更多对寡妇产的欺诈行为可能没有被当事人觉察，或成功地避开了法庭审判。此外，寡妇产有时被继承人或者其他人非法扣留。为此，寡妇也会把对方告上法庭，从而保护自己的合法权益。寡妇有时还会受到来自领主的压力，法庭记录中经常出现领主强迫某个单身汉娶有财产的寡妇的情况，显示出领主对女佃户的不利态度。

尽管如此，中世纪的寡妇是乡村妇女中最有可能独掌财产权利的人。虽然一些未婚少女有机会做继承人，但是，寡妇在获得财产的途径和方式以及财产权利的行使方面明显具有优势。首先，寡妇能够按照法律合理地从婚姻资产中享有一定份额作为寡妇产，不受继承人的影响；其次，寡妇能够获得自己在婚姻前后得到的财产，并且可以自主地转让它们；再次，寡妇成为户主，享有对家庭成员的财产使用权，并很可能被指定为未成年继承人的监护人和财产管理人，从而有机会管理不在她名下的地产，直到继承人达到法定成年的年龄。总体上，寡妇持有的土地比那些未婚女孩的规模可能更大，而且持有的时间更为长久，她们是各地庄园上经常明显可见的女佃户的主体部分。寡妇比处于妻子和少女阶段的妇女享有更为广泛的家庭和财产权利。

此外，寡妇还可能得到其他形式的经济保障。在中世纪后期，夫妻共同承租土地的模式给妇女提供了获得寡居生活保障的另一种途径。这种共同承租的具体做法是，丈夫生前将他所承租的土地交还给领主，然后再以夫妻共同承租的名义重新接受土地，从而更新了租地契约。这样，一旦丈夫去世，妻子还可以继续持有土地，不必交纳进入费。而且如果共同承租的契约中没有限定条件的话，寡妇作为共同承租人，享有较高程度的支配权，甚至可以自由转让共同承租的土地。在 14 世纪早期，这种共同承租的做法十分普遍，它给寡妇提供了更可靠的生活保障。①

中世纪英格兰的寡妇能够得到较多的权利保障，可能归功于两种因素。一方面，在中世纪的观念里，因为丈夫和妻子结成了一个独立的经济单位，丈夫死亡后，妻子自然应该从这个经济共同体中得到一定的份额，她们的这种权利不受子女和继承人的影响，甚至还具有超过继承人的优

----

① 　Barbara Hanawalt, "Remarriage as an Option for Urban and Rural Widows in Late Medieval England", in Sue Sheridan Walker ed., *Wife and Widow in Medieval England*, *Michigan University Press*, 1993, p. 145. 转引自俞金尧《中世纪欧洲寡妇产的起源和演变》，第 58—59 页。

势；另一方面，正因为妻子在婚内生活中的相对无权，所以教俗界才对丧偶的寡妇特别关注，以免她们在丧失丈夫之后一贫如洗。尽管寡妇按照法律能够得到一定的寡妇产，但对于那些没有多少地产的农民阶层来说，妇女守寡很可能就意味着迅速贫困。因为在中世纪这样一个非常依赖于土地和劳动力的社会来说，贫穷的妇女一旦丧偶，无疑丧失了最重要的生计来源——丈夫的劳动力，从此要艰难地独自谋生，有时还会遭遇到共同体的怀疑和敌视。毫无疑问，中世纪法律对寡妇产的保护对妇女的生活保障是非常有利的，但是寡妇产是一种对丧偶妇女的补偿，而不是一种吸引已婚妇女的特权。

二　农村妇女的法律行为资格

法律提供了人们行为规范的依据，但法律一般来说是立法者意志的表达或体现，而且社会主流的道德观和意识形态通常会暗含于法律条款之中。对于妇女的法律行为资格，世俗法和教会法都没有给出多少支持。教会法（ecclesiastical law）根据妇女在上帝造物中的次要地位和在原罪中的主要作用而否定她们的权利；而世俗法（secular law）则接受妇女智力不高、轻浮、狡猾和贪婪的观念，并限制妇女的法律权利。[①] 在这种意识形态的影响下，中世纪妇女的法律权利是有限的，这种局限不仅表现在公共权利和财产权利等方面，还直接表现在妇女基本的法律行为资格上。而且妇女的法律行为资格，不仅受到其性别的影响，很大程度上还要取决于她们的婚姻状态。

在中世纪英格兰的社会观念中，妇女是没有法律行为资格（legal incapacity）的性别群体，他们应该依附于男人，并由男人来代理法律事务。在这种社会氛围之下，多数妇女在法律行为领域中的参与极为有限，与其相关的公共与法律事务很大程度上都是由其男性家长来负责。因此，没有多少妇女出现在庄园法庭记录中的这一现象，就毫不令人吃惊了。在这一点上，在布里格斯托克、艾弗（Iver）和霍顿—坎—温顿（Houghton-cum-Wyton）三个不同的庄园是极为相似的：妇女在所有出现在法庭记录中的人中，所占的比例分别为42%、30%和35%。[②] 显然，女性的法庭参与率

---

① ［以］苏拉密斯·萨哈：《第四等级：欧洲中世纪妇女史》，第11—12页。

② Judith M. Bennett, *Women in the Medieval English Countryside*, p. 23.

较低，男性是活跃在这些法庭上的主要成员。而且尽管妇女，尤其是寡妇和没有男性继承人的佃农的女儿，有机会出现在庄园法庭的名单中，但法律与习俗支持由男性代表妇女处理法律事务的主要基调没有改变。①

不过，在法律行为资格方面，不同婚姻状态下的妇女可能会遇到不同的情况，已婚妇女的法律行为资格非常有限，但寡妇和未婚妇女享有相对较多的自主权。

1. 已婚妇女的法律行为资格

已婚妇女在法律行为资格上尤其受到限制。在中世纪，婚姻生活中的妇女被视为常态，而且农民阶层的婚姻带有明显的经济伙伴关系的特点，从而使进入婚姻的妇女得到一定的安全和保障，但同时，她们在很大程度上失去了自己的法律身份：她们一般被认为是法律上的未成年人，没有独立的法律行为资格。已婚的农村妇女在档案中总是以"某人的妻子"的名义出现，几乎永远不能站在法庭上陈述自己的经济或法律利益，最终淹没在丈夫的名字后面。②

婚姻，尽管对两性成年人都具有重要的意义，但却给两性的法律行为资格带来完全不同的影响：男人婚后被视为完全成年的户主，他们的法律权利和责任得以扩大，不仅要为个人的行为负责，而且还要为其家户和依附者的行为负责；而妻子在法庭上不被当作完全成年来对待，其法律权利缩小了。从此，她们在法律上的诸多方面都被涵盖到丈夫的权威之下，其法律事务的处理几乎完全依赖于丈夫。已婚妇女出现在法庭记录中一般是为自己的某些行为负责，而很少因为其他人而承担责任。但是丈夫不仅要为他个人的行为负责，还要为家庭成员的集体或单独行为负责，因为他们是法律认可的户主。一方面，像非法放牧、侵占财产、非法堆积粪肥、破坏树篱以及藏匿陌生人等违法行为③，习惯上被认为是为家庭利益而导致的经济犯罪，所以户主应该为此负责；另一方面，妻子或其他家庭成员单独犯下的过失，通常也要由丈夫来负责。户主代替已婚妇女承担责任的例

---

① Linda E. Mitchell, *Women in Medieval Western European Culture*, New York and London：Garland Publishing, INC, 1999, p. 51.

② Ibid., p. 60.

③ 这些导致违法的行为，多数是因为农民私自放牧以获得额外收入，或者移动界石，以扩大自家地产，或长时间雇用外来人以保证农业收耕。这些都是能够使家庭经济获得利益的行为，所以户主应该承担责任，而不是犯错的那些家庭成员。

子不胜枚举。在 1300 年，约翰·布鲁姆因为妻子非法损坏树篱被法庭处以罚款。1331 年，威廉·希瑟因为妻子在售酒时弄虚作假而向法庭支付一笔罚金。1317 年，威廉·卡特找来保人以向法庭保证他们一家人不在共同体内制造麻烦。即使和家庭利益无关的行为，丈夫也常常要为妻子承担责任。在 1325 年，玛格丽·戈尔和她的丈夫威廉同时被盖尔弗里都·萨拉雷姆告上法庭，原因是玛格丽诽谤了他。[①] 可见，已婚妇女的行为通常要涉及丈夫的法律责任。

当然，有些时候已婚妇女也亲自在法庭上为自己的违法行为负责。比如那些破坏树篱的妇女，多数是自己承担了责任。在犯罪行为抽样调查中，被处罚的有 7 个是妇女，6 个是男人。[②] 另外，各地记录中显示，有大量妇女因为非法售酒而交纳罚金。户主负责的这些案例中一些可能起因于这种犯罪的经济性质，因为依附者的行为是整个家庭受益，对于所有经济事件来说，个人责任的一般原则是被户主的责任所代替。但是，依附者的经济活动仅在很少的情况下被他们的户主以那种方式涵盖，多数破坏树篱或不规范售酒的依附者以自己的名义支付了罚金。[③]

已婚妇女在诉讼事务上受到了明显的限制。普通法规定，一个已婚妇女不能在没有丈夫同意的情况下缔结契约，因为她不能支配任何动产（所有婚姻资产都成为其丈夫的财产）。[④] 任何妻子在丈夫不在场或不同意的情况下缔结的契约都将被宣告无效。妻子被判处罚金或金钱赔偿，都被视为是对丈夫财产权利的侵犯，所以一些地方法律对丈夫的权利进行了保护。按照英格兰的一部城市法典，丈夫不必为妻子的愚蠢行为付超过 4 便士的罚金。[⑤] 对妇女缔约权利的限制普遍存在。从庄园记录来看，乡村中的妇女很少卷入有关债务或契约的诉讼。在利特尔（Writtle），1382—1490 年间，仅有 7% 的债务诉讼人是妇女。[⑥] 在布里格斯托克庄园，被抽

---

① Judith M. Bennett, *Women in the Medieval English Countryside*, p. 106.

② Ibid.

③ Ibid.

④ F. Pollock & F. W. Maitland, *The History of English Law before the Time of Edward I*, Vol. II, pp. 399—436.

⑤ F. Pollock & F. W. Maitland, *The History of English Law before the Time of Edward I*, Vol. II, p. 482. 见［以］苏拉密斯·萨哈：《第四等级：欧洲中世纪妇女史》，第 101 页。

⑥ Elaine Clark, "Debt Litigants in Late Medieval English Vill," in *Pathways to Medieval Peasants*, ed., J. A. Raftis (Toronto, 1981), p. 252.

样的女性诉讼人中只有 1/10 进行的是此类诉讼，而在男性诉讼人中达到 1/4 以上。出现于债务或契约诉讼中的妇女，或是单身妇女（3 个寡妇，2 个未知婚姻状态的妇女），或是与其丈夫共同行事的已婚妇女（3 个妻子）。妻子单独订立的契约被宣告无效的情况也不乏例证。1331 年，约翰·海隆的一项契约因为是单独与约翰·苏特的妻子斯特朗吉娅缔结的，所以被宣告无效。①

　　一般已婚妇女涉及法庭诉讼时，不管是作为原告还是被告，都有必要得到丈夫的许可。尽管大部分地区允许妇女作为原告出席法庭，但是不经丈夫同意她们不能单独起诉，除非她们是独立经营的女商贩。② 当然，妇女在丈夫性无能或犯有其他过失时，可以向宗教法庭单独提出控诉。在刑事诉讼方面，未婚妇女和已婚妇女都享有相同的权利。她们有权就身体伤害、强奸、侮辱等类刑事案件起诉，而且妻子可以控告杀害其丈夫的凶手，如果是儿子、兄弟或侄子被杀，妇女也可以作为原告起诉。但妇女刑事起诉的范围很狭小，似乎除此以外，她们无权为其他种类的刑事案件进行起诉。③ 鉴于妇女在作为原告上的种种限制，法庭记录中不乏妻子在丈夫同意下提出诉讼的案例或由丈夫代表妻子在法庭上起诉的案例。如果妻子委托丈夫之外的其他人代理自己的诉讼，也要经过丈夫的许可。此外，妇女除了可以代表自己的丈夫出现在法庭上以外，无权作为其他人进行法律诉讼时的代理人。可见，妇女在作为原告出席法庭时，会遇到较多的限制，这再次显示出她们被法庭当作次等法律行为主体的倾向。

　　当然，在一些特殊的案件中，法律允许或认可妻子不经丈夫同意单独起诉或者缔结契约：如果丈夫的行为确实损害到妻子的财产，她就有权直接控告他；如果丈夫精神失常、被囚禁或在远方服刑，没有归来的希望，妻子可以不经丈夫同意签署契约或提出起诉；对于那些涉及对妇女的个人伤害——毒打、伤害、强奸甚至侮辱性的言辞——的刑事案件，妇女都可以不经丈夫同意而起诉。法庭记录显示，大量妇女曾因为这些理由而直接

---

　　① 未知婚姻状况的妇女很可能是寡妇或者单身妇女，因为她们是以自己的名字出现在记录中。Judith M. Bennett, *Women in the Medieval English Countryside*, p. 28.

　　② ［以］苏拉密斯·萨哈：《第四等级：欧洲中世纪妇女史》，第 14 页。

　　③ W. Stubbs, *Select Chartes and Other Illustrations of English Constitutional History*, Oxford, 1921, p. 299；Bellamy, *Crime and Public Order in England in the Later Middle Ages*, London, 1973, p. 13.

起诉。此外，各地的案例均表明，各阶层的妇女都可能代表她们的丈夫出现在法庭上。①

已婚妇女在法庭上作证或担保的资格非常有限，她们既没有资格在法庭上作证，也不能担当证人宣誓时的旁证。法学家布雷克顿（Bracton）对此曾有明确表述，"司法审判涉及妇女的证词时，宣誓时的旁证必须是男子"。② 地方档案提供了与此相符的证据。尽管各个阶层和年龄段的男人可以在法庭上扮演多种角色，比如作为委托代理人（attorney）替代缺席的诉讼当事人，作为缺席允准者（essoiners）为其他起诉者提供不能出庭的理由，尤其是作为担保人（pledge）来保证一个人会履行规定的法律义务。③ 但是，妇女很少被允许承担这种资格。

在多数中世纪庄园，法庭几乎从未接受已婚妇女所做的担保。在艾弗庄园，没有女性担保被记录下来，但在霍顿—坎—温顿庄园，1349 年有三个妇女被接受为个人担保人。她们三个人所做担保的都是保证酿酒者交纳罚金这类次要的违法行为。而且这三个女性担保的例子发生在霍顿—坎—温顿庄园瘟疫盛行时期，可能是因为法庭的官员被其他事情折磨而不在酿酒担保者的性别上吹毛求疵。平斯勒发现在埃尔顿庄园有一个女性担保人的案例，但是认为它可能是一次书写错误。在约克郡的韦克菲尔德庄园上，没有妇女被记录曾成功地担当保证人，但是 1298 年的一个含义隐晦的条目显示，寡妇能够做担保人。一个叫阿玛贝尔·德尔·博瑟姆的已婚妇女，在因为她所担保的罚款未能履行而被指控时，回应说："她不能为任何人做担保，只要她的丈夫还在世。"在布里格斯托克庄园，似乎有女性做担保的迹象，但是在 1287—1348 年的成千上万的担保记录中，仅有 46 次担保是妇女做出的，而且这些人中多数是为那些依附于她们的子

---

① F. Maitland, ed, *Select Pleas of the Crown*, London 1888, p. 28. 转引自［以］苏拉密斯·萨哈《第四等级：欧洲中世纪妇女史》，第 100—101 页。

② F. Pollock & F. W. Maitland, *The History of English Law before the Time of Edward I*, Cambridge, 1898, Vol. I, pp. 484—485. 转引自［以］苏拉密斯·萨哈：《第四等级：欧洲中世纪妇女史》，第 14 页。

③ 在庄园社会里，法庭上的有利判决很大程度上依赖于其他人的证明、支持和担保，不管是小额的罚金，还是其他更重大的法律责任，诉讼人都必须提供一个私人的担保人来保证某项法律义务一定会被履行。如果被担保人不履行责任，担保人就应交一份罚金或接受其他形式的处罚。但是，正是通过这种法庭上的相互帮助与支持，村民之间能够建立起稳定的友谊和联结，从而在公共领域里有了自己的关系网络。

女做担保的寡妇。在做出这些担保的 24 位妇女中，仅有一位被称为"罗伯特·科洛尔的妻子"，并且是为她的孩子做担保。① 但是，这位妻子的案例似乎不太可信，一方面，它发生在 1348 年瘟疫到来之时，档案记录难以及时反映人们的生死情况；另一方面，如果丈夫尚在世的话，子女的担保人就不应该是妻子。

不管怎样，各地的档案在反映女性担保人方面显示出的倾向是一致的，即妇女从未或者极少作为担保人被法庭接受。这样，在一个特别依赖于他人法律支持的庄园社会里，妇女就缺少了与其他人建立友谊和联系的机会，对她们的公共与社会交往极为不利。男性从活跃的法律行为资格中获得的好处就是对此最好的反证：在多数中世纪村庄中，在那些扮演担保人角色的人中，最为活跃者正是共同体里最富有和最有影响力的人们。②

尽管对妇女作证方面也有种种限制，但是世俗法庭和教会法庭上都曾出现过女性证人和旁证。如果需要证明双胞胎中哪个先出生，或证明被告宣布的某个继承人出生后立即死亡的情况是否属实，就需要由妇女来出庭作证。如果妻子因丈夫性无能而向宗教法庭提出离婚，或者世俗法庭在处理强奸案的时候，妇女就被派去调查取证。在杀婴案中，妇女被任命去检查涉嫌妇女的胸部，以找出秘密分娩的人。所有这些案件中都没有男人作证，法庭实际上也承认妇女的证词。尽管法律规定女性证人的旁证人必须是男性，但在几个英国城镇中妇女也作为女性的旁证人出现在法庭上。在伦敦城的法庭记录中有一个案子，一个妇女被控失去保留财产权后拒不归还财产，6 个妇女为她做旁证人出庭——记录上说按照城里的习惯这样做是可以的。另外，在涉及宗教法庭上处理的强奸或卖淫案件时，妇女可以作为旁证人出庭。一个被控通奸的修女也被命令在她的修女同伴中找宣誓帮助人（oathhelper）。③

虽然妇女在法律上的无资格（legal incapacity），深层次地限制了她们的经济活动机会和支配财产的权利，使她们在法律和公共事务上附属于其

---

① Martin Pimsler, "Solidarity in the Medieval Village? The Evidence of Personal Pledging at Elton, Huntingdonshire," *Journal of British Studies 17*, No. 1 (1977), pp. 1—11, note 18; William Paley Baildon, ed., *Court Rolls of the Manor of Wakefield*, Vol. II (1297—1309) (Leeds, 1906), p. 36; Judith M. Bennett, *Women in the Medieval English Countryside*, pp. 25, 154—157, 245, note 9.

② Judith M. Bennett, *Women in the Medieval English Countryside*, p. 24.

③ ［以］苏拉密斯·萨哈：《第四等级：欧洲中世纪妇女史》，第 14—15 页。

丈夫，在家庭生活中服从于丈夫。但是，妇女的这种依附地位有时成为对她们有利的条件。有些妇女能够利用这种依附关系摆脱法庭责任，有些妇女的犯罪行为因为这种依附关系被给予宽大处理。在许多犯罪的案例中，已婚妇女可以被看做是处于其丈夫的权威之下，因此她们可能被指控为帮凶而不是犯罪的煽动者。布拉克顿曾引用一个在普通法法庭上最明显的案例，一对夫妇提供伪造的特许状而共同犯罪，但得到不同判决，丈夫被绞死，妻子被释放，因为她被认为是在丈夫的权威之下行事的。① 基于此，刑事法庭似乎对女性这一性别有更多的宽大仁慈。② 因为已婚妇女受到丈夫的监护，在某种程度上又恢复到未成年者的地位上。所以，中世纪的英国惯例在这方面颇有共性：一个头脑简单的妇女不同丈夫商量做了蠢事，应当像一个未成年的孩子那样受到惩罚，因为她不能控制自己的行为。但是，也有一些妇女能够聪敏地利用这种法律规定。伦敦一个因为债务被法庭传讯的妇女争辩说，尽管她借了别人的钱，但没有丈夫的同意法庭不能审判她。③ 这位妇女成功地迫使法庭暂时休庭。尽管不少已婚妇女为自己的行为承担了责任，但是如果她们想逃避责任，就可以躲到丈夫权威之下，得到某种法律上的庇护。

所以，在某种意义上，妇女对丈夫法律事务上的依附，正如同中世纪早期人们所建立的、封君封臣之间的"依附—保护"关系一样，成为依附者的保护伞。但是，这两种依附的不同也是显而易见的，社会阶层之间的依附关系中，各阶层都有自己的权利，而且都能参与到公共社会生活中。但是，两性之间的这种依附关系，对妇女的法律和公共生活都会带来重要影响，而且在男性的权威之下，妇女没有得到像其他封臣那样的权利。她们法律行为资格的缺失，深层次地限制了她们参与政治、经济等领域活动的资格与权利，使附属于其丈夫的状态难以改变，无论是在家内还

---

① F. Pollock & F. W. Maitland, *The History of English Law before the Time of Edward I*, Vol. II, p. 406, note 3; Judith M. Bennett, *Women in the Medieval English Countryside*, pp. 107—108.

② Carol Z. Weiner, "Sex roles and crime in late Elizabethan Hertfordshire", *Journal of Social History* 8 (1975), pp. 38—60.

③ F. Pollock & F. W. Maitland, *The History of English Law before the Time of Edward I*, Cambridge, 1898, Vol. I, p. 482; M. Bateson, ed., *Borough Customs*, London, 1904, Vol. I, p. 223; A. H. Thomas, ed., *Early Mayor's Court Rolls*, *1218—1307*, Cambridge, 1924, p. 149. 转引自［以］苏拉密斯·萨哈《第四等级：欧洲中世纪妇女史》，第 101 页。

是在社会生活中，已婚妇女都成为"第二性"① 的弱势地位的主要代表。

2. 未婚妇女与寡妇的法律行为资格

未婚妇女和寡妇享有相对较多的法律行为权利。对中世纪的妇女来说，年轻且未婚的阶段是一个特殊的生命时期。无论在城市还是在乡村，青年未婚妇女享有较高程度的独立和自主，其法律权利远远超过已婚妇女，甚至接近于男人，这已成普遍共识。② 未婚妇女可以被接受为合法的佃户和财产持有者，能够订立契约或参与借贷事务，能够为自己的犯罪行为负责，能够作为诉讼当事人寻求或提供赔偿，能够出席庄园法庭会议并独立提出诉讼。总体上，青年未婚男女能以相同的方式参与庄园法庭的民事诉讼。

但是，与已婚妇女一样，卷入诉讼中的青年妇女呈现出与青年男子不同的特点。首先，她们在数量上明显不及男性同伴。在布里格斯托克庄园的抽样调查中，一共出现 56 个青年男女，女孩仅占其中的 30%（17人）。其次，女孩较多是作为被告出现（65%），而男孩多数以原告身份出席（54%）。从这些数据来看，女孩在法庭上远不如她们的男性同伴活跃，而且她们多是被动地应诉，而不是提出诉讼的一方，说明她们不像其他男孩那么经常地利用法庭来解决纠纷。尽管在法律权利层面男孩比女孩占据优势，但是，参与诉讼的青年女孩占所有女性诉讼人的 20%（17：86），这一比例高于男孩在男性诉讼人中的比例（仅为 11%，即 39：348）。③ 这说明，青春期，对于男性来说并非是法律权利极大扩展的时期，而对女性来说，这是一个相对自主的生命阶段，它给予青年少女比其他已婚妇女更多的法律权利和独立行为的资格。正如贝内特和弗罗伊德所说的，尽管她们没有完全脱离家长的控制并且仅仅拥有少量财富，但是"她们发现青年时期是异常自主的时期"。④

未婚女孩尽管有较多的独立性，但是她们仅有处理自己法律事务的资格，不能代表他人出席法庭，也不能替别人做担保。法庭档案中很少有她

---

① ［法］西蒙娜·德·波伏娃：《第二性》，陶铁柱译，中国书籍出版社 1997 年版。

② Kim M. Phillips, *Medieval Maidens*, p. 120.

③ Judith M. Bennett, *Women in the Medieval English Countryside*, pp. 29, 77.

④ Judith M. Bennett & Amy M. Froide, "A singular past", in *Singlewomen in the European Past, 1250—1800*, eds., Judith M. Bennett & Amy M. Froide, Philadelphia：University of Pennsylvania Press, 1999, p. 8.

们承担担保角色的案例，而且女孩在处理自身事务，比如订立契约和解决纠纷时，也常依附于家长。那些外出做仆人的女孩，通常是由父亲与雇主订立契约，如果出现纠纷，女孩的父亲替她进行法庭诉讼。在海尔索温，一个叫威廉·凯特尔的人把其女儿送到特纳哈尔的亨利家服务。在 1373年，他起诉亨利打了自己的女儿，且没有按照以前规定提供给她合理的正餐。两年后，威廉·凯特尔起诉摩尔地区的威廉，因为该雇主没有履行每年给他女儿两件束腰上衣的服务约定。1458 年，在埃姆雷堡，盖伊·弗伦奇曼起诉托马斯·吉布，因为后者亏欠他前妻的女儿琼的衣服的 2 先令和 2 先令的工资。① 可见，女孩在处理法律事务时常依赖于父亲。

　　寡妇，与未婚少女在法律权利上有同有异：相同的是，她们的法律权利都超过已婚妇女；不同的是，寡妇能够享有更多的法律行为资格、自主性和独立性。因为丈夫的离去，寡妇能够成为法律认可的户主、土地持有者，而且能够在法庭上扮演多数由成年男人所扮演的角色，比如作诉讼当事人和担保人等。寡妇既然成为法律上的户主，那么就可以承担其户主的法律责任，即她们不但要单独为自己的行为承担责任，而且要为依附于她们的人负责。因此，从理论上来说，她们比未婚少女的法律权利要扩展得多，比她们更接近于男人的权利。

　　正因为寡妇成为合法的户主和土地持有者，所以一旦卷入某种纠纷，她们就可以独立在法庭上进行诉讼。在布里格斯托克庄园，在民事诉讼的抽样中，仅有 17% 的寡妇是与其他人联合诉讼（而已婚妇女中进行联合诉讼的占 66%）。② 而且在这些联合诉讼中，寡妇很可能是与其子女，尤其可能是与继承人一起进行诉讼。寡妇独立提出诉讼的案例不胜枚举。在1387 年，伍斯特郡的女性贷款人哈格利的朱莉安娜·惠勒，在海尔索温庄园法庭为 3 马克的贷款起诉菲利普·布拉夫和他的担保人。1432 年，埃姆雷堡的艾格尼丝·亨迪为 6 先令 8 便士起诉另一个村民。③ 在艾弗，1348 年威廉·佩斯的寡妇卡特里娜因为违法酿酒，而交了一笔罚金；1337 年，她又因为与艾丽丝·根特尔的一次债务纠纷而提起诉讼。④ 可见，寡妇不但具有广泛的法律权利，而且能够独立为自己的利益而进行

①　R. H. Hilton, *The English Peasantry in the Later Middle Ages*, p. 52.

②　Judith M. Bennett, *Women in the Medieval English Countryside*, p. 108.

③　R. H. Hilton, *The English Peasantry in the Later Middle Ages*, pp. 103—104.

④　Ibid. , pp. 174—175.

诉讼。

户主身份提供给寡妇更为广泛的法律权利，也使她们承担了更多的责任。她们像其他男性户主一样，既要为涉及家户利益的事情负责，也要为家庭成员单独的过失负责。一方面，寡妇要为那些关涉家庭利益的行为负责，如非法放牧、非法砍伐树木或者未能清理沟渠等。在艾弗，1335年，罗杰·斯科夫尔德的寡妇因为非法放牧而支付了罚金；1338年，寡妇卡特里娜·佩斯也因为非法放牧而支付了罚金；1338年，彼得·戈德弗雷的寡妇朱莉安娜因为非法砍伐他人的树木而被传唤；1346年，约翰·劳伦斯的寡妇玛格丽被命令修复一条沟渠。另一方面，寡妇要为她的依附者的行为负责。在1337年，卡特里娜·佩斯支付了一份罚金，法庭的理由是她没有阻止她的儿子非法捕鱼。[1] 由此可见，寡妇承担了多数户主都应承担的法律责任。

寡妇作为户主和具有独立法律行为资格的人，比其他妇女更可能为其他人在法庭上做担保人。在布里格斯托克庄园，1287—1348年的成千上万的担保记录中，仅有24位妇女为他人做出了总共46次担保。[2] 这些做担保的妇女绝大多数是寡妇，其中明确写明是寡妇的有14人，其他的9位未知婚姻状态的妇女，很可能也是寡妇，因为她们仅以自己的名字出现在法庭记录当中，而且其中4个是为自己的儿女做担保（另外5个人与被担保者的关系不详）。可见，寡妇比其他妇女有更多的机会为他人做担保。在其他庄园似乎也存在寡妇作担保人的情况。在1298年，韦克菲尔德庄园上，那位已婚妇女阿玛贝尔·德尔·博瑟姆的辩解，"她不能为任何人做担保，只要她的丈夫还在世"，暗示在该庄园允许寡妇做担保人的习俗早已存在。[3]

尽管寡妇有权为其他人做担保，但是，其担保范围和性质上存在一定的局限性。首先，她们多数仅是在为自己的依附者做担保时才被法庭接受，在上述的46例担保中有26例（57%）明显是为自己的儿女做担保，还有一例可能也是母亲为儿子做担保，但是不十分确定。其他的被担保者也很可能是同一家户中的人，因为有另外的3个案例中担保人和被担保人

---

①　R. H. Hilton, *The English Peasantry in the Later Middle Ages*, pp. 173—174.

②　Judith M. Bennett, *Women in the Medieval English Countryside*, pp. 154—157.

③　William Paley Baildon, ed., *Court Rolls of the Manor of Wakefield*, Vol. II（1297—1309）（Leeds, 1906）, p. 36; Judith M. Bennett, *Women in the Medieval English Countryside*, p. 245, note 9.

是同姓，那些关系不明的被担保人也可能是寡妇家中的仆人（仆人通常也被视为户主的依附者）。其次，寡妇为之担保的法律事务通常是对轻微犯罪（有38例）和烤面包行为（2例）的小额罚金。另外的几个为土地交易做担保的妇女，多是因为她们本身和这些被交易的土地有关联。再次，妇女在法庭做担保人的频率很低，仅有少数妇女比较活跃。这些做担保的妇女中，多数人只出现一次（15人，占63%），其他的妇女中，仅有1个妇女出现了7次，其他较多出现的两个妇女分别出现了4次和5次，其他的妇女出现频率在2—3次（6人）。很显然，在所有女性担保中35%是由这三个较为活跃的妇女所做的，其他妇女尽管曾经出现于法庭，但是参与程度较低。而且在布里格斯托克庄园之外的多数中世纪庄园上，几乎没有女性担保曾被庄园法庭接受。[1] 可见，女性做担保的情况比较少见，而且即使存在也是集中于家庭关系之内的担保。女性担保上存在这些倾向，很可能有三种因素在起作用。其一，法庭否定女性做担保的资格，所以很少接受女性为家庭之外的人做担保；其二，多数村民不信任、不愿意或不需要从他们的女性同胞那里得到担保；其三，寡妇即使有做担保的资格，也不愿意因为替家庭之外的人担保而承担额外的责任。

第三点理由似乎很难成立，因为从寡妇自身寻求担保的途径来看，寡妇并非有意脱离家庭之外的社会关系。在布里格斯托克庄园的抽样调查中，从亲属那里寻求法律支持的寡妇，在民事诉讼中仅占9%，在刑事诉讼中仅占18%。但同一样本中的已婚妇女和未婚少女对亲属的依赖程度要高得多，32%的妻子和33%的女儿在民事诉讼中依赖于亲属，75%的妻子和56%的女儿在刑事犯罪中依赖亲属担保。可见，寡妇寻求担保的法庭关系网络呈现出与其他妇女不同的特点。她们的这种行为模式，与抽样中的男性户主惊人的相似（户主中10%的民事诉讼和18%的刑事诉讼依赖于亲属的担保）。可见，多数寡妇在卷入诉讼事务中时，是从非亲属那里寻求法律支持。既然如此，她们必然和其他男性户主一样愿意通过法庭上的相互支持来增加胜诉的筹码，以及社会关系网络的建立和扩展。[2] 如此来看，寡妇很少为非亲属做担保这种情况，很大程度上是由于那种否

[1]　Martin Pimsler, "Solidarity in the Medieval Village? The Evidence of Personal Pledging at Elton, Huntingdonshire," *Journal of British Studies 17*, No. 1 (1977), pp. 1—11, note 18.

[2]　Judith M. Bennett, *Women in the Medieval English Countryside*, p. 171.

定妇女法律行为资格的社会观念以及这种观念所塑造的乡村共同体和法庭对女性的不利态度的影响。

对于所有的中世纪乡村妇女来说，除受到这些消极观念和不利态度的影响外，处理法律事务还面对许多现实的阻碍。首先，中世纪的诉讼审理程序对妇女不利。一般诉讼的法庭审理要持续数月，因为诉讼当事人只要有一方不在场就必须延期审理，这样，对那些希望通过法庭来解决纠纷的妇女来说，拖拖拉拉的诉讼审理程序会成为她们极大的负担，因为她们本身在没有具体诉讼事务时很少出席法庭。其次，妇女缺乏稳固的法庭支持网络。因为妇女的法律行为资格有限，所以在诉讼过程中她们既很少为别人做协助宣誓证人、诉讼代理人、缺席允准者（essoiner）或担保人等重要角色，也不可能有与他人建立广泛联系从而获得同类的法律支持的机会，一旦需要，仅能依赖于男性亲属。在需要法律上的相互支持与帮助的中世纪法庭上，这一点对她们尤其不利。再次，妇女不熟悉法庭审理程序，也缺乏法庭诉讼的技巧，在提出控诉或法庭抗辩时既可能言辞有误，也可能违反审判规则，从而导致诉讼失败。在 1303 年，艾玛·莫里斯指控玛格丽·科库斯诽谤、人身侵犯和盗窃。但最后，因为艾玛的指控缺少两个必需的因素——对诽谤性言论的准确描述和对犯罪行为发生地点的具体陈述，所以她最终败诉。妇女在那些因为法律上的差错而诉讼失败的人中占一半。[1] 此外，妇女从未进入握有调查和裁判权力的陪审团内，她们没有机会影响和改变对她们这一性别不利的任何观点和规定。

总体上，中世纪乡村劳动妇女在法律权利上有较多的局限。不管是依附性较强的已婚妇女，还是具有相对独立性的未婚少女和寡妇，她们在法律行为资格上都受到来自其性别的局限。她们与男性相比，相对较少参与法庭事务，即使在被卷入具体的诉讼之中时，也相当依赖男性亲属的支持。这使她们难以建立起稳固且长久的法庭关系网络，并且反过来加重她们对亲属关系的依赖和在独自诉讼时的孤立无援。即使在寡居时获得法律上的独立行为权利，能够独自缔约或参与诉讼，但是多数寡妇除了承担其

---

　　[1]　Judith M. Bennett, *Women in the Medieval English Countryside*, pp. 30, 246. 在明显是因为法律上的差错而导致诉讼失败的 12 个人中，有 6 个是妇女。妇女在法律事务中的较低参与几乎无法与男性相比，但因诉讼过程中的失误而败诉的妇女却占如此高的比例，似乎是对妇女法律行为资格特征的一个很好注解。

家庭户主的责任之外，很少为其他人提供法律上的支持与帮助，仍然不能在共同体内建立起广泛的互惠互利的法庭支持网络。妇女在法庭上的这种处境，反过来更加重了她们自身的依附性以及在法律事务上对他人的依赖，根本上对她们整个的公共与社会生活不利。

第二章

农村妇女的经济活动

中世纪英格兰的劳动妇女是乡村社会中的重要成员。她们具有本阶级的基本属性：属于劳动阶级，而且参与体力劳动。此外，她们还以雇佣劳动者、工副业经营者和土地持有者等更丰富的社会身份和角色，活跃在经济生活中。她们的经济活动，对家庭经济的有效运行十分关键，同时也有助于在乡村共同体内部形成一种互惠的关系网络，使各自的需求得到不同程度的满足，因而也为乡村的稳定与发展作出了贡献。

多数农村劳动妇女从小就参与经济活动。童年时，她们就由母亲慢慢传授家庭的责任和劳作技能。在十几岁时，她们很可能作为仆人吃住在较富裕的家庭里，接受更多的训练并学会生产适于出售的物品；有些少女在婚前就开始从事或是协助母亲进行酿酒等经济活动；还有更多的人选择做工资劳动者，为自己积攒嫁资或补贴家用。结婚后，妇女不但要生儿育女和操持家务，还要与丈夫一起在田间劳作，以及生产各种供出售的物品以增加收入。每天，她们比其他人起得更早，首先要扫地、烧火做饭、汲水、摆好桌子、挤牛奶、过滤牛奶、给孩子穿衣以及准备丈夫的食物。其后，她们还要缝补洗刷及管理家产。忙完家务后，她们还可能把家变成工作场所，从事纺织、酿酒和制乳酪之类的工副业活动，或者喂养牲畜、剪羊毛或管理菜园。每逢集市，她们将蔬菜、牛奶等少量农产品运到集市上出售，同时买回生活及生产所需的各类物品。

需着重指出的是，妇女的经济社会参与因其社会地位和婚姻状况而有所不同。一般地，中上层的农民妇女较有可能直接经营地产，从事田间劳动和工副业活动；而小佃户和雇工阶层的妇女，通常要在想方设法维持家庭生计和耕种自家地产之余，像其他男人一样四处寻找雇佣机会。从其生命阶段和婚姻状况来看，未婚青年妇女的经济活动，常离家在外做仆人或雇工；已婚妇女通常是在丈夫的事业上做一些辅助工作，多数不能独立从业；寡妇可以独立处理家庭事务和经济活动；独身妇女有相当一部分会外出务工，其中很多人从事纺织工作，以至于"纺织女工"常被等同于独身妇女。考虑到妇女之间的不同状况，对中世纪农村劳动妇女经济活动的考察，既应考察整体特点，又应分析她们在不同经济地位和婚姻状况下的经济活动方式与内容。

第一节　农村妇女的农业劳动与土地经营

在中世纪晚期的英格兰农民家庭中，妇女几乎承担了全部家务劳动，这占去她们的大部分时间和精力。不过，农村劳动妇女的劳动不仅限于家务，在田间耕作和收获活动中也扮演着重要角色。无论在家户之内还是在田间，多数妇女的劳动都是没有报酬的，但它们对整个家庭的生存和有效运转却十分重要。由于家务劳动的价值直到今天都没有一致的观点，所以本书不把它包括在妇女的经济活动内。但妇女的农业劳动，以及她们对土地的持有和经营，是乡村社会经济发展的重要组成部分，因此也是本书考察的一个主要方面。

一　无报酬的田间劳动

农村劳动妇女参与的农业劳动包括两部分，一部分是妇女在家庭持有地里的没有报酬的劳动（有时候也需要在领主的自营地里服劳役），另一部分是妇女在雇主的田地里的工资劳动。这两种劳动无疑都会给家庭带来收益，但性质却有差别，前者被看作是农村妇女职责的一部分，后者一般是赚取额外收入的一种方式。本节主要关注的是妇女在家庭持有地里或领主自营地上的无报酬劳动。

中世纪晚期，男性农民并不能包揽一切农业任务。首先，农业耕种不是一个人可以进行的，往往需要多人协作，于是妻子和孩子就常常成为男人的助手。威廉·朗格兰笔下的农夫皮尔斯的故事描绘了一幅农民耕种的图画："在泥中挣扎……他的妻子与他并肩而行，手里拿着长长的刺棒，穿着短至膝盖的破旧外衣，裹着被风吹动的床单以抵御寒冷。"① 虽然这也许是比较悲苦的农民形象，但是从中可以看出农民生活艰辛的一面，以及妇女对农业劳动的参与情况。

其次，在播种和收获季节，妇女更加广泛地参与农业劳动，除了驱赶拉犁的牲口以外，她们还积极参与到收割、捆绑、堆积和运输谷物等劳动中。收获的庄稼，诸如小麦、裸麦或大麦等，在被送去磨房或以谷物、面粉、面包或啤酒的形式在市场出售之前，通常是由妇女在院子和房子里进行加工，包括脱粒、扬谷和入仓等一系列的活动。安东尼·菲茨赫伯特的《农业之书》中关于妻子职责的一节，就提到妇女应该负责的各类农业活儿。"在三月应该播种亚麻……可以将它们制成鞋、黑呢、毛巾、衬衣、罩衫和诸如此类的必需品……簸扬各种谷物，制作麦芽，洗涤和拧干，制干草，剪切玉米，并且需要的时候帮助其丈夫装粪车，拉犁，装干草、谷物和类似的东西，都是妻子的活儿。"② 这种对农业进行指导的书，反映了写作者对妻子在农业劳动中所扮演角色的期望，同时也在较高的程度上反映出现实生活中妇女的农业劳动情况。

再次，不管是作为妻子、少女还是寡妇，妇女都从未脱离农业劳动中耕地和耙地等类重体力活。尽管多数情况下，男人们是主要的耕地和耙地的人，但妇女实际上经常像男人一样承担地里的重体力活。记载于 1420 年翁伯斯勒（Ombersley）法庭案卷中的一个案例表明，有一家人正在地产上劳作时受到一帮人的袭击。当时男佃户正在耕地，他的女儿克里斯蒂娜正在耙地。③ 在另一个案例中，一个男人在庄园法庭上被控在农妇克里斯蒂娜耙田时割断了牵耙的马缰绳。④ 妇女在这种劳动场景中的反复出现说明，她们也像其他男性亲属一样，是农业劳动中重要的劳动力。

有大量农村妇女要承担家庭的全部农业劳动。一方面，中世纪的乡村

① William Langland, "Piers Plowman's Crede", ed., W. W. Skeat, *Early English Text Society*, London, 1867, p. 17.

② Anthony Fitzherbert, The Book of Husbandry, 1523, in *English Historical Documents*, Vol. V, 1485—1558, ed., C. H. William, gen. ed., David C. Douglas（Oxford：Oxford University Press, 1967）, pp. 917—925. Linda E. Mitchell, *Women in Medieval Western European Culture*, p. 52.

③ R. H. Hilton, *The English Peasantry in the Later Middle Ages*, p. 102.

④ ibid., p. 101.

有较高比例的寡妇存在，她们通常持有大小不等的地产。如果她们再婚，那么新丈夫就会承担多数的农业劳动，以及该土地所附带的各种租佃义务。如果她们选择孀居生活，那么作为女户主，她们就应承担起家庭地产的所有责任。尽管许多寡妇雇用其他人或借用子女的劳动力来保证农业耕作的顺利进行，但是主要的责任通常落在她们自己身上。另一方面，作为妻子和女儿的妇女也经常承担家庭地产上的大部分劳动。这种情况较多是发生在雇工和工匠阶层。因为这样的家庭里，男性户主经常外出从事工资劳动。如果他定期受雇在一个领地上做犁夫、羊倌或木匠，就很难再干自己地里的活儿，这时就必须完全依赖于妻子和女儿。例如，15世纪40年代，木匠约翰·撒切尔为巴特尔修道院定期工作。他还从修道院领主那里持有一个菜园、园地和公地中的7英亩土地。在50年代，他租到领地中额外的5英亩。[1] 这样，自家地产的经营必然依赖于其他家庭成员，才使他能把农作和工资劳动成功结合起来。

在这些情况下，妇女往往包揽了所有家里家外的活儿。验尸官的记录表明，妻子们使孩子无人照管，从而导致许多悲惨结果。[2] 黑死病之后，因为人口缺乏，土地变得更容易获得。一些雇工和工匠也积聚起了5—10英亩的地产。但他们不会放弃赚取其他收入的好时机，于是，该阶层的妇女要把更多的时间用于在自家地产上的劳动。一些工匠，如鞋匠、裁缝，同样经常依赖妻子和儿女，才使农作与其手工业活动并行发展。阿尔弗里斯顿（Alfriston）的两个鞋匠，都在巴特尔修道院持有8英亩可耕地和半英亩草地。同样，一位在东霍斯利（East Hoathly）工作的裁缝，死前持有一间茅屋和5英亩土地，而里普（Ripe）的一个裁缝，持有10英亩。[3] 几乎可以肯定的是，在这些男性户主外出受雇时，其妻子儿女必定承担了家庭地产上的各类劳动。

除家庭持有地之外，多数农民家庭还会在住房附近开辟小的园地。园地的种植和日常管理，包括施肥、除草等一系列的活计，通常是妇女的责任。菜园可以提供蚕豆、豌豆、洋葱、萝卜、韭菜、

---

① 在1449—1450年，他得到了4先令6便士以及他的食物。在其后几年，他负责修理车、犁地、耙地和用运货马车运输货物，每年的工资是6先令8便士。此外，他有权在公共牧场上放一头公牛和两头母牛。Mavis E. Mate, *Daughters, Wives and Widows after the Black Death*, p. 53.

② Christopher Dyer, *Standards of Living in the Later Middle Ages*, p. 230.

③ Mavis E. Mate, *Daughters, Wives and Widows after the Black Death*, p. 53.

药草、大蒜、苹果、梨等蔬菜和水果，尽管它们也许数量有限，但对增进农民家庭的食物营养和味道起着重要作用。农民高度重视菜园，经常要在赡养协议中写明使用菜园的权利。例如，一个埃塞克斯郡的寡妇就曾获得"半个菜园以供她自己所用"[1]的明确权利。菜园里的产品，除家用以外，也常会流入市场，从而补贴家用。在一些地方，妇女也在园地里种植麻和亚麻，直接出售或用它们纺线织布后出售。可见，妇女经营的菜园既能满足家庭需要和减少开支，又能为家庭经济作出贡献。

此外，中世纪的农村劳动妇女还可能会与丈夫和儿女一起服劳役，在领主的自营地里劳动一定的天数，尤其是在农忙季节。在阿沃尔顿地区，妇女们就负有每年为领主扛草三天、割谷物一天的劳役。[2]而且如果有的妇女是以自己的名义租种土地，她就应像男性佃农一样尽劳役的义务。

当然，在那些以牧业为主的地区，或者在以牧业为生的家庭，妇女的劳动不是土地的耕种，而是牲畜的喂养。如果丈夫被雇用做犁夫或羊倌而得到一份充足的谷物口粮或现金收入，他们的土地可能被作为牧场，不再耕种。妻子会很少在田间耕种或收获庄稼，而是用更多时间来照管牲畜。威廉·波特曼是阿尔西斯顿（Alciston）低地庄园上巴特尔修道院的一个羊倌，他显然有自己的一大群羊，因为在1435—1436年，他用来换取额外放牧权利的30头新产的羊羔，仅仅是他所有羊羔的一半而已。在这种情况下，其妻子必定会照顾初生的羊羔和虚弱的母羊以及生病的牲畜，还会剪羊毛和屠宰不留着过冬的牲畜。[3]

显然，中世纪的农村妇女不仅没有被排除在农业劳动之外，而且还扮演了重要角色。农村妇女通过参与自己的田间劳动，不仅有助于家庭持有地的适时耕种，而且可以为家庭解决部分生活需要。她们所进行的无报酬的劳动，对家庭财富的积累以及家庭这一基本经济单位的有效运行都非常重要。与有报酬的农业劳动相比，这即使不是更重要的，也是同等重要的。

---

[1]　Christopher Dyer, *Standards of Living in the Later Middle Ages*, p. 157.

[2]　Linda E. Mitchell, *Women in Medieval Western European Culture*, p. 57.

[3]　Mavis E. Mate, *Daughters, Wives and Widows after the Black Death*, p. 52.

二　土地的持有与交易

土地是中世纪主要的经济资源，它一般在男性手中继承、传递和转让。不过，大量农村妇女在青年和守寡的阶段，有机会持有土地。她们或者把自己持有的地产带入婚姻，由丈夫管理；或者作为女户主，独立持有、经营在自己名下的地产，并负责提供领主索要的各种租金和劳役。庄园记录中显示，有大量的妇女出现在地方土地市场上。

1. 女性土地持有者

妇女获得土地的途径主要有以下几种：其一，在没有男性继承人时，继承家庭地产。通过这种方式得到的土地在规模上因家庭而异，有时是比较殷实的地产，有时则是仅可以谋生的小块土地。其二，丈夫去世后以寡妇产的形式从家庭资产中得到一定份额的土地。妇女通过这种方式得到土地的机会比较有保障，通常是其亡夫土地的1/3以上。其三，结婚时父母为之提供土地形式的嫁妆，以及父母财产的一定份额，通常规模有限。其四，接受别人的转让或自己购买的土地。女性在通过这些途径获得地产的机会和数量上，存在极大差别。

首先，妇女作为继承人持有土地的情况。

尽管男性继承在中世纪占主导，但是在没有男性继承人时，女儿能够获得地产。在这方面，女儿具有优先于其他男性亲属（比如死者的兄弟和侄子等）的权利。从女儿获得这种继承权的机会来看，在遵循长子继承制和习惯法规定的地区，由女儿继承地产的家庭大约占20%。研究表明，在中世纪人口稳定的时期，大约60%的土地所有者在去世时有一个以上的儿子，大约20%只留下女儿，大约20%无子女而终。那么，在最简单的情况下，在长子继承制盛行地区，大约有20%的家庭要让女儿继承地产。[①] 地方庄园记录中女儿继承的比例与这种假定相符或更高。贝内特对瘟疫前布里格斯托克庄园的土地持有的性别模式的研究与此契合，她

---

① E. A. Wrigley, "Fertility strategy for the individual and the group", in Charles Tilly (ed.), *Historical Studies of Changing Fertility*, Princeton, 1978; Paul Brand, "Family and inheritance, women and children", in Chris Given – Wilson (ed.), *An Illustrated History of Medieval England*, Manchester, 1996, esp. p. 75; S. J. Payling, "Social mobility, demographic change, and landed society in late medieval heirship", *Comparative Studies in society and History*, 15 (1973), pp. 3—20.

发现土地继承方面女儿与儿子的比例是 1∶4。① 从这种角度来看，尽管女孩继承的机会相对较少，但是男性继承人的缺乏，给了她们不少填补空缺的机会。

社会危机常常打断一些家庭的男性传承世系，从而增加女性继承的机会。对一些庄园的研究发现，13 世纪 70 年代初、80 年代初、90 年代中后期，以及 1310—1319 年农业歉收及随之而来的食物短缺，导致大量人口死亡，男性继承人缺乏，从而使女性继承地产的比例显著增长。女孩继承地产的增多，在其他庄园也十分明显，比如萨福克、韦克菲尔德和布里格斯托克庄园等。② 可见，在人口危机时期由于男性继承人的减少，使较多的土地集中到了女性手中。

同样，在黑死病时期，女性获得继承的机会也有明显增多，但似乎没有像一些人所想象的那样长久。据杰克·古迪计算，在人口危机时期，留有儿子的家庭下降到了大约 35%，仅留有女儿的家庭是 20%，而没有继承人的家庭高达 45%（可能会传给男性或女性的旁系亲属）。最后，往往是地产进入女性手中的数目上升。③ 所以，人口危机时期，那些在家庭之内继承的地产，较多是由佃户的女儿继承。但从长远来看，在这次大的人口危机时期，似乎增加了农村女孩继承地产的机会。尽管在瘟疫第一次浪潮过后的几年中，持有土地的女孩明显增多，但从长远来看，这次大的人口危机并未改变农村女孩在继承地产上的不利境遇。女孩继承地产情况的波动，可能是由于大量持有土地的女孩嫁给庄园上的新移民，也有可能是像莱斯特郡的基布沃斯—哈考特以及牛津郡的库克斯汉姆等地的情况那样，遇到世俗力量对女性继承的种种阻挠。④ 到 15 世纪末期，各地的情况都显示女孩没在继承中占据明显优势。

对于黑死病前后女性租佃情况的对比研究，提供了这种女性继承变化

---

① Judith M. Bennett, *Women in the Medieval English Countryside*, pp. 81—82.

② L. R. Poos & Richard M. Smith, "'Legal windows onto historical populations'? Recent research on demography and the manor court in Medieval England", in Zvi Razi & Richard M. Smith (eds.), *Medieval Society and the Manor Court* (Oxford, 1996), p. 304. Kim M. Phillips, *Medieval Maidens*, p. 125.

③ Paul Brand, "Family and inheritance, women and children", in Chris Given-Wilson (ed.), *An Illustrated History of Medieval England* (Manchester, 1996), esp., p. 75.

④ Cicely Howell, *Land, Family and Inheritance in Transition*, Cambridge, 1983, p. 242; P. D. A. Harvey, *A Medieval Oxfordshire Village: Cuxham 1240 to 1400*, Oxford, 1965, pp. 123, 135—137.

的重要证据。在埃塞克斯的哈弗林庄园，1251 年，在 367 个承租人和次承租人中，有 42 个（占 11.5%）是寡妇和单身妇女。她们中，20 个是单身妇女和未婚少女（14 个只列自己的名字，6 个是作为"女儿"）。在黑死病过后的几年中，女承租人和次承租人的总数稍稍上升，在 1352—1353 年，占到 17%。其中寡妇的比例从原来的 1/2 降至 15%，而女儿的比例陡然上升，86 个女承租人中有 38 个（占 44%）列出自己的名字，35 个（41%）被称为"女儿"。由此可见，在哈弗林庄园上瘟疫带来的一个直接影响是，更多的租佃权落到女孩手上，因为她们的兄弟死亡或离开了庄园。但是，妇女的这种幸运机会稍纵即逝，到 15 世纪就消失了。1405—1406 年，独立持有土地的妇女仅占承租人中的 1.5%，夫妻共同承租的为 6%。到 1444—1445 年，根本没有妇女独自承租土地，夫妻共同承租比例也降至 2%。麦金托什认为，这是由于 1352—1353 年以后许多外来男人迁到该庄园的结果。① 由此可见，在黑死病时期女性继承的机会确有增加，但是女性持有土地的时间并不长久。

尽管如此，对于黑死病过后妇女获得地产继承情况的估计，常常因为只看到结果而忽略大量短暂持有土地的女性继承人的存在，而且女性土地持有者因为迅速结婚而放弃地产权利的情况也没有得到应有的认识。如果考虑到土地持有权使妇女更快地找到丈夫，而且能够更容易地在土地上建立新家庭的情况，那么对于女性租佃情况的统计，往往会把那些获得继承并很快结婚的妇女忽略。考虑到这些持有地产时间很短暂，且其继承经常是在结婚前后不久的女性继承人的存在，那么实际的女性继承比例要比麦金托什对哈弗林地区的估计要高得多。

其次，妇女作为寡妇持有土地的情况。

尽管普通法规定妇女一旦守寡就能得到丈夫地产的 1/3，但各地惯例并不一致，有时妇女能得到 1/2 甚至全部的家庭地产。比如，在埃姆雷堡，寡妇会终生持有整个地产。在斯塔福德郡的恩顿地区，寡妇有权享有地产的 2/3。塔德比格等地区，寡妇享有亡夫的一半地产。在 1376 年的沃尔勒，威廉·杰拉尔特的寡妇克里斯蒂娜，取得丈夫财产的一半。在 1392 年，北山普敦（Bishampton）有 9 个留遗嘱的佃户是把他们的地产留

---

①　Marjorie Keniston McIntosh, *Autonomy and Community: The Royal Manor of Havering, 1200—1500*, Cambridge, 1986, pp. 171—173.

给妻子终身享有。① 由此可见，寡妇产为那些丧偶的妇女提供了基本的生活来源，尤其是在那些较为富裕的阶层。

寡妇产权利给了寡妇持有地产的机会。这些持有地产的寡妇，如果再婚，就会放弃地产或者把地产带入新的婚姻并由新丈夫来管理，从而不再作为佃农出现。但是并非所有的寡妇都会再婚，在庄园法庭上有大量寡妇独立地作为土地持有者或户主出现，她们在全部佃农中占到 10%—15% 的比例。在 1419 年的翁伯斯勒（伍斯特郡），约 14% 的庄园佃农是寡妇。② 在 1319 年的布里格斯托克庄园，寡妇占到 10% 以上。③ 拉斯勒特对前工业化时代家户的研究，发现大约 13% 的家户是寡妇做户主。④ 由此可见，在土地持有者中，寡妇通常能够占到 1/10 以上。这个比例虽然与男性土地持有的情况无法相比，但是却使她们不会脱离地方土地市场。持有土地的寡妇，经常作为土地交易者出现于庄园法庭。

在黑死病之后，寡妇持有土地的情况更为普遍。黑死病后，寡妇因为可能接管丈夫的土地而增加了持有土地的机会。1350—1450 年的 10 份地产记录中，除了那些因缺少继承人而进入领主的控制的地产以外，能在家庭之内传递的地产，60% 以上是转入女性手中，且其中较大多数是寡妇。⑤ 而且寡妇往往比女儿有更多获得地产的优势。在牛津郡的库克斯汉姆等地，女儿继承似乎未曾被看作解决瘟疫之后空缺租佃的替代方式，但寡妇却常常能因丈夫去世而获得地产。在莱斯特郡的基布沃斯—哈考特，寡妇的权利很强大，但女儿却几乎完全被排除在地产之外。⑥ 可见，在黑死病过后，寡妇对土地的权利多数情况下会受到习俗和惯例的支持，而且比其他生命阶段的妇女具有明显优势。

中世纪晚期，一种共同承租土地的新方式出现，显示出寡妇的财产权利有进一步扩大的趋势。一些庄园，丈夫在婚姻期间把自己持有的土地改

---

① R. H. Hilton, *The English Peasantry in the Later Middle Ages*, pp. 100—101.

② Ibid. , p. 99.

③ Judith M. Bennett, *Women in the Medieval English Countryside*, p. 279.

④ Peter Laslett & Richard Wall, eds. , *Household and Family in Past Time*, Cambridge, 1972, p. 147.

⑤ R. H. Hilton, *The English Peasantry in the Later Middle Ages*, p. 100.

⑥ P. D. A. Harvey, *A Medieval Oxfordshire Village: Cuxham 1240 to 1400*, Oxford, 1965, pp. 123, 135—137; Cicely Howell, *Land, Family and Inheritance in Transition*, Cambridge, 1983, pp. 258—261.

为夫妻共同承租。这种共同承租方式比寡妇产更能为寡妇提供可靠的生活保障。因为丈夫死后，寡妇自然作为土地承租人继续持有该土地，而不必重新变更租地契约，也不会受到继承人和领主的阻挠。而且如果在共同承租的原始契约中没有限定条件的话，寡妇甚至可以让渡她所占有的财产。另外，也有一些丈夫采用生前赠予的方式，即在生前指定由妻子继承财产，给寡妇在处置财产方面更大的灵活性和更广泛的决定权。

不过，持有土地的寡妇中，小土地所有者占较高比例。巴巴拉·英格利希研究发现，在 13 世纪晚期的持有者中，持有半维尔盖特（bovate）土地的人中的 1/6 和茅舍农中的 1/3 是寡妇。[①] 这个数字相比于她们在全体佃农中的 10%—15% 的比例，可以推知，女性户主在仅拥有小块土地使用权的茅舍农中所占比例偏高。总体上女性户主持有土地规模有限，这影响了她们在地方土地市场上的活跃性。

总体来看，我们不能简单地把中世纪晚期英格兰乡村共同体里的寡妇描绘为极端穷困者，因为她们经常是持有土地的佃户，而且还以其他工副业活动补充农业收入，她们几乎像其他男性土地持有者一样活跃在乡村的土地市场和生活中。当然，寡妇控制地产的比例常因领主或共同体施加的再婚压力而有所变化。法庭上经常有男人向领主支付罚金，以获得准许娶某个寡妇，并接管其地产，但在中世纪晚期这种超经济强制的成分已很少见。

寡妇持有土地的机会明显高于女儿，她们中较高比例的人并非像女继承人那样很快结婚，从而使寡妇持有土地的情况在庄园上比其他妇女要明显可见。

再次，妇女通过其他途径获得地产的情况。

作为女孩，从家庭中获得财产的机会还有其他方式，比如结婚时得到的嫁妆，以及在父母去世时可以获得的动产份额。嫁妆通常情况下被视为一种提前的分割继承方式。从父母那里得到土地形式的嫁妆在各地有较大差异，多数地方的嫁妆都是以动产的形式。有些地区女孩的嫁妆尽管可能是以土地的形式，但是却很容易受到家

---

① Barbara English, *The Lords of Holderness*, 1086—1260, Oxford, 1979, p. 191. bovate, 英国古时的一种土地面积单位，指半维尔盖特土地持有者。1 维尔盖特为 30 英亩。茅舍农（cottar），即以劳力换得村舍居住权或小块土地使用权的佃农。

庭地产情况的影响。如果家庭没有在继承地产之外通过购买或开荒积累小块土地，那么就很少提供给女儿地产。而且学者们发现，即使那些曾经采用地产嫁妆的地方，在中世纪末期也有减少的趋势。在苏塞克斯，13、14 世纪的嫁妆不是土地就是金钱，在黑死病之后曾以土地为主，但到 15 世纪，土地嫁妆也在下降，几乎总是以钱或动产的形式。在 15 世纪，雷德格雷夫（Redgrave）和莱斯特郡的基布沃斯—哈考特等地，土地形式的嫁妆变得日益罕见。[①] 由此可见，尽管少数女孩能通过嫁妆获得地产，但这种机会既不稳定也比较有限。

女孩经常能够从家庭动产中得到一定的份额，不过通常那些得到过嫁妆的女儿不包括在内。在家庭主要地产由男性继承人接管的情况下，其他家庭财产通常要在寡妇和没有继承权的儿女之间分开。这些财产通常包括牲畜或现金，但是也有可能是家庭宅地之外的土地。在一项关于遗嘱的研究中，女孩在那些通过遗嘱安排家庭财产的情况下，能够获得土地的机会为 9%。[②]

此外，妇女还可能通过自己购买或其他亲属捐赠而获得土地。大量农村女孩很早就离开家去做女仆或农业雇佣工人，为自己积攒嫁妆。其中有些人用自己的工资来购买小块土地，从而以此谋生，或增加自己在婚姻市场上的优势。史密斯发现，在家庭男性继承人死亡率高的时期，女孩不但继承的机会增多，而且获得父母土地捐赠的机会也在增加。在 1315—1319 年，在较富有的佃农家庭中，父母赠送给女儿的土地有增长的趋势。[③]

综上所述，妇女通常是作为女儿或者寡妇的身份而获得土地，尽管她们在土地持有者中所占的总体比例相对较低，但是，她们也从未完全被排

---

① Mavis E. Mate, *Daughters, Wives and Widows after the Black Death*, p. 52; Richard M. Smith, "Coping with uncertainty: Women's tenure of customary land in England, c. 1370—1430", in Jennifer Kermode (ed.), *Enterprise and Individuals in Fifteenth-Century England*, Stroud, 1991, p. 62. Cicely Howell, *Land, Family and Inheritance in Transition*, Cambridge, 1983, pp. 258—261.

② Barbara A. Hanawalt, *The Ties That Bound*, p. 77.

③ Richard M. Smith, "Families and their land in an area of partible inheritance: Redgrave, Suffolk 1260—1320", in Richard M. Smith (ed.), *Land, Kinship and Life-Cycle*, Cambridge, 1984, pp. 160—161.

斥在土地市场之外。尽管许多女性土地持有者会因为结婚或再婚而放弃地产的经营权，但仍有大量妇女明显是以土地承租人的身份出现在地方档案中。

从各地庄园档案中土地持有的情况来看，女性持有土地者占全部佃户的20%左右。在布里格斯托克庄园，1319年的部分租税册上列出了60个佃农，其中11个（18%）是女性。在萨福克的雷德格雷夫庄园上呈现出相似的倾向，在1289年拥有土地的妇女占全体佃户的20%。① 不过，不同庄园上女性佃户的比例有较大的不同。在诺福克郡的科尔提沙尔（Coltishall）庄园上，在1314年和1349年女性佃户占15%。② 但是，也有些学者发现了女性佃户占更高的比例，在埃塞克斯的大沃尔瑟姆（Great Waltham）和海伊·伊斯特（High Easter）共同体内，1328年，23%的土地持有者是女性。③ 由此看来，在多数情况下，可能每五六个佃农中就有一个是女性。

黑死病给女性土地持有情况带来了较大的影响。从长时段来看，有些庄园的女性土地持有者的比例基本不变，但也有不少庄园女性土地持有者日趋减少。在诺福克郡的科尔提沙尔庄园上，女性土地持有者的比例在瘟疫发生前后有急剧波动，但总体比例比较稳定。在1314年，女性佃户占15%，但在瘟疫后的1359年和1370年，女性佃户数目急剧下降，仅为6%和8%，到1406年，女性佃户比例攀升至22%。④ 这样，在科尔提沙尔庄园上，瘟疫前后女性佃户所占比例平均为13%，长时段上的女性土地持有情况变化不大。但在另一些庄园，女性佃户却在黑死病之后没有恢复，而是明显下降。如在艾塞克斯的哈弗林庄园上，对黑死病前土地承租情况的研究发

① Judith M. Bennett, *Women in the Medieval English Countryside*, pp. 33, 247, note 23.

② Bruce M. S. Campbell, "Population Pressure, Inheritance and the Land Market in a Fourteent h-Century Peasant Community," in *Land*, *Kinship and Life-Cycle*, ed. Richard M. Smith (Cambridge, 1984), p. 96.

③ L. R. Poos, (Population and Resources in Two Fourteenth – Century Essex Communities: Great Waltham and High Easter, 1327—1389), Diss. University of Cambridge, 1983, p. 214. Judith M. Bennett, *Women in the Medieval English Countryside*, p. 247, note 23.

④ Bruce M. S. Campbell, "Population Pressure, Inheritance and the Land Market in a Four-teent h-Century Peasant Community," in *Land*, *Kinship and Life-Cycle*, ed. Richard M. Smith (Cambridge, 1984), p. 96.

现，女性承租人和次承租人占全体承租人的 11.5%，在黑死病过后
的几年中，女性承租人和次承租人的总数稍稍上升，在 1352—1353
年，占到 17%。在 1405—1406 年，独立持有土地的妇女仅占承租
人中的 1.5%，夫妻共同承租的为 6%。到 1444—1445 年，根本没
有妇女独自承租土地，夫妻共同承租的也降至 2%。[①] 这种情况，可
能与外来男人迁到该庄园、领主的态度和地方婚姻市场等情况密切
相关。新迁入的男人既可能在土地继承方面与妇女进行激烈竞争，
也有可能把女继承人作为婚姻目标和获得地产的机会。这样，持有
地产的妇女很容易找到丈夫，并在进入婚姻时把地产交给丈夫，从
而在租税册上消失。

　　不过，尽管已婚妇女会把自己名下的财产交给丈夫管理，但她们同其
他持有土地的妇女一样，享有对该土地的最终支配权。在丈夫死后，地产
会再次转入她们名下。而且大量女孩作为土地持有者出现在黑死病之前的
庄园法庭上，说明了女孩仍有一定机会成为家庭的继承人。

　　女性土地持有者，像男性承租人一样经营地产、交租金和转让地产。
15 世纪中期的阿尔弗里斯顿，单身妇女（或寡妇）莫德·曼有一个菜园
和一所茅屋。1451 年，修道院管家许给她 1 英亩可耕地，为此她新交了
12 便士的租金，而且她把菜园交给了另外一个人。在她死前，她把她的
茅屋和 1 英亩土地留给了村里的一个叫吉莉安·雷的妇女。[②] 为了保证地
产的经营，女性土地持有者也经常需要雇用其他人来协助完成农业耕作，
有时候还会把部分土地短期出租。在这类约定没有被很好地履行时，双方
也常在法庭上据理力争，维护自己的权益。而且持有土地的妇女，为了把
土地转让给自己的亲属或其他人，也经常被作为土地交易的一方而记录在
案。所以，在各地的档案中，大量女性作为土地继承人、土地交易人或土
地诉讼案件中的当事人等角色出现在法庭上，说明她们也不同程度地参与
了地方的土地市场和经济生活。

　　2. 女性土地交易

　　在中世纪，农民之间的土地转让通常被记录在庄园档案中，因为这不

---

① Marjorie Keniston McIntosh, *Autonomy and Community*：*The Royal Manor of Havering*，
1200—1500，Cambridge，1986，pp. 171—173.

② Mavis E. Mate, *Daughters*，*Wives and Widows after the Black Death*，p. 61. 可能吉莉安帮助莫
德酿酒。

仅关系到领主的财产利益和各项土地附带义务的变更，而且还关系到交易双方土地交割行为的法律效力。在一些土地市场活跃的地区，几乎每一次法庭会议上都有许多块土地易手，每年有几十个佃户改变其地产的大小或地块位置。女性土地持有者既可能通过土地交易接受地产，也有可能转出或出售地产。在 1235 年的哈弗林庄园，贝姆的奥斯伯特的女儿兼继承人比阿特丽斯，出售了一些土地并加盖了她的印章。[①] 也有不少妇女是主动购买土地的一方。比如，有些妇女通过做女仆，积累了一部分收入，并用它购置一两英亩田产作为嫁妆或建立婚姻家庭的基础资产。

　　为了便于分析妇女在土地交易市场上的一般情况，笔者以布里格斯托克庄园为例进行分析。在布里格斯托克，土地市场是地方经济一个活跃的组成部分，庄园法庭记录为男女在这个市场上的参与程度提供了有力的证据（见表 3-1）。在被抽样的 779 个参与土地交易的人中，妇女占 1/5。尽管这个数字说明，妇女在土地交易者中仅占少数，但是，考虑到布里格斯托克妇女持有土地的基本情况，这个数字还说明了妇女和男人一样频繁地参与地方土地市场。在 1319 年一份显示妇女持有土地情况的租税册上，所列出的 60 个佃农中有 11 个（18%）是女性。那么，在布里格斯托克可能每五个佃农中就有一个是女性。[②] 妇女在持有土地和参与土地交易中的相似比例说明，她们同男人一样作为土地交易者出现在法庭上。

　　不过，妇女的土地交易活动呈现出一些与男人不同的特点。

表 3-1　　　　　　布里格斯托克庄园男女土地交易的抽样[③]

种 类	男 性		女 性		百分比	
	人数（个）	百分比（%）	人数（个）	百分比（%）	人数（个）	百分比（%）
行为类型						
转让人	299	48	97	60	396	51
接受人	318	52	65	40	383	49
小计	617	100	162	100	779	100

　　① Marjorie Keniston McIntosh, *Autonomy and Community*：*The Royal Manor of Havering*, *1200—1500*, Cambridge, 1986, p. 170.

　　② Judith M. Bennett, *Women in the Medieval English Countryside*, p. 33.

　　③ Ibid., p. 34.

种类	男性		女性		百分比	
	人数（个）	百分比（%）	人数（个）	百分比（%）	人数（个）	百分比（%）
行为人的自主性						
单独行事	546	88	97	60	643	83
联合行事	71	12	65	40	136	17
小计	617	100	162	100	779	100
财产转让的性质						
非家庭之内的	512	83	102	63	614	79
家庭之内的	105	17	60	37	165	21
小计	617	100	162	100	779	100
财产转让的规模						
不到 2 杆子	446	90	99	80	545	88
2 杆子以上	50	10	25	20	75	12
小计（所有知道规模的转让数）	496	100	124	100	620	100

首先，妇女更多是作为转出土地者出现在法庭上。在布里格斯托克庄园，60%的妇女是转出土地，而男人转出和接受土地的比例基本一致。这说明，对男人来说，土地市场提供了让渡和接受土地的同等机会；而妇女则多数是把土地让渡给别人，从其他人那里得到土地的机会相对较少。

其次，妇女倾向于转让较大份额的土地。女性土地转让中80%的是超过2杆子（rod）① 土地以上的大块土地，男人的土地交易中90%仅涉及小于2杆子的土地。这说明，男人把不动产当作一种可操纵的资源，通

① Rod（杆）：一种等于5.5码或16.5英尺（5.03米）的长度单位；平方杆：该长度单位的平方，等于30.25平方码或272.25平方英尺（25.30平方米）。

过土地交换，出售小块地，以土地作为债务的担保或短期出租等方式，来
巩固自己拥有的财产或者调整自己地块的位置以便于管理。妇女的这种较
大规模的土地转让，说明了妇女对土地市场利用的有限性。

　　再次，妇女经常与其配偶共同行事来转让或接受土地。只有 1/8 的男
性与人联合行事，但 3/8 的女性在他人的陪同下转让土地。而且妇女经常
参与同一个家庭中的成员间的土地转让行为，她们参与家庭内财产转让的
可能性比男人高一倍。总体上来看，抽样中 3/4 的男人是独自进行土地转
让，而且是与家庭之外的人交易；而仅有不到 1/3 的妇女这么做。

　　妇女在土地交易中的这些特点，显示出她们很少利用土地市场作为有
效经营地产和扩大资产的途径，这从一个方面说明妇女在经济资源的使用
上存在局限性。

　　因为寡妇经常仅有对土地的终身受益权，所以她们在没有继承人同意
的情况下，很少出售土地。不过有时寡妇也能通过继承人之手获得对地产
的全部权利。例如，在 1317 年，伊莎贝拉·莱希把她寡妇产中的两杆子
土地转让给其儿子，后者紧接着就把这份财产归还给她；然后，她把这些
土地中的一部分卖给了一个邻居。① 因为此时，这份地产已经完全属于她
本人所有，所以她可以自由让渡和出售。甚至有些妇女能够采用其他方式
偷偷地出售寡妇地产。在布里格斯托克庄园，有一个寡妇明显转让了她的
部分寡妇地产。1335 年，吉尔伯特·海尔的寡妇艾丽斯，把她寡妇地产
中的一部分转让给了约翰·赫德曼。②

　　对于寡妇来说，更普遍的做法是采用租约的方式，把土地交给其他村
民租种。在布里格斯托克庄园，一些租约签订了具体时限，比如，在西米
特里奥（Cimiterio），约翰的寡妇玛格丽和她的女儿一起联合出租给罗伯
特·马里 1 英亩土地，为期 6 年。也有不少租约没有限定具体时间，而被
约定于寡妇去世时终止。例如，在 1343 年，彼得·塔布的寡妇克里斯蒂
娜从其寡妇地产中出租 1 杆子土地给一个叫沃尔特的男人，并写明他持有
该土地直到寡妇去世。③ 短期租约可能更为常见，但是由于这些短期租约
不需要登记，所以很少出现在法庭上，除非产生有关的纠纷。寡妇出租土

---

① Judith M. Bennett, *Women in the Medieval English Countryside*, pp. 165—166.

② Ibid. , pp. 165, 284.

③ Ibid. , pp. 164—165.

地的现象比较普遍，希尔顿发现，在 13 世纪末，英格兰中西部地区有许多乡村出租人是寡妇。[1]

妇女通过转让、出售和出租等类方式，可以实现部分土地价值，尤其能在 13 世纪晚期和 14 世纪初期土地价值上涨的过程中获得利润。

总之，尽管有性别分工的观念在影响妇女作为经济活动参与者的角色，但是，现实中性别的领域分隔并不容易，在农业领域尤其如此。尽管土地主要是在男性继承的体制下传递，但是妇女也可以通过多种方式获得地产。她们甚至能够像其他男人一样参与地方土地交易市场。妇女在农业劳动中是重要的参与者，在土地经营和交易活动中也是经常出现的土地持有者。

第二节　农村妇女的家庭工副业活动

在中世纪晚期的英格兰农村，多数家庭不能仅靠农业生存，而是因地制宜地从事某些工副业活动，在这方面，农村劳动妇女做出了重要的贡献。妇女从事的工副业类型较多，按其性质可以分为生产性活动（如食品生产、物品制造、饲养禽畜）和交换性活动（如集市交易、零售业与经营店铺）。

一　家内生产活动

1. 酿酒

酿酒是妇女的一项主要经济活动。在中世纪的英格兰，酒是人们饮食的重要内容。从农民的赡养协议中可以清楚地看到这一点：农民退休时与继承人签订的协议，尤其是那些供应比较慷慨的协议，几乎都会提到数量不小的麦芽。境况较好的农民经常用它来酿酒，从而可以定期喝到啤酒。[2] 由于中世纪的酒容易腐败，不宜保存，因而农民经常出售超

---

① R. H. Hilton, A Medieval Society: *The West Midlands at the End of the Thirteenth Century*, London, 1966, p. 163.

② 1437—1438 年，贝德福德郡某村庄的艾玛·德·鲁德老人每年获得 16 蒲式耳麦芽（酿成啤酒合每天可消费 2.5 品脱浓麦酒）。1380 年诺丁汉郡一位妇女，每 3 周就可获得 2 蒲式耳麦芽。见侯建新《工业革命前英国农民的生活与消费水平》，《世界历史》2001 年第 1 期。

过家庭需要的酒，以补贴家用；也有一些人专门从事酿酒业，并以之养家糊口。

在 15 世纪末以前，农民所饮用的酒通常是由麦芽酿造的淡啤酒。传统上，酿酒被看作是妇女的工作，一般在家中进行，仅需要一些基本的设备和技术即可。但是，酿酒需要经过繁杂的工序：首先要浸泡谷物，去水，生成麦芽，其后把麦芽烘干磨碎，发酵，去水，然后加入药草，再经过一段时间的发酵，淡啤酒才能酿成。这种过程需要占用妇女相当大的精力，以实现适时地照看与管理。妇女在家庭里酿造的这种淡啤酒除自给以外，还经常出售，因为这种淡啤酒容易腐败，不宜保存，必须随时酿造、随时饮用并把剩余部分出售。妇女酿酒的目的并不相同，贝内特发现，农村妇女中除一些人是专以酿酒为生外，其他的多数妇女则是间歇地酿酒。①

法庭上大量对于妇女违规酿造和出售啤酒的指控，显示出妇女在这一生产活动中的重要作用。这些被指控的妇女，或是因为未经品酒官先行检查就开坛售酒，或是售酒时使用不规范的量器，出售劣质啤酒，以及没有按照官方定价售酒等原因，甚至不在规定季节卖酒也属于违规范围。被指控酿酒的妇女通常要交纳一定的罚金，并且找到担保人，以确保她们不会再犯。这种罚金一般不高，但是却十分普遍，因此它更像是一种税而非惩罚。②

13—15 世纪，在多数地区酿酒人以妇女为主，尤其是在 14 世纪晚期和 15 世纪初期。那时，大量妻子因酿酒而被指控，不过，法庭也常让她们的丈夫来承担责任。当然，也有较高比例的酿酒人是单身妇女或寡妇，青年妇女也常参与酿酒。妇女在酿酒业中所占的比例因时空而异，有些地区男女酿酒人之间的比率经常上下波动。以英格兰中部为例，在布罗姆斯格罗夫，女酿酒人曾经只占少数，到 1380 年开始占主导地位。在海尔索温，14、15 世纪的男女比例变动不已，到 15 世纪中期有男性占主导的倾向。③

---

① Judith M. Bennett, The Village Ale-Wife: Women and Brewing in Fourteenth – Century England, in Barbara A. Hanawalt, ed., *Women and Work in Pre-Industrial Europe*, Bloomington, 1986, pp. 20—36.

② ［以］苏拉密斯·萨哈：《第四等级：欧洲中世纪妇女史》，第 267 页。

③ R. H. Hilton, *The English Peasantry in the Later Middle Ages*, p. 104.

15 世纪中期以后，男人在酿酒行业中的主导地位日渐确立。到
1600 年，城镇和乡村的大多数酿酒者不再是妇女。[①] 一个重要原因
是，酿酒变得职业化并集中到较少的人手中。在苏塞克斯，酿酒人急
剧减少。15 世纪 40 年代，每年有 27—30 个家庭（占 1/2）被指控酿
酒，此后逐年减少，到 80 年代仅有一些公开酿酒人从业。1482 年，
在里普只有 3 个男人被指控（占 5.2%）。[②] 在英格兰中部、德文郡、
艾塞克斯等地皆是如此。原来以自给为主的酿酒模式，向职业化的、
以出售为目的的酿酒模式转变。后来，酿酒业的另一种变革更加速了
女性酿酒人的退出，那就是啤酒的兴起。15 世纪后期，大量的啤酒花
被引进，用它所酿的啤酒存放时间长且味道更好，日益取代淡啤酒。
但是妇女没有像男人那样从酒的新技术中受益，因为啤酒不适合家庭
生产，它需要大量的资金和设备，而女人没有足够的资源，啤酒酿造
从一开始似乎就成了男人的专利。

尽管多数妇女因无法应对酿酒的职业化和新技术而失去这一重要的副
业，但是仍有一些妇女长期酿酒，有些甚至做公开酿酒人。比如，1437—
1455 年，琼·科尔和做工匠的丈夫威廉每年都被指控为公开酿酒人，并
经营一家酒馆。后来，在丈夫不能做工匠时，琼继续酿酒支撑整个家庭。
她的女儿凯瑟琳·艾朗，在继承财产（包括酿酒设备）后，也开始做公
开酿酒人，并经营酒馆。[③] 在奥尔弗里斯顿，有三四个女性职业酿酒人，
其中马里恩·海沃德酿酒长达 20 年。[④]

各个阶层的妇女都有可能参与酿酒，不过参与的程度或许不同。比如
在约克和埃克塞特，大多数女性酿酒人是来自中等阶层的已婚妇女。因为
其丈夫有不小的财产，所以许多人可以长期酿酒。15 世纪中后期的伊丽
莎白·鲍尔与马杰里·戈泰勒就是这样的例子，她们分别酿酒 15 年和 21

---

　　① Judith M. Bennett, *Ale, Beer, and Brewsters in England: Women's Work in a Changing World, 1300—1600*, Oxford, 1999. 作者对妇女在社会变迁中慢慢失去酿酒这一职业的过程和原因进行了分析。

　　② Mavis E. Mate, *Daughters, Wives and Widows after the Black Death*, pp. 61—62.

　　③ 两个仆人出现在这个小农的家里，是这个家庭作为职业酿酒者的一个明显标志。Mavis E. Mate, *Daughters, Wives and Widows after the Black Death*, pp. 60—61.

　　④ Mavis E. Mate, *Daughters, Wives and Widows after the Black Death*, p. 67.

年之久。①

由此可见，妇女在中世纪的酿酒业中扮演了重要角色。这些妇女不但为家庭经济做出重要贡献，而且能够以此活跃地方经济，在一定程度上满足了家庭和乡村社会生活的需要。这种在家庭经济中的作用，为一些妇女带来了家庭内的某种实际的影响力。

2. 纺织

除了酿酒以外，农村劳动妇女还从事其他形式的工副业。她们会在做好家务之余，把家变成工作场所，选择适合家内生产的某种工副业来做，一些精明能干的妻子甚至会按市场的需求进行生产。纺织羊毛或亚麻，经常成为她们的首选。在牧羊业地区，妇女经常承担纺织羊毛的工作，而在种麻的地区则加工亚麻。此外，妇女还承担了制造布料的其他工序，如漂洗和印染。

纺织是一件费时费力的工作，需要一系列复杂的工序。一个熟练的纺线者一天能纺五束羊毛线，足以做一件毛衫。② 除了为家人制作衣服以外，有不少妇女会把纺的线或织的布拿到市场上出售。中世纪末，随着城市化和商业的发展，织羊毛布逐渐变成男人的工作，并且由行会控制。但是，纺羊毛线依旧是农村妇女的工作。妇女在该行业中的影响之大，以至于妇女用来在手指间加密被纺的纱线的"卷线杆"，变成妇女工作的一种标准的象征。

纺织，通常被视为妇女应具备的技能和应承担的主要职责。从创世纪之时开始，上帝指派给了女人这一劳动。取自 15 世纪的一本佛兰德语手稿《人类拯救沉思录》（*Speculum Humanae Salvationis*）中的一幅插图，生动地展现了农业社会中妇女的责任：图中亚当在刨地，夏娃在忙着照料孩子和纺线。③ 妇女的纺织活动，与其说是一种能力，还不如说是一种家庭责任，对家庭主妇来说，尤其如此。

不管怎样，妇女的纺织，不仅提供了家庭所需的衣服、床单等类物品，而且还通过集市交易，获得了经济上的收益。此外，妇女的纺织还经

① Mavis E. Mate, *Daughters, Wives and Widows after the Black Death*, p. 63.

② Bonnie S. Anderson & Judith P. Zinsser, *A History of Their Own: Women in Europe*（Vol. Ⅰ）, Harper & Row, 1988, p. 100.

③ ［美］罗伯特·麦克艾文：《夏娃的种子——重读两性对抗的历史》，王祖哲译，上海人民出版社 2004 年版，导言，第 17 页。

常是为领主服务的一种方式。

工匠家庭的妇女更可能参与到家庭作坊的生产中。多数工匠，如织布工、裁缝、皮革商和鞋匠，需要妻子和女儿在一边帮忙做工或负责招待顾客。也有些工匠的妻子通过纺线，或者招揽寄居者来补充家庭收入。寡妇也经常从事纺织工作，她们可以独立从事各种经济活动。

3. 饲养禽畜

饲养家禽和牲畜，经常成为妇女从事的另一项家庭副业。当时饲养的禽畜主要有鹅、鸡、猪、牛、羊等。妇女为照顾这些禽畜，需要耗费很多精力，既要到处搜集饲料和按时喂食，还要提防它们被偷或被野兽吃掉。

通过饲养家禽和牲畜，妇女为家庭经济作出了贡献。一方面，饲养禽畜可以满足家庭的多种需要：可以提供肉、奶、蛋等副食以增加食物的营养，减少家庭开支；可以供家庭农作使用，增强耕种的能力；在对领主负有义务的佃农家庭，禽畜皆可用来上交。1279 年奥尔沃顿庄园的维兰被要求定期（每年复活节时）向领主交纳"3 只母鸡，1 只公鸡和 5 个鸡蛋"。① 另一方面，妇女可以把家禽和蛋类拿到市场上出售，从而补贴家用；出售牛、羊和马等牲畜，可以换回可观的现金。有一些妇女专门饲养牛羊，以出售奶制品为生。可见，饲养家禽既可以减少家庭压力，又可以增加收入。

总之，中世纪的农村劳动妇女在家户之内通过酿酒、纺织、饲养禽畜以及制乳酪和烤面包等类经济活动，满足了家庭的多种需要，并且能够将剩余部分转化为家庭收入，从而减少了家庭开支，而且还补充了田间收入的不足。

二　贸易与经营活动

1. 集市贸易

保存下来的赡养协议给人一种农民家庭自给自足的假象。实际上，农民的食物和用品经常来自于集市贸易者和零售商人等的商品交换。

在英格兰，14 世纪已经形成了布局较为合理的市场网络，到 15 世纪

---

① Emilie Amt, ed., *Women's Lives in Medieval Europe*: *A Sourcebook*, Routledge, 1993, pp. 182—184.

末，已有 500 多个乡村市场。各个乡村市场之间距离颇近，农民只需大约
七八英里的路程就可以到市场上去交易，他们在这里卖出盈余和工副业产
品，购回生产和生活用品。

集市贸易通常由农村妇女负责。中世纪的乡村，每逢集市，妇女挎着
盛有鸡蛋的篮子奔波于村庄和集市之间，是司空见惯的现象。妇女带到集
市上销售的物品，一般是面包、啤酒、鸡蛋、牛奶、黄油、乳酪、蔬菜或
者药草，还有妇女自己纺的线，有些时候，也会把家里饲养的禽类拿到集
市上出售。这些物品，除了部分农产品以外，多数是农村妇女在家里或在
菜园里辛勤劳动的成果。这样，农村劳动妇女通过自己的劳动和集市买
卖，使乡村共同体之内达到一定程度的自给自足，同时加强了家庭与共同
体的联系。因此，可以说，妇女的经济活动对活跃农村集市和满足乡村社
会的各种需求，都做出了极大的贡献。

2. 零售业

市场交换之外，一些物品还会由零售商提供，比如酒、面包和
其他小物品。农村劳动妇女也经常成为乡村里的零售商，活跃在乡
村街道上，满足不同家庭的生活需要。妇女零售的主要商品是酒类
和面包。尽管妇女和酿酒的关系十分的密切，但是相比而言，妇女
与售酒的关系或许更长久。在妇女酿酒为主的时期，酿酒的妇女大
多数亲自售酒；在男性酿酒为主导的时期，妇女仍旧是酒的主要销
售者。15 世纪 50 年代的苏塞克斯，14 个妇女被指控为卖酒的小
贩，但是所卖的酒皆非她们所酿。① 在奥尔弗里斯顿，利伯特·尼
古拉斯的妻子艾格尼丝，卖面包和淡啤酒达 36 年。她所卖的淡啤酒
大多数不是她酿造的。在 15 世纪 90 年代，当她开始卖啤酒时，完
全是从其他人那里得到供应。② 可见，当酿酒变得更加职业化而且
转入男性手中，妇女却承担了辅助角色，成为零售丈夫或其他男人
的商品的小贩。这种区分实际上暗含着一种劳动的性别分工。

多数啤酒由小零售商在乡村里销售，其中许多是妇女。在 15 世纪 60
年代，苏塞克斯每年大约有 19 个妇女被指控。③ 妇女零售商也经常兼卖

①　Mavis E. Mate, *Daughters, Wives and Widows after the Black Death*, p. 63.

②　Ibid. , p. 67.

③　Ibid. , p. 64.

其他食品或小件物品，如面包和奶制品等。在 1527 年，在奥尔弗里斯顿，5 个面包师的妻子被指控为"面包和啤酒贩子"。[①] 这些零售的妇女，经营的通常是一个很小规模的生意。售酒的妇女或是把酒放在碗里，站在街道拐角等待顾客，或挨门挨户地兜售，或沿街叫卖。她们这种小本生意的收入受到很多因素的制约，所得利润不高，但是对满足乡村社会的需要却十分重要。

3. 店铺经营

此外，有些妇女也经营店铺。尽管中世纪晚期英格兰店铺一般是由男性工匠和屠户经营的，妇女经营店铺的相对较少。不过，酒馆和旅店，常常由妇女来经营管理。这些酒馆的女主人经常因为违反啤酒法令而受到指控。艾格尼丝·贝斯菲尔德在 1460—1468 年间，每年都为此而被指控。尽管如此，她仍继续经营酒馆，直到去世（1483年）。[②] 艾格尼丝的丈夫受雇于贝特修道院，所以酒馆几乎完全由她经营管理。在 1575 年，36 个酒馆得到官方许可，其中有两个明显是由寡妇经营的，另外有 23 个是以男人的名义交了许可费，但实际的经营管理者是他们的妻子，因为他们都兼有其他一些职业。[③] 此外，有些妇女经营旅馆，她们不但为客人提供住宿，而且还经常提供面包和酒等食品。

妻子和寡妇参与这些经济活动的频率相对较高，但妻子的活动经常被隐藏，寡妇的参与十分明显，因为她们可以像许多男性家长一样，以自己的名义从事各种商业活动，比如零售、经营酒馆或旅店。

农民妇女有时还从事更加商品化的经济活动形式。庄园法庭的诉讼偶尔显示出有些妇女是放贷者。伍斯特郡的朱莉安娜·惠勒，1387 年在海尔索温庄园法庭为 3 马克的贷款起诉菲力普·布拉夫和他的担保人。埃姆雷堡的艾格尼丝·亨迪，1432 年为 6 先令 8 便士起诉另一个村民。[④] 在庄园法庭上的这些债务诉讼，多数是妇女用自己的名义，只有较少的人用匿名形式。尽管妇女可以从事借贷活动，但这些妇女仅是乡村劳动妇女中的

---

① Mavis E. Mate, *Daughters, Wives and Widows after the Black Death*, pp. 67—68.

② Ibid., p. 64.

③ G. Mayhew, *Tudor Rye*, Falmer, Sussex, 1987, pp. 151—153. See: Mavis E. Mate, *Daughters, Wives and Widows after the Black Death*, pp. 70—71.

④ R. H. Hilton, *The English Peasantry in the Later Middle Ages*, pp. 103—104.

少数人。

通过如此多样的家庭工副业活动，妇女不仅满足了家庭的需要，而且以多种身份参与到乡村经济生活中。

第三节　农村妇女的雇佣劳动

农村劳动妇女除了家庭工副业劳动和无报酬的田间劳动以外，也广泛卷入雇佣劳动之中，尤其是那些以农业和雇佣劳动为生的家户中的妇女。她们受雇时，一般是从事一些低技能的家内服务或农业劳动，比如做女仆、农业工人或工匠助手，有些成年妇女还常常做奶妈或助产士。

一　家内雇佣服务

雇用青少年妇女作为家内服务的"女仆"，在中世纪的乡村里十分普遍，甚至成为一种社会习俗①。据统计，在中世纪末期，英国 20—24 岁的农村妇女中，就有 66% 的人曾做过女仆。② 另一份材料更具体，1379年豪顿和豪顿郡的人头税报告，登记了所有 16 岁以上的居民，提供了居住在自己出生家庭中的 115 个女孩的职业情况，其中 79 个（69%）被登记为"仆人"。③ 可见，做女仆是大多数青少年妇女的必经阶段。尽管这种雇用常以某种"服务"的形式存在，而且做女仆也许只发生在妇女特定的人生阶段或时期，但它们使青少年妇女在经济生活中扮演了十分重要且充满活力的角色。

女仆来自乡村社会里的各个阶层，尤其是中下层。从上面所引用的豪顿和豪顿郡的 115 个女孩的例子来看，她们多出生在农夫或雇工家庭

---

① 拉斯莱特认为，在前工业化时代的西欧，家仆制普遍存在。在一个社区之中，1/4 或 1/3 的家中使用了仆人，而他所谓的"立身仆人"（life‑cycle servant）在当时西欧社会则非常之多。参见 Peter Laslett, *The World We Have Lost*, 3rd edn., New York, 1984, pp. 15—16。

② Merrry E. Wiesner, *Women and Gender in Early Modern Europe*, Cambridge University Press, 2000, p. 110.

③ "Assessment roll of the poll-tax for Howdenshire, etc., in the second year of the reign of King Richard II (1379)", *Yorkshire Archaeological Journal*, 9 (1886), pp. 129—162. See: Kim M. Phillips, *Medieval Maidens*, p. 128.

（55%），也有一些是在酿酒之家（14%）或工匠家庭（15%）。这些家庭的女孩较可能在幼年就开始为家庭的利益而工作。女孩离开家进入服务业的最小年龄常常是 12 岁，但偶尔会有一些女孩在这之前就开始服务。

能够做女仆的一般是未婚少女。她们通过做女仆，为自己积累嫁资，并减少家庭的负担。在中世纪晚期，女孩的嫁妆往往是普通农户的一项重要支出，很多女孩因没有嫁资而晚婚。但如果女孩到别人家里做女仆的话，对方会给女孩的父亲一笔钱，而且要订立契约，保证为女孩提供住所、食物、衣服和少量现金，有的主人还许诺负责对女孩的教育。如果女孩与雇主相处不好，常会被临时辞退；但如果雇主给女孩的待遇违背契约，双方也常对簿公堂。1373 年，哈利索温的威廉·凯泰替他做女仆的女儿提起诉讼，指控雇主打了他的女儿，并且提供的饭食也与契约不符。[①]

女仆的境遇各不相同。名义上她是主家的一员，与主人同吃同住，在一定程度上受到主人的家庭教育；但法律上，她们处于依附主人的地位。有些女仆比较幸运：慈善的主人在女孩到结婚年龄时，帮她找一个合适的对象，并送她们一些衣服或现金做礼物；有些主人在临终时会遗赠给宠信的女仆部分甚或全部财产。例如一个叫伊丽莎白·拉姆金的女仆在其主人死后得到了一笔 26 先令 8 便士的遗产。[②] 这在当时应该是一个不小的数目。在 1339 年，布里格斯托克庄园的塔尔博特夫妇为一个女仆做出安排，让她在他们去世后继承一座住房及其庭院。[③] 但是多数女仆并非如此幸运。有些女仆工作十分繁重，既要洗衣做饭、喂养牲畜，还要到地里从事农业劳动，默默忍受主人的肆意使唤。遇到品行不端的男主人还有可能成为性暴力的对象，遭受斥责和打骂更是家常便饭。

女仆工资低，而且具有短暂和不稳定性。女仆的工资经常是男仆的一半或更少。1391—1392 年，在牛津，女仆的平均工资是 4 先令 10 便士，相比而言男性的是 13 先令 2 便士。[④] 女仆一般只有在年终完工或从雇主

---

① R. H. Hilton, *The English Peasantry in The Later Middle Ages*, Oxford, 1979, p. 46.

② Barbara A. Hanawalt, ed., *Women and Work in Pre-industrial Europe*, p. 6.

③ Judith M. Bennett, *Women in the Medieval English Countryside*, p. 62.

④ P. J. P. Goldberg, *Women, Work, and Life Cycle in a Medieval Economy: York and Yorkshire, c. 1300—1520*, Oxford, Clarendon Press, 1992, pp. 1185—186; Mavis E. Mate, *Daughters, Wives and Widows after the Black Death*, p. 46.

家离开时才能得到这份报酬。甚至有些主人还会借故扣发工资，因而纠纷时有发生；有时根本就没有现金工资，全部用吃穿住抵消了。而且很多女仆是按年度雇用，尽管这有利于女仆寻找待遇更好的雇主，但也面临较多不确定性。在约克和埃克塞特，尽管有较长的雇用，但与仆人通常订立一年的契约。①

妇女除为一些富裕家庭做女仆以外，还有一些专门受雇于庄园做女性仆人。她们也是以未婚少女为主，而且出身和境况与前者相似。作为庄园的专职仆人，她们可以得到一份工资，但是，通常是做工资较低的工作，比如挤奶女工。例如，在伍斯特主教的庄园上，挤奶女工比男仆人工资低得多。②

家庭或庄园中的女仆，与独立受雇的劳动者相比，相对稳定，但缺乏根据劳动力需求情况进行讨价还价的机会，而且她们在一定程度上还会受到主人或领主及其管家的超经济强制。

二　农业雇佣劳动

农村劳动妇女参与农业生产的劳动包括两个部分：在家庭持有地里无报酬的劳动与在雇主的田地里有工资的劳动。二者无疑都会给家庭带来收益，但性质却有不同，前者被看作是农村妇女职责的一部分，后者一般是赚取额外收入的一种方式。

大量农村劳动妇女在从事农业雇佣劳动，赚取工资，尤其是在劳动力十分缺乏的收获和打干草的季节。1363 年 3 月到 1364 年 5 月，约克郡的东行政区档卷里被指控的 114 个收获工人中，有 68 个女性，占 60%。③这一比例有点高，在一定程度上说明了当时妇女参与农业雇佣劳动的普遍性。

妇女受雇用的范围很广。她们可以和男人一样做各种各样的工作，比

---

①　P. J. P. Goldberg, *Women, Work, and Life Cycle in a Medieval Economy: York and Yorkshire, c. 1300—1520*, Oxford, Clarendon Press, 1992, pp. 173—176; Maryanne Kowaleski, "Women's work in a market town: Exeter in the late fourteenth century", in Barbara A. Hanawalt, ed., *Women and Work in Pre - Industrial Europe*, p. 153.

②　R. H. Hilton, *The English Peasantry in the Later Middle Ages*, p. 103.

③　Sandy Bardsley, "Women's work reconsidered: gender and wage differentiation in late medieval England", *Past & present*, November, 165 (1999), p. 11.

如，播种、除草、收割干草、捆干草、堆干草和谷物、运庄稼、扬谷和打谷。在 1290 年的卡克斯汉姆地区，有 4 位妇女被雇用割草。[①] 在牧业为主的地区，妇女受雇的机会常常比以农耕为主的地区更多。比如在豪顿郡，剪羊毛、梳羊毛、纺织羊毛、挤羊奶和牛奶以及制作黄油和奶酪等工作，常被看作是"妇女的工作"。[②] 可见，这里较多的工作会选择妇女来做。

女性雇佣劳动者一般是在村庄或庄园共同体之内受雇。但是，多数地区只有少数的富裕农民才能雇佣农业工人，所以，她们也像男人一样到更远的地方寻找受雇机会。在黑死病之后，妇女受雇用的机会比以前更多。受黑死病的影响，英格兰出现人口危机，1348—1351 年，至少有 1/3 人口的死亡。经济发展受到极大冲击，劳动力严重缺乏，工资普遍上升。在这种情况下，有更多的妇女被吸收进劳动力市场。而且妇女能够很容易地找到工作，甚至被给予前所未有的机会，承担了在过去主要由男人干的活儿，比如耙地。此外，妇女像男人一样，迁移到乡村各地以追求更高的工资。14 世纪晚期和 15 世纪的资料也表明，在离开家乡到城镇或别的乡村寻找财富的人中，妇女占较高的比例。[③]

尽管妇女广泛从事雇佣劳动，但是妇女的工资一直低于男性。在劳动力奇缺的时期，或许一些妇女会得到与男人同等的工资。西蒙·佩恩在研究中发现，在 14 世纪 50—70 年代，许多女性收获工人被支付了与男人同样的工资（每天 4 便士）。[④] 但是，他本人明确承认这是一个例外的时期，当时劳动力严重短缺，有助于提高女性劳动力的价值。总的来看，中世纪晚期多数地区的劳动力市场上，妇女不曾真正与男人同工同酬。在苏塞克斯郡，1372 年，格林德的 10 个收获工人中，每天的工资是男人 3 便士，女人 2 便士。得自 15 世纪初佩伯汉姆的沿海庄园、15 世纪 30 年代的查尔翁顿（Chalvington）和 1482—1483 年埃塞克斯的波特希尔地产的证据

①　Mavis E. Mate, *Women in Medieval English Society*, Cambridge, 1999, p. 28.

②　P. J. P. Goldberg, *Women, Work, and Life Cycle in a Medieval Economy: York and Yorkshire, c. 1300—1520*, Oxford, Clarendon Press, 1992, pp. 139—140, 282—294.

③　R. H. Hilton, *The English Peasantry in the Later Middle Ages*, p. 106.

④　Simon A. C. Penn, "Female Wage Earners in Late Fourteenth Century England", *Agricultural History Review*, 35 (1987), pp. 1—14.

显示出同一倾向：男收获工得到每天 4 便士，女收获工每天 3 便士。① 有些妇女不是独自受雇，而是与丈夫一起，丈夫收割，妻子负责打捆，雇主则根据谷物的捆数付给他们工资。在苏塞克斯，有些丈夫和妻子被算为一组，以每天 7 便士的工资雇用。② 这样，工资名义上经常是给予男性的，妇女被看作丈夫的助手。

而且妇女被当作男劳动力的后备军，人手缺乏时妇女被召集来，而当男性劳动力供应充足时就被忽视。在 15 世纪的查尔翁顿显然如此：20 年代，男人被雇来除草、打谷、收集干草和收获。30 年代，一些妇女被短时间雇来收集干草和收割。30 年代末和 40 年代，高死亡率迫使雇主雇用更多的妇女，尤其是在秋天。然而，在 1443—1444 年领地的账目册中，仅记载有一个妇女（和 4 个男人）被雇来除草。到收获季节才有另外 4 个妇女被雇用，她们工作了 15.5 天，仅付给每天 2.5 便士的低工资。③

雇佣劳动领域存在明显的性别分工。虽然除草、播种、扬谷和打谷的工作男人和女人都做，但犁地、建筑和用长柄镰刀收割几乎总是雇用男人；放牧大的牲畜群，一般只雇用男人。但看管鹅群或放牧小群的羊、猪、母牛和马的工作，却总是雇用青年女孩和妇女；此外，挤奶、制作奶酪和黄油以及剪羊毛等工作，主要是由妇女来做，但技术含量较高且工资较高的工作，如做泥瓦匠、木匠和犁夫等，总是男人的领域。巴特尔修道院、坎特伯雷大主教以及佩勒姆等世俗领主地产上，妇女从未受雇于木匠、茅屋匠、扶犁人、羊倌或车夫等高技术且高报酬的工作。④ 总体来看，妇女可以选择的雇佣机会要比男人少得多。

此外，妇女在受雇用方面有很多不确定性。因为妇女一般是在劳动力紧缺的收获季节受雇用，而这种时机仅仅是一年中的几个星期而已。1441年，在查尔翁顿，8 个女性收获工人工作了总共 53 天。她们多数都工作相当短的时间，工作时间最长的两个妇女，丹尼斯·安德鲁和尼古拉斯·特尔的妻子，分别干了 15 天和 11 天。⑤ 丹尼斯挣到 4 先令 7 便士的工资，

---

① Mavis E. Mate, *Daughters*, *Wives and Widows after the Black Death*, p. 56; L. R. Poos, *A Rural Society after the Black Death*, Cambridge, 1991, pp. 212—219.

② Mavis E. Mate, *Daughters*, *Wives and Widows after the Black Death*, p. 56.

③ Ibid. , p. 56.

④ Ibid. , p. 73.

⑤ Mavis E. Mate, *Daughters*, *Wives and Widows after the Black Death*, p. 56.

平均每天 3.7 便士，但她可能是个特例。多数妇女在这么短的时间内所得工资有限。普斯发现，在波特希尔，收获工人的平均受雇情况中，男人是 5.8 天 22.7 便士，女人是 4.6 天 13.8 便士。[①] 可见，她们通过雇佣劳动很难挣足一年的开销。而且她们很难把握何时何地有下一次受雇用的机会。她们受雇用的机会和频率比男性亲属要少得多。

三 其他雇佣劳动

此外，还有一些妇女通过纺织和梳理毛麻谋生。1379 年豪顿和豪顿郡的人头税报告表明，从业的女孩中，有 4% 被叫作"织布工"（webster）。[②] 从事纺织工作的妇女工作很繁重，工作条件比较恶劣，收入却很低。所以，尽管纺织业的发展为妇女提供了许多工作机会，而且妇女被认为适合这种细致的工作，然而，妇女也许是唯一愿意在这样的低工资的情况下接受此工作的人。[③] 在纺织以外的手工业中受雇的妇女，一般是作为工匠的助手，做一些辅助性的活儿，所以很难成为真正的技术工人。

一些妇女还做奶妈或助产士。做奶妈的妇女普遍存在。欧洲人曾认为，母乳喂养会损害妇女的健康，而且是一种低层次的事。于是，很多上层妇女不愿亲自哺乳，而一些中下层的妇女为了谋生，也常把孩子交给奶妈喂养。一些富有的家庭把奶妈请到家中，不过大多数的婴儿是被送到奶妈家中喂养。助产士也是妇女的一种职业。尽管从事者人数很少，但在当时是十分重要的角色；她们一般没有什么专门的技术，只是通过自身的经验或代代相传的方法给产妇接生。在没有什么医疗技术的时代，她们实际上起了妇产医生的作用。

持有土地、进行工副业生产与经营，以及参加农业雇佣劳动和家内服务等，使妇女以多种姿态出现在乡村社会生活中。妇女的各项经济活动，不仅满足了家庭生活的部分需要，而且对于丰富乡村经济生活起到了重要的作用。此外，妇女对经济活动的参与也为个人带来了更多的经济自主和

---

① L. R. Poos, *A Rural Society after the Black Death: Essex 1350—1525*, p. 219.

② "Assessment roll of the poll - tax for Howdenshire, etc., in the second year of the reign of King Richard II（1379）", *Yorkshire Archaeological Journal*, 9（1886）, pp. 129—162. See: Kim M. Phillips, *Medieval Maidens*, p. 128.

③ Merrry E. Wiesner, *Women and Gender in Early Modern Europe*, p. 111.

生活独立性。一个表现是，在黑死病后，妇女在雇佣劳动中的机会增多和工资上涨，增强了她们的经济能力和自主性。1398—1458 年，在拉姆塞庄园有 1/3 的新娘自己支付了婚姻捐，而且她们中不少人是为自己赎买了自由择偶和结婚的权利。① 这表明她们在瘟疫后的时期也享有一定的经济自主。

尽管妇女在经济活动中扮演着如此丰富的角色，对中世纪的农民家庭的有效运行和乡村社会的发展做出了重要贡献，但她们无论是在获得资源和机会上，还是在劳动价值被认可的程度上，都处于明显的劣势。

第四节　农村妇女经济活动分析

农村劳动妇女广泛参与经济活动，并为家庭和社会经济做出了重要贡献。但是从长时段来看，她们所参与的活动具有较多的局限性，一般只是附属的、短暂的，而且是低技术、低报酬、低地位的经济活动。中世纪晚期的英格兰社会，处于变动比较大的时期。尽管妇女和其他男人一样，从人口和社会经济的变化中受益，但研究发现，她们参与的经济活动与以前没有本质区别，存在着极大的相似性和延续性。单纯地看妇女的经历往往会抹杀妇女劳动的这些特点，而若从性别的视角来看，会发现妇女的经历和男人有很大不同，也会发现此时期的社会变化带给两性的不同影响。

一　经济活动中的性别分工

中世纪晚期的英格兰，支配妇女生活的意识形态并没有随着经济和法律变化而有本质改变。主导的意识形态支持妇女在家庭领域，视持家和生儿育女为其主要职责，而男人则负责经营地产或参加雇佣劳动，以及参与庄园或村庄事务等。而且这种劳动的性别分工在农民阶层总是在童年时期就开始，女孩被教以家务、纺织、酿酒，而男孩被教以农作或某种手艺。到青年阶段，男孩女孩都逐渐承担那些被认为合乎其性别的成年人的角色

---

① Judith Bennett, "Medieval Peasant Marriage: An Examination of Marriage License Fines in the Liber Gersumarum", in *Pathways to Medieval Peasants* ed. J. A. Raftis (Toronto, 1981), pp. 200—215; Judith M. Bennett, *Women in the Medieval English Countryside*, pp. 76—82.

与责任。

这种空间与劳动上的分隔不利于妇女从事经济活动。每天的家务占去了农村劳动妇女大部分时间和精力，而且使妇女不能像男人那样自由地离开家去从事雇佣劳动或追求更高的工资；那些受雇或从事家庭工副业的妇女一般还要承担家里的责任，背负双重的负担。男人通常不会承担那些传统上的"妇女的活儿"。于是，多数妇女只能选择一些与家务不冲突的工作，比如偶尔的酿酒和纺织等。而且这种工副业形式最初可能是出于家庭需求，而非市场导向的生产和经营，这必然会限制其规模和发展。比如酿酒，多数妇女只是间歇酿酒。即使在黑死病后雇佣劳动工资明显上涨的时期，妇女从中受益的可能性要小于男人。正如梅维斯·梅特所指出的，1348 年以后发生的经济变化没有影响妇女家务管理的主要责任，但是却深刻影响了她们参与家庭生意的时间，以及妇女赚取其他收入的机会。①

这种角色定位影响了妇女在经济活动领域里的选择空间。一般地，她们可以选择的雇佣工作是低技能或无须技术的工作，如家内服务、收割、捆干草等，这些往往被看作是其家内职责的延伸。男性被雇做需要较高技术且工资也高的工作，如做犁夫、茅屋匠、木匠等。在瘟疫后劳动力缺乏的时期，妇女受雇用的情况没有发生大的变革。即使一些妇女承担了以前由男人干的工作，如耙地或犁地，但是并没有变成永久的雇员。妇女独立从业时也是如此，一般集中在纺织和食物供应等行业。最经常被记录的是女性纺织工和小零售商。妇女从事的多数行业，与男人的相比，既没有声誉，也没有高的利润。

二　妇女经济活动的隐蔽性与附属性

男性家长一般要为所有家庭成员的活动承担公共责任，所以，尽管有大量的妇女从事经济活动，但多数情况下她们的价值被掩盖了。历史记载中主要是男性土地所有者、男性家长、男性诉讼人和男性工人，很少出现妇女；被记录的妇女也多是作为"某人的妻子"或"某人的女儿"而被提到。这使得大量活跃在社会经济生活中的妇女被推入无名状态。

妇女的经济活动卷入法庭诉讼时，常常由男性家长出面为之负责，甚至那些以妇女为主的经济活动也是如此。比如酿酒，一般是男性家长受到

---

① Mavis E. Mate, *Daughters, Wives and Widows after the Black Death*, p. 63.

指控并出席法庭，但多数情况下，酿酒者可能是他的妻子。因为大量的证据表明，男人在婚前从不因酿酒而被指控，这说明，在酿酒方面他需要妻子的帮助，或者是完全由妇女酿造。所以，大量的妇女被掩藏于丈夫身后。

中世纪的账目册也存在类似的问题，常不区分劳动者的性别，账目册上的报酬仅是一个总数或谷物数量。黑死病以后，庄园记录中劳动者的信息日渐详细时，妇女却通常以女儿或妻子的身份被提到。韦克菲尔德庄园法庭和巡回法庭在 14 世纪初期两年样本的记录，差不多有 75% 的案例中，妇女被称为某人的女儿、姐妹、妻子或寡妇等，而不是仅用名字。① 对独立受雇用的妇女也是如此。一般单身或寡居的妇女才能以自己的名义行事。

妇女的经济活动通常被置于附属地位。在家庭经济中，男人的工作总是优先于妇女的工作。如果男人在外挣工资，妇女则往往承担大部分的田间劳作。而妇女从事的工副业经济活动一般被看作男性收入的补充，常因养儿育女和丈夫的状况而改变。比如，有的妇女酿酒很长时间，但在丈夫得到了较高的收入时，就会放弃。1460—1475 年，伊丽莎白一直酿酒，长达 15 年，但是在她丈夫理查德·鲍尔在 70 年代末做贝特修道院的管家时，伊丽莎白放弃了酿酒。②

在雇佣劳动领域，妇女与男人相比，也被视为从属的辅助劳动力或男性劳动力的后备军。她们更容易受到劳动力供求比例的影响，在男性劳动力充足时，女性很难找到工作；而在劳动力紧缺时，妇女就会被广泛地吸收进来；如果劳动力需求降低时，最先被排挤出来的仍是妇女。1349 年以前，男性劳动力充足，只有在收获和打干草等劳动力十分缺乏的季节，妇女才有短暂的受雇机会。黑死病之后劳动力的季节性需要变得更加严重，较多妇女被吸收进雇佣领域，而且扩展到一些以前由男性垄断的重体力活上。尽管如此，她们的劳动价值仍未得到真正认可，只不过是补充了

---

① Willam Paley Baildon (ed.), *Court Rolls of the Wakefield*, *Yorkshire Archaeological Society Publications 36* (Leeds, 1906), pp. 52—114 (October/November 1306 - September 1307), and John Lister (ed.), *Court Rolls of the Wakefield*, *Yorkshire Archaeological Society Publications 57* (Leeds, 1917), pp. 1—68 (October 1313 - September 1314). 在 702 位出现的妇女中，有 516 个（73.5%）是通过与另一个人的关系被称呼和提及的。对瘟疫后韦克菲尔德的妇女，见 Helen M. Jewell, "Women at the courts of the manor of Wakefield, 1348—1350", *Northen History 26* (1990), pp. 59—81。

② Mavis E. Mate, *Daughters*, *Wives and Widows after the Black Death*, p. 63.

成年男劳动力的不足，因为她们的机会没维持多久就消失了。而且她们的机会具有更多不确定性和季节性，各个年份都不一样。即使在丰收的年份，受雇也不过几周。歉收时，妇女的雇佣机会就消失了。

由此可见，妇女所从事的家庭内外的经济活动经常被隐藏于丈夫的劳动之内，而且具有从属、不稳定和临时性等特点。这些不利因素使妇女难以获得一种稳定、可靠的收入来源，反过来又可能加重自身在经济和社会活动上的依附性与从属性。

三 妇女的劳动价值

中世纪晚期，社会对两性劳动的认可上存在双重标准：男人的劳动价值总要高于女性。这在官方文献中不乏例证：官方在为征税而对家庭收入估价时，常忽视妇女的工作和收入，一般根据男户主的地产和工资收入来估算家庭资产。这说明在官方眼中"家庭经济内丈夫的劳动是被承认和被定义的家户劳动"。[①]

在劳动力市场中，女性劳动力的价值也得不到真正认可。这集中体现在中世纪晚期英格兰对"标准"劳动力的定义上。从当时的工资法令和账目册上的表述来看，只有健康的成年男子才被看作是标准劳动力。不符合这一标准的劳动力必遭贬值，成为"次等"工人，女性劳动力就被视为此类。所以，即使与健康男人干同类工作，妇女仍获得低等的报酬。总体上她们的劳动是被低估的。

20世纪以来，很多学者主张在黑死病后男女工资一样，如索罗尔德·罗杰斯、贝弗里奇爵士和西蒙·佩恩[②]等人。但是，贝内特与桑迪·巴兹利与此相对的研究更令人信服。她们发现，两性同工不同酬，而且，最有能力的妇女经常被付以同最弱的男人（年老的、年幼的或残疾的）一样的工资。例如在奥尔顿巴恩斯（威尔特郡），1404年，非技术男性雇

---

① Mavis E. Mate, *Daughters*, *Wives and Widows after the Black Death*, p. 69.

② Thorold Rogers, *History of Agriculture and Price in England*, I, 281, and *Six Centuries of work and wages：The history of English Labour*, New York, 1903, pp. 77, 329; Lord Beveridge, "Westminster Wages in the Manorial Era", *Economic History Review*, 2nd. ser., Ⅷ（1955—6）, p. 34; Simon A. C. Penn, "Female Wage-Earner in the Fourteen-century England", *Agriculture Hisory Review*, XXXV（1987）, pp. 8—9.

工每天被付以 4 便士的报酬，而非技术女性雇工仅被付以每天 2 便士。[①]另外，在 15 世纪苏塞克斯的许多地产上，女性收获工人的工资总是少于男性。[②] 多数地区皆是如此。

妇女参与的程度和实际工资在黑死病后确有增加，但却没有本质的变化。黑死病后，违反《劳动法》的妇女，在被罚者中只占6%左右。而且接受到"超额"工资的妇女，平均日工资仅是男性的一半。[③] 可见，社会的变化带给两性的冲击经常极为不同。妇女作为工资劳动者比其他男性工人得到的好处要少得多；尽管女性在雇佣劳动领域的参与机会和报酬情况有一些变化，但是她们就业模式上的那些关键方面都未曾改变过。

四 妇女的经济资源

妇女所从事的经济活动一般难有大的发展，因为"她们没有享有对家庭的集体资源的平等权利"。[④] 中世纪的法律支持丈夫或父亲控制家里的所有物质资源，包括妇女继承的任何土地、她可能带入婚姻的任何物品以及她挣到的额外收入。尽管家庭工副业带来的现金收入，或许给了妇女一定的行动独立性和对家庭经济的经济影响力，但是，法律并不支持她们这么做，而且也并非大多数妇女都享有此种影响力。

以酿酒为例，为什么曾经活跃于淡啤酒生产的妇女没有同样成为啤酒酿造者呢？一个重要的原因，就是妇女没有资本进行酒的革新。因为啤酒适于大规模的酿造，需要资金购买大量的燃料、啤酒花和谷物以及贵重的设备。而妇女没有足够的资金投入大规模酿造，而且不能为大宗的交易赊账。妇女对家庭资源没有控制权，自己不可能有足够的资本。也许一些丈夫允许妻子使用家庭资源，但多数的丈夫把妻子的工作看作是辅助的，不愿投入时间或资源来帮助和支持妻子投身一个新的行业。所以，妇女没有

---

① Sandy Bardsley, "Women's work reconsidered: gender and wage differentiation in late medieval England", *Past and Present*, 165 (1999), pp. 3—29. Judith M. Bennett, "Medieval Women, Modern Women: Across the Great Divide", in David Aers. ed. , *Culture and History: Essays on English Communities, Identities and Writing, 1350—1600*, London: Harvester Wheatsheaf, 1992, p. 161.

② Mavis E. Mate, *Daughters, Wives and Widows after the Black Death*, p. 72.

③ Merry E. Wiesner, *Women and Gender in Early Modern Europe*, p. 58.

④ Judith M. Bennett, "Medieval Women, Modern Women: Across the Great Divide", in *Culture and History: Essays on English Communities, Identities and Writing, 1350—1600*, ed. , David Aers, London, 1992, pp. 147—175.

从这一新技术中直接受益，而是被迫从酿酒业中退出。

总之，中世纪晚期的英格兰，劳动妇女对家庭经济与乡村共同体的发展作出了巨大贡献。妇女通过家庭内外的经济活动使农民家庭得以生存和有效运行，而且在一定程度上满足了农民社会里其他家庭的需要。尽管如此，妇女的经济活动面对诸多不利因素，比如劳动性别分工、社会价值观念和资源分配原则等方面，这使妇女的劳动具有附属性、报酬低、技能低、声誉差、难以持续发展等特点。

第三章

农村妇女的公共生活

中世纪妇女公共生活的基本概况已经体现在对她们"政治与法律权利"的讨论之中，但是，这些简单化的条文并非她们公共生活的全部，所以我们必须尽力探察发生在法律条文背后的故事，进而展示妇女的多样化的公共与法律活动。然而，这必然遭遇来自资料和分析上的诸多问题与困难。

因为妇女的政治与法律权利相对有限，她们很少掌握公共权力，成为共同体内有影响力的人物，所以有关她们的资料相对匮乏，她们几乎是"不可见的"。正如历史学家希尔顿所说："在妇女拥有很少权利的社会中，历史记载本身或是省略对妇女的提及（由她们的丈夫或父亲来代表），或是把她们推入无名的状态之中。"因为中世纪的社会体制内，被记录下来的是在主流观念中被认为"重要的"人物的经历。① 妇女公共生活的资料缺乏，是她们在公共领域中处于次要地位的一种反映，但并不代表她们没有在公共生活中存在过。

那些关涉妇女公共活动的资料，在提供了宝贵信息的同时，也带来了不少分析上的困难。多数妇女在档案中很少出现或者是转瞬即逝。并且妇女一般在结婚时会改变姓氏，多次结婚的人甚至会几易其姓，这些都增加了姓氏的复杂性，使追溯她们的生活经历变得更加困难。不过，法庭记录毕竟是研究乡村公共生活的最宝贵资料，因为它不仅包括了人们之间的纠纷和犯罪行为，而且记载了人们之间的各种交往，包括村民之间、农民与领主之间的各类事务，甚至家庭内部的私人矛盾和冲突也常进入法庭的视野之内。法庭不仅仅是审判和处罚的地方，而且是乡村生活中最重要的公共领域。各种需要公开证明和大众参与的事务，都是在法庭上进行的；多

---

① R. H. Hilton, *The English Peasantry in the Later Middle Ages*, p. 95.

数庄园有专门的书吏，将各种各样的交易、纠纷和指控记录在案，以备查证。所以，法庭记录不但提供了研究中世纪规范人们行为的各种法律规定，还提供了丰富的案例，成为研究中世纪妇女公共与法律生活的主要资料。

第一节　农村妇女的公共生活空间与规范

要了解妇女的真实公共生活，需要先把妇女还原到她所处的时代背景之中。在中世纪的英国，存在多种法律体系来规范人们的行为，并对违规者进行裁判和处罚，其中包括普通法、地方习惯法、教会法和城市法等。这些法律体系各有不同的内容和不同的管辖范围，并且分别设有专门法庭来行使司法权。但是，它们之间并非完全分离和独立，很大程度上有交叉、重叠和相互借鉴的地方。对于中世纪的乡村居民来说，地方习惯法与他们的生活关系最为密切，而作为共同体的主要机构和公共生活核心的庄园法庭是他们最经常解决个人和公共事务的公共空间。

一　习惯法

地方习惯法，指的是一系列约定俗成的习惯或惯例，主要包括"村法"（by - law）①，以及庄园和村社惯例，统称习惯法。中世纪的村法，没有专门的记录被保存下来，仅能从各种法庭记录中搜寻到它的部分踪迹。从现有资料来看，有关村法的最早记录出现于 13 世纪，且似乎仅存在于拉姆奇各庄园的法庭记录中。但村法绝非此时产生，而是具有和敞田制一样古老的历史。它出现于庄园法庭记录中，很可能是因为在 13 世纪晚期和 14 世纪，法律和经济环境发生了变化，如何管理传统形式下的敞田制这一问题受到关注。瑞夫兹认为，从 14 世纪以后，村法在全体村民和领主的协商或认可下不断地被颁布，旨在强化对敞田制的行政管理，其

---

① by - law 或 bylaw，现代一般翻译为"附属法规"；然而在上述意义产生之前，bylaw 一词早已存在。它最初是在 1283 年以"一种习俗或规章体系，如村庄、县邑、宗教组织或派系之中"这种含义记载的。通常是指"村庄或县邑的习俗体系"，以及"一种法规或规则，用于管理一个组织的内部事务"等含义。《美国传统词典（双解）》。

性质属于共同体的习惯法。① 村法是规范村民的生产活动的共同规范，所以主要内容多与收获相关。如制定拾穗规则和防止偷盗麦捆行为，以及针对不同违规行为的惩罚措施。

除村法以外，庄园和村社惯例是规范村民行为的重要法律。在中世纪英国人的观念中，任何存在了相当长时间的事情，便能推定为合法、合理之事。而习惯法就是在这种假定中发展起来的，并且以这种约定俗成的习惯和惯例来规范人们的行为。中世纪前期，庄园习惯法主要是通过口述和集体记忆的方式来使用与代代相传。自 13 世纪下半叶开始，出现成文的习惯法汇编（written customals），即惯例簿。记载判例的庄园法庭案卷（court rolls）成为这种成文庄园习惯法的主要内容。梅特兰发现，最早的法庭案卷是 1246 年的。② 庄园法庭案卷不仅包括了原先存在于人们记忆中的惯例，而且开始记录法庭上发生的各类案件，从而使古老惯例得以延续、修改和充实。庄园法庭一般有专门的书吏，将法庭判决的理由和结果统统记录在案，作为以后审判与查证的依据，这使得规范农民之间以及农民和领主之间行为的惯例不断扩充，也成为研究中世纪乡村社会的宝贵资料。

习惯法管理村民的大部分公共与法律事务。庄园法庭依据习惯法处理领主与农民、农民之间，以及农民与共同体之间的各种问题、纠纷和侵犯案件（如债务、非法侵入、违约等），而且其他有关土地租种和私人交易等普通事务，也常出现在法庭上。比如，习惯佃农的土地资格登记，对土地的买卖和交换准许，对土地出租和分割协议的登记，以及对劳役折算和地租变化的记录等，都经常在法庭上处理。③ 习惯法具有两个重要特点，其一，地方习惯法主要来自本地农民的各种惯例和判例，是不断记录和积累起来的"成文判例法"④；其二，地方习惯法并非庄园领主统一拟制，而是来自由全体出庭的自由和非自由农民一致作出的判决，所以它因地而

---

① J. A. Raftis, *Tenure and Mobility*: *Studies in the Social History of the Medieval English Village*, Toronto, 1964, pp. 111—112. 转引自徐浩《农民经济的历史变迁——中英乡村社会区域发展比较》，社会科学文献出版社 2002 年版，第 106 页。

② 转引自徐浩《农民经济的历史变迁——中英乡村社会区域发展比较》，第 113 页。

③ A. E. Levett, *Studies in Manorial History*, Oxford, 1938. 转引自徐浩《农民经济的历史变迁——中英乡村社会区域发展比较》，第 113 页。

④ ［英］梅因：《古代法》，沈景一译，商务印书馆 1984 年版，第 8 页。

异，一般仅适用于本地居民，而且即使庄园易主习惯法也不会改变。可见，庄园法庭和地方习惯法对于农民日常生活来说是何等重要。

二 普通法

普通法也是乡村居民重要的公共生活规范，在中世纪中后期，它的力量愈益扩大。12 世纪，国王的司法权力日益扩大，通过各种令状把对杀人、抢劫、盗窃等刑事案件和土地诉讼等民事案件的司法权收归王室法庭审理。为了能够审理地方案件，并提高王室审判的效率，巡回法庭和陪审制应运而生，它们主要依据地方惯例来审判诉诸王廷的各种案件。它们对已有惯例的收集、整理和运用，为普通法的颁行奠定了基础。到 13 世纪，普通法的基本内容和诉讼程序基本固定，并由王室颁行全国，成为整个国家普遍适用的法律。可见，尽管普通法的产生是王权司法权力扩大的结果，但其主要内容则是基于村庄或庄园的习惯法。正如布洛克所说："习惯法已经成为唯一有生命力的法律渊源，君主们甚至在他们的立法中也不过要求对习惯法作出解释而已。"[1] 不过，普通法不仅仅是各地习惯法的汇编，而且还包括一些人为制定的法律，诸如国王的敕令和法官的许多令状，它们补充了许多习惯法上的不足，这在土地法方面尤其显著。中古后期，普通法的判例变得庞杂重复，诉讼程序也日趋僵硬化，于是出现了衡平法以减少司法上的弊病。普通法，尽管不如庄园习惯法那样与中世纪的农民生活密切相关，但却通行全国而且被长久实行，直到 19 世纪才有较大变革。

三 教会法

教会法与教会法庭对于乡村男女的生活也密不可分。教会法是一个独立的系统，有其自己的法律体系及适用范围，并随着基督教的传播发展而建立完善起来。在 1140 年前后，教会法学家格拉蒂安对教会法进行了系统的研究与整理，对现存材料都按照新的法理学精神进行了分类编辑，形成了《格拉蒂安教令集》，成为教会法庭审判的主要依据。教会法庭除了有权管理教士的刑事犯罪和异端、巫术、渎神、酗酒等宗教性犯罪以外，还处理婚姻和家庭等方面的世俗事务，比如通奸、乱伦、婚前怀孕和生育

---

① M. Bloch, *Feudal Society*, London, 1978, I, pp. 110—111.

等性过失、围绕婚姻和遗嘱的各种问题等。对于一些界限不明确的案件，教会法庭也竭力争取，并不惜因此而与世俗领主或国王进行激烈争夺。但是，随着教会权力日衰，教会法庭审理案件的范围也随之缩小。

可见，中世纪复杂的社会成为多元法律体系产生和发展的土壤，而这种法律体系反过来使社会各阶层处于不同的权力体系之中。对于中世纪英格兰的乡村居民来说，无论其私人生活还是公共生活，都受到不同法律的规范，他们会因为不同的过失或犯罪而被宣召到不同的法庭上抗辩，并且得到相应的判决和惩罚；但是，有的时候，他们为了获得公正的判决而选择对自己有利的法庭。多元的法律体系为中世纪的农民提供了解决私人和公共事务的主要空间与规范。

中世纪英格兰的乡村劳动妇女，如她们的男性同伴一样生活在这种多元法律体系的规范之下。她们既受到各种法律对她们公共活动能力的否定与限制，也受到不同法庭的保护。如果卷入与领主或其他村民的纠纷，她们就会诉诸庄园法庭；如果涉及刑事案件或土地诉讼，她们会步入国王的各级普通法庭；如果遇到遗嘱、婚姻、通奸、诽谤、毁约或失信等事件，她们也会服从于教会法。她们尽管较少出入公共领域，但却并非完全退隐到家户之内，她们也如其他男人一样，生活在公共权力的监督和管辖之内。

第二节　农村妇女的公共生活

尽管有关妇女的资料无法与关于男性的资料相比，但是它们提供了妇女公共生活的许多证据。尽管妇女不能担任公职，从而无法掌控公共权力机关的政策与法律的制定和实施，但是，她们作为共同体的成员、土地持有者、雇佣劳动者和贸易经营者等角色，拥有公认的权利；尽管多数妇女默默待在丈夫或父亲的身后，但她们也时常主动或被动地进入到公共视野中；尽管法律对妇女权利所进行的规范在一定程度上限制了她们的活动空间，常给人一种刻板的循规蹈矩的妇女形象，但是，中世纪乡村妇女在公共领域的活动绝非如此单一化，而是非常生动活泼、灵活多样。她们有时会像其他村民一样在庄园法庭上与领主或诉讼当事人据理力争，有时会为了获得土地或者出嫁女儿而向领主缴纳罚金，有时也会因为某种过失或犯罪行为而受到共同体的谴责或法庭的指控。

一　影响公共地方事务的活动

农民各阶层在管理地方公共事务方面所扮演的角色是不同的。一般而言，仅有富裕男性农民偶尔参加中央或地方的政治活动，以及参加地方或全国代表会议的选举活动，下层男性农民和所有农民妇女都没有这种机会。而在乡村或庄园自己的组织机构的活动中，几乎共同体内的所有成年男人都能参与公职人员的选举，可以出席村庄各类会议和庄园法庭，并参与到法庭审判和公共事务的处理当中。但妇女很少有这样的公共权利和机会。

拥有地产可能使一些妇女能够在公共事务上发挥一定作用。但是，具体的参与情况因其婚姻状态而异。持有地产的未婚妇女和寡妇能够参加拥有土地的村民才有权参加的会议，并对会议上的有关事务进行表决；而拥有地产的已婚妇女通常由丈夫代表出席会议。不过，会议的决议对她们同样有效。1304 年，在皮德蒙特地区的克莱文纳（Cravenna）村，村民们决定，不经全体男女村民同意，领主无权转让或出卖农民的宅地。但是，这一决议仅仅适用于未婚或孀居的妇女，以及拥有住宅的妇女。①

但是，妇女不会因为持有地产或者非常富有而具有担任地方公职的机会。现有的资料中很少有对妇女任职的记录。偶尔有些女性被任命或授权的案例，但似乎没有任何普遍性的迹象。在 15 世纪，伯明翰附近的海尔索温，女性多次被选为品酒官。② 这是乡村中深受尊敬的职位，担任此职的人有权对那些违反啤酒法的人罚款，来规范酒的买卖活动。但是，这样的个案仅仅是一个特例，这些女性品酒官得以任职可能与当时人口锐减有关。

不过，有些妇女确实和男人一样站在了与领主斗争的前线。在 1386 年，罗姆斯利（Romsley）庄园的艾格尼丝·赛德勒（约翰·赛德勒的妻子）被选举为起义者的领袖，领导当地农民反抗领主增加劳役，要求取消农奴制。她像其他农民一样，拒绝在国王的审判法庭上出现，最终逃之

---

① ［以］苏拉密斯·萨哈：《第四等级：欧洲中世纪妇女史》，第 242 页。

② R. H. Hilton, *The English Peasantry in the Later Middle Ages*, p. 105.

夭夭。[1] 妇女在危急关头能够发挥较大影响力，一方面是由于个人的天赋能力和领导气质，另一方面在于危机对常规定式的临时打乱。尽管这些妇女可以为全体农民的利益而与领主斗争，但是她们并不能真正被认可和任命，更不可能使所有妇女的处境有丝毫的改观。

　　除了像庄园总管、管家、庄头和差役等类公职人员以外，充当陪审员的人也可以在地方事务上发挥较大作用。陪审员，最初一般是在案件有争议时帮助澄清事实，但后来几乎变成了法庭上的裁判官，因为他们不仅要亲自对犯罪事实或诉讼双方的实际情况进行调查，还要向法庭提出公诉或提供证据，进而作出判决。陪审员，一般从男性农民中选出或由总管指定。但从现有资料来看，似乎从未有过妇女进入陪审团的例子。尽管妇女不能被授权担任法庭上的陪审员，但是，拥有地产的妇女有出席法庭的义务和权利。在多数庄园上，法庭虽然是由领主或其总管来主持，但他们并不能一手遮天，法庭上的任何判决都要由全体出庭人一致作出。如梅特兰所说："在庄园法庭上农奴有着与自由人一样的权利。在理论上，被告不是接受领主，而是接受法庭出席人全体的审判。"[2] 从大量法庭档案来看，法庭上案件的处理通常是由"全体库利亚"（tota curia），即全体出庭人作出判决。如果所涉及的诉讼当事人都是自由人或非自由人，则专门由出庭的全体自由人和全体农奴佃户单独作出判决。这些出庭人包括全体成年男性农民，以及未婚妇女和寡妇，主要是拥有地产的妇女。

　　持有土地的妇女有义务出席庄园法庭。但是，按照普通法，丈夫应该承担与其妻子的土地财产相关的所有法律义务。地方惯例在这一点上与普通法非常相符。但是一旦持有地产的妇女结婚，其个人的出庭义务就会终止，因为土地进入其丈夫的手中，她的丈夫就要承担出席法庭的义务。布里格斯托克庄园的佩尼法德尔家的两个姐妹的经历就是一个最佳例证。作为未婚的土地持有者，克里斯蒂娜·佩尼法德尔出席所有的法庭会议，并要为她的缺席交纳罚金以得到豁免。1317 年的 6 月 16 日，她最后一次作为一个起诉者出现在法庭上。7 月，她嫁给了理查德·帕沃，后者承担了其后所有的出庭义务（1319 年，她丈夫曾支付罚金以免除一次出庭义

　　① R. H. Hilton, *The English Peasantry in the Later Middle Ages*, p. 106.

　　② F. Pollock and F. W. Maitland, *The History of English Law before the Time of Edward I*, London, 1921, Vol. I, p. 593.

务）。相比之下，她独身的姐姐赛西莉亚·佩尼法德尔终生一直为法庭尽
义务，如其他男性佃户一样。丈夫替代妻子出席法庭的原则，在1326年
进行的一次有关继承案的陪审团调查中得到清楚的证明。陪审员们说案件
涉及的那份财产应在罗伯特·勒·诺森的三个女儿中分开，而法庭义务仅
由长女的丈夫来负责。丈夫为妻子出庭的做法被明显记录在每一次法庭会
议上。在被免除出席法庭义务的起诉人名单中从未包括妻子，但是一般包
括持有土地的女孩和寡妇。1346年，约翰·劳伦斯的寡妇玛格丽就为了
获准不出席法庭，而交纳了一笔钱。① 寡妇和未婚妇女经常交钱以避免出
席法庭的事实，并非说明所有的妇女都逃避出庭和审判，反而证明了妇女
也是法庭上"全体库里亚"的一部分，对地方司法事务发挥了一定的
作用。

　　尽管未婚妇女和寡妇能够成为法庭上"全体库里亚"的组成部分，但
是对于地方公共事务非常重要的维持和平的组织，即十户联保组却把她们
和其他妇女全部排斥在外。而男性12岁以后就被编入十户区内，并且在
成年后有可能被选任为十户长。十户长要负责调查和向法庭呈递有违地方共
同体和平的各种行为，并把犯罪人带入法庭。这种组织在地方的管理上起
了很重要的作用，但是妇女没有机会为维护地方和平作出贡献。

　　可见，妇女很少能够担任地方官员，并且不能成为维护地方和平的力
量，她们在公共事务上的影响力相对有限，并且难以建立起广泛的政治关
系网络。但是，生活在婚姻之外的女性土地持有者经常可以参与到共同体
会议和法庭审判中，从而比其他妇女更能了解地方公共事务，熟悉法庭的
诉讼和审理程序。这种经历有助于她们建立与其他村民的社会联系，进而
部分地融入这个男性为主导的公共领域里去。

二　法庭诉讼活动

　　尽管非常丰富的庄园法庭案卷主要报告了男人的活动，但是庄园法庭
作为共同体公共生活的核心，不可能把妇女完全排斥在外。女性会因为各
种民事纠纷或刑事犯罪等问题而进入到地方法庭上。一份关于男女在庄园
法庭上出现的总体情况的统计（见表4-1），可以作为分析女性法庭诉讼
活动的一个重要途径。如表4-1所显示的，在布里格斯托克、艾弗和霍

---

① Judith M. Bennett, *Women in the Medieval English Countryside*, pp. 107, 173—174.

顿—坎—温顿三个不同的庄园，男女出现于法庭的情况并不一致，但是却显示出基本相同的倾向：在布里格斯托克，女性的法庭参与程度相对较高，在出席法庭的全部个体中占42%，艾弗和霍顿—坎—温顿庄园上的情况分别是30%和35%。尽管这一出庭人数的比例表明，在三个庄园上，男性都是活跃在法庭上的主体，女性是庄园法庭参与者中的次要组成部分，但是，女性在这个男性主导的领域里并未完全消失，她们的各种职责决定了她们不可能脱离家外的世界，不可避免地与他人发生交易、冲突或纷争，从而进入到公共管理机构的视野之内。

　　但是，妇女在法庭上的出现频率远远低于男性。尽管女性在出庭人数上占到了1/3以上的比例，但在总体出庭次数和个体平均出庭次数上却显示出严重的劣势。从总体出庭次数来看，布里格斯托克比艾弗和霍顿—坎—温顿的情况好得多，但出现于法庭的也只有大约22%的人是妇女，其他两个庄园则仅为14%。这样看来，男性所有的出庭次数几乎是妇女的4倍。而且三个庄园上男女出庭人的平均出庭次数具有明显差距，男性个体出现频率约是女性的2.7倍。

表4-1　布里格斯托克、艾弗和霍顿—坎—温顿庄园男女出现于法庭的情况[①]

种类	男性		女性		两性	
	数量 （个/次）	比例 （%）	数量 （个/次）	比例 （%）	数量 （个/次）	比例 （%）
布里格斯托克						
出庭的个体	1149	58	843	42	1992	100
在法庭上的出现	24298	78	6983	22	31281	100
个体在法庭上的 平均出现	21.1		8.3		15.7	
艾弗						
出庭的个体	704	70	306	30	1010	100
在法庭上的出现	6825	86	1107	14	7932	100
个体在法庭上 的平均出现	9.7		3.6		7.9	
霍顿—坎—温顿						
出庭的个体	488	65	236	35	684	100

---

① Judith M. Bennett, *Women in the Medieval English Countryside*, p. 23.

种　类	男　性		女　性		两　性	
	数量（个/次）	比例（%）	数量（个/次）	比例（%）	数量（个/次）	比例（%）
在法庭上的出现	2875	86	449	14	3324	100
个体在法庭上的平均出现	6.4		1.9		4.9	

　　相比而言，布里格斯托克的妇女参与法庭的情况比其他两个庄园要好些，艾弗的妇女出庭人所占比例相对较少（30%），而霍顿—坎—温顿庄园上的妇女出庭人平均出现次数最低（1.9 次）。但是，三个庄园在总体倾向上是一致的，妇女在法庭上的活跃程度远不如男性。一些个案也提供了类似的情况，在布里格斯托克庄园，在佩尼法德尔和克罗尔两个家族中，男人平均每人有大约 93 次出现在法庭上，但是他们的姐妹、母亲和妻子在法庭上出现的平均次数仅为 17 次。[1] 其他庄园也呈现出相似的趋势。在瘟疫后德汉姆（Durham）的庄园法庭上的妇女在全体出庭人中的比例也比男性要低得多，在德汉姆主教的庄园上为 22%，在德汉姆修道院持有的庄园上为 36%。[2] 总体上，妇女在法庭参与者中占一定的比例，说明她们也经常卷入与他人或共同体的事务当中。但是，妇女在出庭人数和出庭频率上处于明显的劣势，这说明，乡村妇女既不经常把事情诉诸法庭，也很少制造受到法庭关注的事件，她们是共同体里相对不活跃的成员。

　　妇女在公共领域中的不活跃，在她们的民事诉讼活动上也有所体现。在对瘟疫前的布里格斯托克庄园的民事诉讼抽样中，在所抽样的 434 个人里，男性占 80%（348 人），妇女仅占 20%（86 人）。这种倾向表明，卷入民事纠纷的男性是女性的 4 倍。而且男女法庭参与行为的性质也明显不同：男性作为原告和被告的出现频率几乎一致（51∶49），但女性更多是作为被告出现（原告与被告的比例为 38∶62）。[3] 由此可见，在布里格斯

---

①　Judith M. Bennett, *Women in the Medieval English Countryside*, p. 22.

②　Tim Lomas, "South – East Durham: Late Fourteenth Century", in *The Peasant Land Market in Medieval England*, ed. P. D. A. Harvey (Oxford, 1984), p. 257.

③　Judith M. Bennett, *Women in the Medieval English Countryside*, p. 29.

托克庄园的民事诉讼活动中，女性不仅参与率较低，而且多数不是积极地利用法庭来解决与其他村民的民事纠纷，而是被动地被法庭召去应对别人的指控。这种倾向不仅限于一个庄园，而是多数乡村妇女民事诉讼活动的一种趋势，再次显示出她们在公共领域内不如男性活跃的特点。

　　妇女在民事诉讼活动中独立行事的空间有限。因为已婚妇女被认为法律上是依附于丈夫的，所以她们在诉讼时更可能与其他男人一起进行联合诉讼。在布里格斯托克庄园，在民事诉讼的抽样中，有11%的男人是进行联合诉讼，但有31%的妇女是联合诉讼人。显然，男女两性在法庭上进行诉讼活动的自由度是不同的，妇女单独诉讼比男性单独诉讼被法庭接受的少得多。这方面，已婚妇女所面临的不利似乎更多一些，她们经常是与丈夫联合进行诉讼，但寡妇和未婚妇女却很少如此。在抽样中，有66%的妻子与其他人一起参与诉讼，但仅有17%的寡妇、6%的女孩和5%的婚姻主体不明的妇女是联合诉讼人。相比之下，丈夫进行联合诉讼者仅占13%，男孩进行联合诉讼的则更少，仅为3%。① 这样看来，已婚男女在诉讼独立性上有很大不同，但未婚的青年男女之间似乎差别甚小。已婚妇女在诉讼方面既不如男性自主，也不如其他生命阶段的妇女那么独立。因为她们的联合诉讼，与丈夫的联合诉讼不同，因为丈夫作为户主，经常是作为妻子或儿女法律诉讼上的支持者而加入进来，他们自己的法律事务很少需要与其他人联合进行诉讼。但是，妻子和儿女作为家庭中的依附者，经常需要户主的法律支持，尤其是妻子，她们在丈夫的陪同下参与法庭诉讼，经常是法庭所要求的前提条件。

三　刑事诉讼与犯罪行为

　　中世纪的乡村妇女并非困守家中，而是肩负着各种各样的家庭生活的责任，这使她们不可能每日仅仅关注着家庭杂务，而是经常出入共同体的各个领域，因为各种不同的事情而与其他人交往。她们与其他村民或许相处融洽，或许冲突不断，但是这些经历并不能全部保存下来。一般情况下，友好相处的人们平静地生活，其交往很少违反公共生活的规则，从而不会引起公共机构的任何注意，而那些发生冲突的人们却经常进入公共的视野。像中世纪这样的社会，仅保存下了公共机构的档案而很少有私人资

---

① Judith M. Bennett, *Women in the Medieval English Countryside*, p. 108.

料，只能从那些违反共同体规则的人们的行为中去探究大众生活的轨迹。庄园法庭上的大量案例提供了研究农村男女公共生活中的各种交往和冲突的证据。

　　一方面，妇女的起诉权利尽管比较有限，但是她们能够就身体伤害、强奸、侮辱等类刑事案件起诉到法庭上，而且已婚妇女在这类案件中可以不经丈夫同意直接起诉。此外，已婚妇女还可以控告杀害其丈夫的凶手；而且如果是已婚妇女的儿子、兄弟或侄子被杀的案件，她们也可以作为原告起诉。① 尽管妇女刑事起诉的范围很狭小，但是，法庭记录中的大量案例显示，妇女经常因为这些理由而直接起诉。并且各阶层的妇女都可能代表她们的丈夫出现在法庭上。② 刑事诉讼活动中，未婚妇女和已婚妇女享有相同的权利，这样，法庭上刑事诉讼的资料就能够显示出多数妇女的社会生活情况。

　　另一方面，妇女经常作为被告出现在法庭上。妇女被指控的原因基本上可以归为两类：其一是破坏共同体和平的行为，其二是侵犯他人的行为，从庄园法庭上的资料来看，前者居多。在布里格斯托克庄园的犯罪行为抽样中显示，在所有受到犯罪指控的妇女中，有82%是被控破坏地方和平，被控侵犯他人的妇女仅占18%。但是，因为这些行为受到指控的妇女比男性少得多，她们仅占全部罪犯的1/3，也就是说，男性犯罪的几率是妇女的两倍。尽管妇女不像男性那么多地被卷入犯罪行为当中，但是她们的比例要比在民事诉讼中高得多（民事诉讼人中仅有1/5是女性）。当然，有些地方女性犯罪的比例相对较低，在14世纪诺福克、约克郡、北安普敦郡，处理乡村司法案件的法庭记录显示，被控刑事犯罪的妇女同男人相比为1∶9。③

　　不管怎样，中世纪的乡村妇女无论如何也不能被刻画成默默依附于男

---

　　① W. Stubbs, *Select Chartes and Other Illustrations of English Constitutional History*, Oxford, 1921, p. 299; Bellamy, *Crime and Public Order in England in the Later Middle Ages*, London 1973, p. 13.

　　② F. Maitland, ed., *Select Pleas of the Crown*, London, 1888, p. 28. 转引自［以］苏拉密斯·萨哈《第四等级：欧洲中世纪妇女史》，第100—101页。

　　③ B. A. Hanawalt, "The Female Felon in 14th Century England", in *Women in Medieval Society*, ed., Susan M. Stuard, Philadelphia, 1976, pp. 125—140; B. A. Hanawalt, "Childrearing among the lower classes of later medieval England", *Journal of Interdisciplinary History VIII* (*1977*), pp. 15—16.

性的群体，她们虽不如男人那么活跃，但对田间地头和大街小巷等各个领域并不完全陌生。她们要参与各种田间劳动，并可能会因为非法放牧、田间行为不端、非法侵占或破坏公共财产而受到指控；她们要像其他人一样与地方官员打交道，并且可能与这些权威人物发生冲突或对抗，从而招致侮辱官员、藏匿陌生人或非法夺回被扣押的财产等类的指控；她们会因为发起或参与对他人的非正义的大声喊捉（hue and cry）而受到指控，也会因为侵犯了他人的财产或身体而受到共同体的指控（比如人身威胁、身体伤害或非法侵入民宅等）。此外，她们在这些经常出入的环境里，不仅可能对共同体和其他人造成威胁、破坏甚至暴力，而且可能会成为其他人犯罪行为的受害者。在布里格斯托克庄园法庭出现的犯罪行为的受害人情况来看，男性占到了 3/5，女性占 2/5。[①] 不过，值得注意的是，妇女比男人相比更多的是制造了共同体的麻烦，而不是对其他村民人身或财产的侵害，39% 的男性罪犯被控侵害他人，是因为此类行为而被控的妇女的两倍多，这表明在社会生活中妇女比男性更少有暴力倾向。在 13 世纪的伯特福德、布里斯托尔、肯特、诺福克、牛津、沃里克、伦敦等郡的乡村地区，因为谋杀罪而受到指控的人中妇女占 8.6%。[②] 14 世纪诺福克、约克郡、北安普敦郡，在被判处谋杀罪的犯人中妇女仅占 7.3%。[③]

妇女受到指控的行为，可以显示出她们在公共生活中一些特点。从一些地方档案中提供的信息来看，妇女最经常被指控的罪行是田间行为不端、财产破坏或侵占公产、发起对别人不正义的大声喊捉，或者引发大声喊捉的行为等。这表明她们并未与周围的世界隔离，而是经常参与发生在共同体内的事务。以她们所占比例最高的田间行为不端和大声喊捉为例，田地里的犯罪行为，通常指的是偷窃谷物或不正当的拾穗行为，妇女经常是犯这两种罪行的人中的大多数。在 1343 年，被指控不正当拾穗或在田地里有其他不端行为

---

① 关于布里格斯托克庄园刑事案件的这些分析数据，转引自朱迪丝·贝内特的抽样调查表，或以之为推算依据，详见 Judith M. Bennett, *Women in the Medieval English Countryside*, pp. 38—40。

② J. B. Given, *Society and Homicide in 13th Century England*, Stanford, 1977, pp. 48, 117, 134—149.

③ B. A. Hanawalt, "The Female Felon in 14th Century England", in *Women in Medieval Society*, ed., Susan M. Stuard, Philadelphia, 1976, pp. 125—140; B. A. Hanawalt, "Childrearing among the lower classes of later medieval England", *Journal of Interdisciplinary History VIII* (*1977*), pp. 15—16.

的 27 人中，有 25 位是妇女。十户联保组的陈述没有说明她们犯罪行为的任何动机，但很可能许多犯了田间罪行的妇女在设法为其家人提供食物。① 这说明，妇女的家庭责任常常把她们引入家外的领域，甚至成为她们破坏地方和平的动因。大声喊捉，是中世纪乡村共同体内一种追捕犯罪嫌疑人的习惯做法，即要求共同体的成员有义务对所发现的重罪犯人进行高声喊捉的追捕，其他闻讯者皆应依法参加追捕，这样，每一次大声喊捉都可能导致共同体内的某种程度的紧张和骚乱。在布里格斯托克庄园的例子中，在对他人发起非正义的大声喊捉的指控中，妇女远远超过男人（妇女占到了 63%）。但妇女的行为较少会引起别人对她进行此类大声喊捉行为（在被大声喊捉的人中，妇女仅占 28%）。由此可见，妇女很少因为自己的行为而引发地方上的集体追捕，更多的是发起和参与了对其他人的追捕。不管她们的这种喊捉是否正义或公正，也不管她们是否有意借此攻击别人，还是对犯罪人判断失误而惹祸上身，总之，她们经常卷入其中，并与共同体内的其他人有着各种各样的联系。

此外，还有许多妇女因辱骂或殴打他人以及盗窃等而受到起诉。在王室的欧普顿领地上，某庄园的一位妇女起诉一个男人殴打她，并将她从家中赶出来。但最后，这位妇女因为伪诉罪被判以罚金。② 妇女因盗窃而被起诉者也不在少数，尤其是那些底层的贫困妇女，她们常常因为小偷小摸受到起诉。有时妇女被控告窝赃，特别是窝藏家中的男性成员偷窃的东西。

尽管犯罪案例可以用来分析乡村妇女的公共生活，但是这些并非妇女公共生活的全部内容。因为乡村妇女，同其他阶层的妇女一样，较少卷入刑事犯罪，克里斯蒂娜·德·皮桑对此的记载是确实的。③ 所以，透过这些受到共同体关注的行为，可以看到妇女活跃在乡村生活的各个领域中。她们多数情况下是与邻居们友好相处，而不是惹是生非，所以，大量的公共活动和日常交往不属于地方机构管理和庄园书吏记录的范围，因此在档

---

① Judith M. Bennett, *Women in the Medieval English Countryside*, pp. 41；B. A. Hanawalt, "The Female Felon in 14th Century England", in *Women in Medieval Society*, ed., Susan M. Stuard, Philadelphia, 1976, p. 133.

② F. Maitland, ed., *Select Pleas in Manorial and Other Seignorial Courts*, Vol. I, pp. 12, 14, 15, 36. 转引自［以］苏拉密斯·萨哈《第四等级：欧洲中世纪妇女史》，第 267 页。

③ ［以］苏拉密斯·萨哈：《第四等级：欧洲中世纪妇女史》，第 268 页。

案中难以显现出来。

四　其他公共活动

　　还有一些其他的事情会使乡村妇女的活动进入公共视野之内。因为乡村妇女不仅肩负着持家的重任，而且还经常在乡村社会生活中扮演各种角色，比如土地持有者、户主、借贷人、仆人、零售商人和雇佣工人等。所以，她们不可能足不出户，而是经常要与外界交往。尽管地方档案中有关妇女的资料相对较少，但是，仍然提供了一些宝贵信息。庄园租税册中记载着妇女为了持有土地而交纳罚金的行为，法庭上记录了她们作为户主时的各种责任，以及她们作为土地交易者的各种自由与不自由，等等。

　　尽管中世纪是一个以男性土地传承为主的社会，但是持有土地的乡村妇女也大量存在，庄园租税册上有无数她们为自己的土地交纳租金的记录。妇女通过继承、嫁资或是寡妇产的方式，能够拥有一定的土地，并且在不婚的状态下能够自主转让她们的地产，婚内的妇女如果能够得到丈夫的同意，也可以支配自己的地产。此外，有些妇女自己购买了土地，有些妇女成为子女的监护人，从而在长时间内控制他们所继承的土地，还有一些妇女成为丈夫的共同承租人，在丈夫死后就自然而然地成为土地持有者。不论是通过哪种方式，乡村社会中有大量妇女持有地产。在布里格斯托克庄园，1319年的部分租税册上列出了60个佃农，其中11个（18%）是女性。由此看来，在布里格斯托克，可能每五个佃农中就有一个是女性。在萨福克的雷德格雷夫庄园上呈现出相似的倾向，在1289年拥有土地的妇女占全体佃户的20%。[①] 但是，不同庄园上女性佃户的比例有较大的不同。在1419年翁伯斯勒庄园的12个村庄中，有14%的佃户是寡妇。[②] 在诺福克郡的科尔提沙尔庄园上，女性土地持有者的比例在瘟疫发生前后明显不同。在瘟疫前的1314年和1349年女性佃户占15%，但在瘟疫后的1359年和1370年，女性佃户数目急剧下降，仅为6%和8%，到1406年，女性佃户比例攀升至22%。所以，在科尔提沙尔庄园上，

---

① Judith M. Bennett, *Women in the Medieval English Countryside*, pp. 33, 247, note 23.

② R. H. Hilton, *The English Peasantry in the Later Middle Ages*, p. 99.

平均女性佃户所占比例为 13%。① 但是，也有些学者发现了女性佃户更高的比例，在埃塞克斯的大沃尔瑟姆和海伊·伊斯特共同体内，在 1328 年，女性土地持有者占 23%。②

作为土地持有者的妇女，和其他男性佃农一样，不仅要设法经营自己的土地，而且要为领主尽义务，她们也被法庭记录要缴租，甚至有些时候她们在接受寡妇产的时候还要交纳继承税或承租税③。女性土地持有者也像其他男性佃户一样活跃于地方土地交易市场上。因为庄园法庭经常记录下人们交易土地的情况，而且许多佃户都愿意把土地交易之事记录在案，使之公开化，避免以后出现麻烦。所以，在许多庄园上，几乎在每一次法庭会议上都有许多块土地易手，每年都有不少家户改变其地产的规模或布局。因为妇女能够持有土地，所以她们也经常被记录交易了土地，但是她们交易土地的情况似乎和她们持有土地的情况一样，只占较小比例。在布里格斯托克庄园，在土地转让抽样中被研究的 779 个佃户里，女佃户占 20%（162 个）。④ 这个数字与 1319 年租税册上显示出的女佃户占 18% 的比例如此接近，基本上可以说明，女性土地持有者可能像男人一样频繁地交易其土地。可见，妇女也像其他佃户一样，活跃在土地市场上，并且为了交易土地而出入地方法庭。

但是，妇女在土地交易上的一些特点，显示出她们公共生活的局限性。在布里格斯托克庄园交易土地的妇女中，转出土地者占 60%，接受土地者为 40%，相比来看，男性的转出和接受土地比例几乎相等，为 48∶52。显然，妇女比男性更多的是转出土地，交易的结果不是妇女持有地产的规模逐渐减小，就是女佃户人数不断减少。这种情况减少了妇女作为土地持有者出现于乡村社会各个领域的机会。而且妇女在土地交易的时候，与其他人联合行事的可能性更大，40% 的女性土地交易者是在其他人

① Bruce M. S. Campbell, "Population Pressure, Inheritance and the Land Market in a Fourteenth-Century Peasant Community," in *Land*, *Kinship and Life-Cycle*, ed. Richard M. Smith (Cambridge, 1984), p. 96.

② L. R. Poos, "Population and Resources in Two Fourteenth–Century Essex Communities: Great Waltham and High Easter, 1327—1389", Diss. University of Cambridge, 1983, p. 214. Judith M. Bennett, *Women in the Medieval English Countryside*, p. 247, note 23.

③ Judith M. Bennett, *Women in the Medieval English Countryside*, p. 164.

④ Ibid., p. 34.

的陪同下进行土地的交易，而男性仅有 12% 是与他人联合交易。可见，妇女作为土地持有者，在交易土地上比男性受到更多的限制。另外，与男性不同的是，妇女更多的是与家庭内的其他成员进行土地交易，其参与家庭内财产转让的可能性是男人的一倍多（37∶17）。[1] 这使妇女的土地交易不能像男人那样带来较多家庭之外的联系。妇女在交易土地上的这些特点，很大程度上限制了她们作为土地持有者的角色，使她们不能像男性佃户那样多地参与到社会公共生活之中。

妇女所承担的各种经济角色经常把她们带到乡村社会的各个领域里。她们作为土地持有者，可能会与其他邻居一起合作耕种，也可能会雇用某些人来帮自己耕种土地，更可能和其他人一起到领主的自营地尽义务；作为食品供应商，她们可能会走街串巷或挨门挨户地出售酒、面包或奶酪等食品，也可能会开设专门的酒馆招徕顾客，更可能由于违规酿酒或烤面包而被罚款。即使是那些很少承担地产或从事某种行业的妇女，也活跃于田间、河边和街头巷尾，因为她们要耕种自家的田地，为家人洗衣服或在河水中整理亚麻以备冬天里做针线活，闲暇的时候，她们还会在门口或大街上聊天。当然，这些闲暇中的妇女也偶尔会因为打打闹闹而制造出突发案件，或因为言语相讥而造成对他人的侮辱或诽谤，从而在法庭上受到指控和处罚。

总之，尽管妇女的政治与法律权利不同于男性，但是她们也并非仅仅默默待在丈夫或父亲的身后，她们在婚前婚后都会出入各种场合，各类档案中均有她们的身影。尽管能够再现妇女公共生活的资料相对较少，但是透过其中零零散散的记录，仍能看到妇女作为普通村民、土地持有者、市场交易者以及法庭诉讼人等角色出现在各种公共场合。或许，中世纪的乡村劳动妇女不是共同体里最活跃的人群，但是也并非从公共生活中完全消失。中世纪有关妇女的各种法律规定提供给普通妇女基本的行为模式，但是与法律上刻板单一的行为标准相比，现实生活和妇女的经历要生动和灵活得多。

第三节　农村妇女公共生活的特点

中世纪英格兰农村劳动妇女，尽管与其他男性同伴处于相同的社会生

---

[1]　Judith M. Bennett, *Women in the Medieval English Countryside*, p. 34.

活之中，但是在公共权力和机会、社会公共生活参与的方式和程度上皆显示出不同的特点，其中很重要的一点是妇女在很多方面受到限制。但是对于妇女的这些处境，不同的学者曾有不同的见解，所以笔者力图对此进行尝试性的探讨。

一 妇女公共活动的特点

在中世纪英格兰的乡村里，妇女和男人既没有享有相同的权利，也没有承担相同的公共责任与公共义务。换言之，妇女被剥夺了某些政治与法律权利。在法律上处于劣势，这在很大程度上限制了她们的公共角色与机会，并影响了她们对公共社会的参与和对公共资源的分享。

首先，乡村劳动妇女在地方政治事务中受到明显限制。在中世纪，不管是在哪一农民阶层中的妇女，不管是自由人还是非自由人，都无法分享与其男性同伴相同的公共权力和机会，她们是乡村社会中的次等居民。她们既不能充任公职，也不能加入维持地方和平的组织，从而较少参与地方政治事务。在地方事务的处理上，妇女没有任何决策权，甚至在选举地方官员的时候，妇女既不能作为候选人，也不能参加选举。尽管前文提到过妇女担任品酒官的例子，但是妇女的这种任职现象被视为"越轨"（aberration）而不是"典范"（norm）。[①] 这显示出了社会对待她们的态度：妇女不能充任公职，即使没有被法律规定明确禁止，也是颇受习俗排斥的。

除了不能在行政机构中任职以外，妇女也无法在地方法律事务中发挥作用，因为她们不能做陪审员。已婚妇女在公共权力上没有任何机会，因为她们被视为丈夫的依附者，丈夫是家户成员的代理人。其他生命阶段的妇女，无论是半独立的未婚妇女，还是作为独立户主的寡妇，都不能像男人一样地参与地方政治事务。尽管中世纪的农民社会往往把家庭中的权威和代表全体家庭成员参与地方事务的权利赋予户主，但是，并非所有的户主都能得到这种机会，寡妇即使成为户主，也无法融入这个男性统治的政治体系中。尽管并非所有的男性农民都能参与到地方政治事务当中，而且这种政治参与也不一定能给自身带来好处，但是，这些机会仅仅对男性开放，所有的女性都被排斥在外。由此可见，在地方政治生活的参与上，性别是非常重要的决定因素。

---

① Judith M. Bennett, *Women in the Medieval English Countryside*, p. 5.

　　其次，妇女的公共角色与机会非常有限。除了不能在地方政治事务中发挥影响力以外，妇女在公共生活的其他领域也遇到了诸多不利。由于财产权利有限，妇女在公共生活中不像男人那样有机会承担多种社会角色。中世纪的男性农民，不仅有机会担任地方官员，而且还能以多种身份活跃在公共领域中。各地的庄园档案中，男性作为户主、土地持有者、市场交易者、诉讼人、担保人、证人或罪犯非常频繁地出现。但是，有关妇女的类似记录却十分罕见。从男女参与法庭诉讼的情况来看，在布里格斯托克、艾弗和霍顿—坎—温顿庄园上，妇女仅占所有诉讼人的35%，而且男性出现于法庭的总次数是妇女的4倍。[①] 可见，妇女很少以诉讼人的角色出现。尽管有一些妇女作为土地持有者和户主能够出现于法庭或其他公共事务中，但是她们所占的比例很小，而且对她们的提及也非常少。这说明妇女在公共领域中的角色十分有限，她们很少出席法庭或在法庭上进行诉讼，很少为他人做证人和担保人，也很少成为土地市场上的活跃分子。

　　这种情况之所以出现，既因为妇女的公共生活空间有限，也因为妇女在法律和公共行为上受到较多阻碍，从而不能独立行事或不能亲自为自己的行为负责。不管怎样，这种有限的公共角色，给妇女的社会参与带来的不利可能远远超过她们能够避免自身责任和义务所带来的好处，因为妇女在公共生活中与法律上的不利，反过来加重了她们在私人生活中的依附。男人通过各种角色在社会生活中发挥其影响力，并且受到广泛的认可；而只有少数妇女能够获得土地，或者在丧偶之后成为一家之主，或者偶尔与他人进行交易及为他人做证人等。总之，妇女能够得到被公共社会所认可的角色和机会非常有限。

　　再次，妇女的公共活动带有较多的依附性、被动性和家庭指向。尽管妇女并未完全从公共领域中退出，但是对那些出现于公共领域中的妇女来说，经常具有其他男人所很少见的依附性。在法庭诉讼中，妇女比男人更可能依赖于其他人的支持，以联合诉讼的形式进入法庭。在布里格斯托克庄园，有31%的妇女与人联合进行民事诉讼，而男人仅有15%是联合诉讼。而且妇女的公共活动呈现出较多的被动性。如前文所述，布里格斯托克的男人作为原告和被告出现于法庭的机会是一样的，但是妇女却呈现出不同的情况，她们更多是作为被告出现在法庭上（被告与原告的比例为

---

　　① Judith M. Bennett, *Women in the Medieval English Countryside*, p. 23.

62∶38）。这说明，妇女即使出现在法庭上，也主要是因为他人的指控，而相对较少地主动利用地方法庭来解决自己的事务。

而且，妇女无论是在交易土地或是为他人做证人和担保人的时候，比男人更倾向于在家庭关系范围之内。从布里格斯托克庄园法庭上得来的证据表明，妇女所做的担保多数是寡妇为她们的子女所做的担保，而且妇女在转让土地时更多的是与家庭成员进行交易。① 妇女公共活动上的这些倾向，不仅体现了她们在法庭行为上的特点，更多的是提供了她们生活实际的各种信息。法律上的依附性、行为上的被动性和家庭指向的较大限制，都在很大程度上束缚了妇女在公共领域中的活跃程度。

此外，尽管妇女不是法庭上最活跃的分子，但她们也受到共同体的密切关注。妇女与男人相比，更可能因破坏地方和平而受到十户区的关注和法庭的指控。在布里格斯托克庄园的案例中，在被指控犯罪的妇女中，被控破坏共同体和平者占82%，但受到这种指控的男人仅占61%。其他的指控则是涉及对个人的侵犯，但是妇女比男性要少得多（18∶39）。由此可见，在受到指控的人中，妇女比男人更可能是因为破坏了共同体的和平，而男人更多的是因为人身攻击或者私闯他人住宅。这些数据，一方面说明，妇女比男人更少对他人实施暴力，而且经常因为非法拾穗或非正义的大声喊捉而被指控威胁地方和平；另一方面也说明，妇女的行为和申诉经常更多地受到共同体的怀疑和不信任。妇女，尤其是老年妇女，在中世纪的乡村中经常被人以怀疑的目光看待，这种态度的显露在女巫迫害时期达到极致。

妇女在公共生活中的这些特点的形成，取决于多种多样的因素。对于乡村男性来说，他们在共同体中的地位和影响力很大程度上取决于其法律身份和财产实力，那些持有较大地产的农民往往成为村庄的头号人物，他们最经常成为地方官员或陪审员，而且具有较为广泛的社会联系网络，从而有更多的公共资源可以利用。但是，对于妇女来说，性别是影响她们社会公共地位的首要因素。因为不管是哪个阶层的农村妇女，不管她们是不是土地持有者，也不管她们是独立的户主还是依附的个体，只因为她们所属的性别，就会使她们丧失公共参与的大量机会。于是，我们看到，妇女从未被接受进入十户联保组，因为她们一般被看作是依附于父亲或丈夫的

---

① Judith M. Bennett, *Women in the Medieval English Countryside*, pp. 108，29，25，34.

人。但是，当妇女孀居时，她不仅不再依附于一个男性户主，并且自身成为了共同体认可的户主，按照逻辑推理她们具备了承担公共责任的先决条件。然而，寡妇既不能参加十户联保组，也不能担任公职。甚至寡妇的担保也是如此有限，使她们很少有机会在庄园之内建立相互支持与合作的关系网络。所以，可以说在公共权利层面，性别比个人在家户中的地位更具有决定性的影响，政治几乎是一种男人的事业。

除了性别的影响以外，个人的婚姻状态和在家户中的地位，是影响妇女公共生活的重要因素。妻子被认为应该服从于丈夫的这种观念，使那种"别让母鸡在公鸡前头打鸣"① 一类的中世纪谚语普及化。她们无论在私人领域还是公共领域都应该服从于丈夫。丈夫，通过婚姻则获得了在家户中的权威地位，他们持有土地，并且成为家庭成员的监护人和代言人。他们不仅可以控制家庭事务，而且还有机会对公共事务发挥影响力。生活在婚姻之外的妇女，能够获得比已婚的妻子更多的自主和独立，她们能够独自持有和交换土地，能够为自己多数的公共行为负责。尤其是寡妇，在很多情况下，她们的行为几乎和男人相近。但是，她们也受到来自性别的局限，她们获得的家户内的地位并不等同于丈夫曾有的权威，她们经常扮演家庭财产临时受益人的角色，而不是完全自由的佃户。妇女在公共生活中总是受到比男性更多的束缚，她们的社会参与要比男人付出更多的努力。

此外，妇女的经济活动、家庭的社会经济地位和地区习俗等因素也使妇女的经历有所不同，但是，它们似乎都难以超越性别、婚姻状态和家户内的地位等因素为两性所带来的差异。对于中世纪的男性来说，性别和婚姻带来的是个人的独立和家庭内外的权威，而法律身份、地产规模等因素极大地影响了他们在公共生活中的权威。但是，对妇女来说，尽管法律身份和财产对她们的公共生活有部分影响，但是性别、婚姻状态和家户内的地位，无论是在私人还是公共的层面似乎都是最重要的因素。

二　妇女的"公""私"领域

有关中世纪两性社会生活状况的研究，一般无法避开公共与私人的话题。尽管那些体现社会主流观念的教俗文献，似乎都宣扬一种"公共的男人"（public man）与"私人的女人"（private woman）的性别分隔，但

① ［以］苏拉密斯·萨哈：《第四等级：欧洲中世纪妇女史》，第97页。

是，从乡村档案中的情况来看，这种分隔似乎并不可行或者难以有效
维持。

诚然，妇女在公共参与上确实有区别于男性的情况：她们不能担任公
职，不能参加法庭的审判，不能拥有公共权力。她们不能参加集会，不能
像男人一样频繁地出入公共场合，也不能像男人一样作为独立个体活跃在
乡村公共生活中。这种倾向带来的一种直接后果是，男人是制定和影响地
方法律习俗的力量，他们决定共同体的事务，并且决定什么样的诉讼可以
接受，什么样的行为应该受到惩罚，以及按照什么样的习俗来继承或转让
土地；而妇女只能"使她们的生命服从于一种她们未曾直接控制的公共
规范的制度"①。尽管并非所有的男人都参与制定公共决策，但是这种机
会只属于男人。值得一提的是，中世纪的记录中很少出现妇女对于她们在
公共事务上缺少发言权而进行的抗议，也很少看到男人将妇女排斥在公共
生活之外的任何正式条文。这在很大程度上说明，两性在公共行为上的不
同境况已经是人们所习以为常的日常生活的"合理"部分。

但是，中世纪英格兰的农村劳动妇女并非只能"围着锅台转"，她们
在公共领域中的活动并未受到完全的排斥。因为中世纪农村社会中的公私
分隔不像现代社会那么明显和普遍。中世纪农民，因为集中的居住地、公
共的农业和共同的领主而互相联结在一起；他们生活在一个非常"公共"
的世界里，他们与邻居既相互依赖又相互合作，而且还在教区教堂里一起
进行宗教仪式。甚至他们的私人行为，如性关系和婚姻，也会受到共同体
相对较多的关注和控制。其必然的结果是，妇女从未真正脱离公共生活，
因为她们肩负的各种日常生活责任必然使她们与其他佃农、邻居、庄园官
吏、商人等人建立起经常性的联系。只不过这些经常性的联系不一定导致
冲突或法庭行为，所以未曾出现于庄园档案之中。正如贝内特所说，大量
寡妇"安静地管理她们的地产和家户，而从未引起法庭的注意"。② 可以
说，尽管妇女的公共活跃性低于男人，但实际上并未禁闭于私人领域中。

而且妇女在不同的生命阶段会有不同的公共独立性，未婚妇女和寡妇
能够享有较大的自主，能够以自己的名义进行公共活动和社会交往，她们
往往获得了比妻子更多的机会。尤其是寡妇，一旦成为户主，就很可能有

---

① Judith M. Bennett, *Women in the Medieval English Countryside*, p. 26.

② Ibid., p. 155.

机会握有一定数量的土地，从而在共同体的生活中扮演更广泛的角色。寡妇比妻子更多地参与公共生活，因为她们作为独立个体，要为自己的行为负责，要亲自为自己的权益而不断努力。在丈夫死后，许多寡妇要交纳继承税或继承权利金；作为土地持有者的寡妇，被要求出席庄园法庭；为了维护自己的寡妇产权利，寡妇常反复诉讼；在进行土地转让或因为财产而造成纠纷时，都会有寡妇作为当事人被记录在法庭；有时寡妇还会为其他亲人或邻居做担保人；寡妇还常因为争吵、诽谤或非法销售商品等行为而受到共同体的怀疑、指控和罚款。总之，寡妇比妻子更经常地吸引公共权力机构的注意力。在那些习惯法对寡妇产限制较多的地区，寡妇则更经常地因为非法转让土地而受到指控。寡妇自由和寡妇产的关系，在不同的地区有不同的规定。在有些地区，寡妇的再婚也会带来寡妇产权利的丧失；但在有些地区，拥有寡妇产的寡妇，常常成为领主逼迫再婚的对象。寡妇生存处境的许多方面公共性和私人性相互重叠，私人的行为和公共的权利常常纠缠在一起，很难分清哪些是私人的，哪些是公共的。在某种意义上，私人行为也是公共生活的一部分。

多数妇女在私人领域能够通过与丈夫建立起的伙伴关系，以及在家庭经济中发挥的较大作用，获得在家庭中的一定权力。即使那些被要求依附于丈夫的妻子，也未完全隐没在丈夫的身后，她们也会在法庭上诉讼，也会因为酿酒或其他过失而受到法庭的指控和惩罚。而那些成为户主的寡妇则享有对家庭其他依附者的权威，为他们的行为负责，甚至有机会控制他们的地产。也有一些妇女能够以特殊的方式对地方事务发生影响。前文所说的女性农民起义领袖，罗姆斯勒的已婚妇女艾格尼丝·萨德勒，和1442年佩因斯韦克（Painswick）的那些为获得终生享有亡夫地产与自由择偶权而反对领主的寡妇们[①]，正是这样的一些例证，她们站在了与地方领主斗争的前线，为了维护共同体所有人的利益而作出了贡献。

但是，尽管妇女并非完全紧闭于私人领域，在公共生活中也带有性别所致的某些局限性。这些局限表现在两性在政治、法律、经济和社交的不同经历上，但实际上是植根于社会对已婚妇女的规范。所以，确切地说，中世纪的乡村存在性别隔离的倾向，但是它主要发生在已婚男女之间。"公共的丈夫"（public husband）和"私人的妻子"（private wife）的这种

---

① R. H. Hilton, *The English Peasantry in the Later Middle Ages*, pp. 109—110.

分隔，或许早已在中世纪的农民家庭中确立，它们比"公共的男人"和"私人的女人"更适合来描述性别的差异。因为在中世纪，并非所有的男人都是公共的，也并非所有的妇女都是私人的。寡妇与许多成年已婚男性一样享有较多的自主和法律权利，而已婚妇女像其他一些处于依附地位的男人和处于社会底层的男人一样，都是公共领域里相对不活跃的分子。两性在公共生活中的差异性很大程度上是性别与其他因素结合的结果。

第四章

农村妇女的婚姻与家庭

在中世纪的英格兰农村，步入婚姻是多数妇女的必然选择。婚姻对青年人来说具有多重意义：一方面，结婚向人们宣告了两个青年人的真正成年，他们的经济活动、社会交往和法律身份等都将随之发生改变；另一方面，结婚使青年人成为一个新家庭的一家之主或家庭主妇，从此他们的生活不再是围绕着父母这个中心轴活动，而是自身形成新的生活核心。此外，婚姻还意味着常规性生活的开始和新生命的孕育。总之，婚姻使人们获得了新的独立、自由和空间，但也意味着更多的责任和压力。

婚姻对多数农村劳动妇女来说是重要的人生阶段，婚姻的缔结及婚姻生活是其生活的重要内容。但是，婚姻并非完全是个人的私事，在很大程度上受到公共领域的各种力量的影响，比如基督教教义对婚龄、婚礼和夫妻关系的种种规范，宗教法庭对各种违规行为的惩罚，世俗领主对婚姻权利的左右，以及村规民约等对婚姻缔结和夫妻权利的根深蒂固的影响，等等。除此以外，社会身份和生活环境对农民的婚姻具有关键的影响，使农村妇女的婚姻具有不同于其他阶级妇女的显著特点。

一结婚，妇女就开始了新的生活，她们像其母亲那样，不但要在田间地头和屋里屋外忙碌，还要伺候自己的丈夫，要生儿育女，生活的责任对她们来说有增无减。忙于生计的农民形象，以及个人层面资料的微乎其微，往往使人们忽略了对其情感世界的考察。但是，中世纪社会有关婚姻的理想与农民生活的现实有没有差距？步入婚姻生活的农村妇女，与一个男人所建立的婚姻和性的关系是"伙伴式"的模式，还是"支配式"的统治关系呢？他们是否可以结成一种亲密友善且互相满足的"伙伴"关系？农民家庭中的夫妻关系如何，他们能否白头到老呢？这些问题，使我们不得不进一步走入农民的私人生活，探察其情感世界的种种迹象。

为了考察农村劳动妇女的婚姻缔结和婚姻生活情况，本章不但考察了农村妇女的婚龄、择偶、结婚的程序和婚制等方面的状况，还对农村劳动妇女进入婚姻之后的情况进行了探讨，包括她们与丈夫的关系及其婚姻寿命等问题。而且本章不仅关注到了影响妇女婚姻和家庭生活的各种力量，而且侧重分析了各种规范和理想与农村妇女生活之间的差距。此外，本章对一些有争议的学术问题也进行了评析并提出了自己的观点。

第一节　中世纪英国的婚姻习俗

　　中世纪的婚姻在很大程度上是一件公共事务，因为它带有较多的"公共"色彩，处于多种公共力量交织的网络之下：基督教教义和教规的影响、世俗权利的争夺与家庭利益的保护，等等。这些因素使得婚姻不是个人的私事，而是关乎家庭利益、领主权利、乡村共同体习惯、宗教信仰、伦理道德，甚至社会和平的公事。

一　婚姻习俗的教俗因素

1. 宗教因素

　　在中世纪，基督教教会对世俗婚姻的影响非常深远。教会有关婚姻的理论和法律对婚姻习俗的形成起着主导作用，并且教会通过对婚姻事务的司法权来保证人们对基督教婚姻规范的遵守。随着教会对世俗婚姻的态度和规范的变化，缔结婚姻的习俗也不断发生变化。

　　在中世纪早期，尽管教会的影响很大，但是婚姻在很大程度上仍然只是世俗的行为，教会没有任何特殊的联姻形式，只是从 4 世纪开始要求在大多数情况下婚姻要有教士的祝福。[①] 尽管中世纪早期的多数西欧人已经皈依基督教，并且对基督教的婚姻伦理有所了解，但是其婚姻习俗主要处于日耳曼法的支配之下。直到 8 世纪末，西欧社会的基督教化基本完成，基督教的婚姻伦理开始向日耳曼婚俗进行强烈的冲击与渗透，同时教会日渐掌握了世俗婚姻的司法权，推动了教会婚姻观念在世俗领域的实施。

　　教会的努力基本获得了成功，从 9 世纪开始，日耳曼婚俗逐渐让位于

　　① ［德］汉斯－维尔纳·格茨：《欧洲中世纪生活》，王亚平译，东方出版社2002 年版，第35—36 页。

基督教婚俗，教会法庭成为婚姻纠纷的主要仲裁者。此后，教会逐渐为世俗婚姻设立了固定的宗教仪式，许多教会首领也开始把婚姻看作是一种圣礼，一种像浸洗礼一样体现上帝恩典的仪式。到 12 世纪，教会最终把世俗婚姻定为圣事，婚礼由牧师主持，在教堂举行婚礼前进行的诏告，以及由牧师为新娘戴上戒指等习俗逐渐普及。自此以后，基督教对世俗婚姻进行规范的各种原则在中世纪社会中广泛确立，并在其后的无数个世纪里产生了深远的影响。

首先，教会从一开始就坚持婚姻当事人双方同意原则（the consensual theory of marriage）。教会认为，上帝造人时，没有强迫每个人都必须进入婚姻状态，所有的人都有权利保留或放弃生育后代的权利。因此，教会宣布只有配偶双方的同意才是结婚的基础。在基督教教化之后，合法有效的婚姻必须有配偶双方的同意。基督教神学家和法学家在这一点上达成了共识。婚姻的配偶双方同意原则也成为基督教婚姻法的一个基本精神。《格拉提安教令集》中规定，双方的同意是婚姻的首要条件，而且这种同意必须是出于自由和非强制的，这是根本所在，"一个女孩从未表明自己的同意，就不得以她父亲的承诺而要求她结婚"。为了保证这种同意的真实性，该法令还规定了双方必须达到婚姻自主的承诺年龄，至少要到 7 岁，"没有达到 7 岁不能订立婚约。因为只有双方同意才能订婚，而订婚必须在双方理解自己行为的情况下才能举行"。① 教会所坚持要求的这种婚姻同意原则，把择偶的最终决定权留给个人，有力地抵制了日耳曼习俗中父母主宰儿女婚姻的做法，也极大地排除了封建领主或者国王的控制。这对于世俗人的婚姻关系和婚姻生活具有积极的影响。

其次，基督教会确立了一夫一妻制，宣布婚姻不可解体，并禁止离婚；同时，为了保护一夫一妻制的有效运行，教会禁止婚配之外任何形式的性关系，如私通或婚前性行为等，并把它们都视为非法的、应判通奸罪的行为。此外，不但教会的各种法规直接惩罚违规者，而且教会还推动世俗统治者依照其思路制定了一系列维护婚姻制度的政策，从而保证了基督教婚姻原则的贯彻。

再次，基督教会要求把婚礼当作圣事，要求所有基督徒的婚姻都需要

---

① Case31, estion II；Case30, estion II. 转引自刘文明《上帝与女性：传统基督教文化视野中的西方女性》，第 210 页。

有牧师的祝福，没有牧师祝福的婚姻视为无效。而且教会还要求缔结婚姻时必须有公开的婚礼。自中世纪早期开始，教会就已经把公开婚礼与牧师祝福视为双方同意之外的两个必备条件。为此，教会禁止没有公开仪式的秘密婚礼，并宣布这类婚姻无效。1215 年的拉特兰宗教会议上，公开婚礼的要求被再次强调。会议规定，婚姻当事人要在婚礼之前一段时间，公布他们的结婚意愿，以便让亲友、邻居们知晓此事，如果他们对这一婚姻有异议，也有时间提出来。同时婚礼也要公开举行。不遵守这一法规者，将受到教会的处罚，将来所生的孩子也会被宣布为非婚生子女。通过对牧师祝福和公开婚礼的强调，教会获得了认可一桩婚姻的合法有效的最高权威。教会所提倡的公开婚礼使婚姻得到公众的证明与认可，在一定程度上可以防止和减少秘密婚姻与重婚现象，在中世纪的乡村社会里这一点显得尤为重要。

最后，教会对婚姻禁忌也一直有严格的规定。7 世纪初，教皇格列高利一世明确提出了基督徒在三代或四代之内不能通婚。在教皇格列高利三世时，通婚禁忌变得更加严格，从四代之内的禁婚扩大到七代之内。除了血缘关系亲属以外，对于姻亲关系和教亲关系也有具体的禁婚规定。由于这些严格的禁忌难以有效实施，在 1215 年的第四次拉特兰宗教会议上，教会再次规定四代之内不能通婚的原则。此后，这一规定在多次宗教会议被重申，而且也被世俗的法律所采用，使四代之内禁婚的做法成为中世纪基督教社会中通行的通婚原则。

除了上述普遍通行的原则以外，各地主教对地方婚姻的具体要求和做法也存在差异，比如在 11 世纪末 12 世纪初，夏尔特尔主教伊沃（Ivo of Chartres）又加入了公开发誓、婚姻聘礼和陪嫁、交换结婚戒指等条件。秘密婚姻和没有牧师在场祝福的婚姻都被视为无效。《格拉提安教令集》中则规定，基督徒的婚姻必须具有六个条件：双方同意、达到婚姻自主的承诺年龄、与非异教徒或非犹太人结婚、未发誓独身禁欲、婚礼公开举行、不在七代之内婚配。[①] 尽管具体做法上有些许差别，但是基督教的基本婚姻原则在各地基本得到贯彻。

教会不仅通过关于婚姻的理论来对世俗婚姻施加影响，而且还制定了一套日趋细致和完备的法规来管理婚姻事务，即教会婚姻法。在对婚姻的

---

① 刘文明：《上帝与女性：传统基督教文化视野中的西方女性》，第 209 页。

规范方面，教会取得了超越世俗政权的权力，在9世纪时已经对世俗婚姻具有较大的仲裁权，至10世纪，主教法庭开始成为受理离婚案件的正式法庭。其后，随着基督教的婚姻伦理和法律对婚姻的规范得到广泛认同，教会对世俗婚姻的司法权得到完全确立。基督教的婚姻理想大大改变了西欧各地的婚姻习俗，它从最初仅被人们稍有了解变为广泛接受，实现了较大的跨越。基督教婚姻理想与现实婚姻生活之间的距离不再像中世纪早期那么大，这种变化同教会权力的扩大和教会文化的繁荣是一致的。

2. 世俗力量

除了宗教力量的影响之外，世俗婚姻还受到来自家庭、领主和国王等多方力量的干预。中世纪早期，英格兰的世俗婚姻主要处于日耳曼法的支配之下，大多数婚姻是由父母做主，所以婚姻通常是符合父母的意愿而不一定是结婚当事人的，尤其不是新娘的意愿。基督教的当事人同意原则尚未被完全接受。在中世纪中期，随着教会对婚姻事务的渗透和干预，教会法律规定的双方同意原则得到广泛认可和接受时，新郎和新娘的同意受到了比以前更多的重视，"这时才是在新郎和新娘之间结成的婚姻"①。尽管如此，父母和其他长辈在后代的婚事上仍旧发挥着较大的影响力，他们决定后代结婚与否、何时结婚以及其结婚对象。甚至可以说，大多数中世纪的婚姻还是由父母来促成的。

世俗婚姻还可能会受到来自领主的干预。作为领主附庸的农奴，在私人婚姻事务上有时会受到领主的干预。因为对他们来说，在一定程度上，"领主就是秩序，就是强权，就是政府"②，他们则是奴仆和臣民。理论上农奴的一切皆属于领主，不能自由支配，婚姻当然也包括在内。正如13世纪80年代伯顿的修道院院长所说，维兰除了他们的肚子以外一无所有。③因此，领主对农奴几乎拥有无限的支配权，他们可以强迫18岁以上男子及14岁以上女子结婚，可以替他们选择配偶，寡妇或鳏夫再婚也不例外。总之，领主有权支配或干预农奴的婚姻，尽管各个领主的具体做法会有所不同。农奴结婚应该首先获得领主的许可，为此领主就有权向其

---

① Michael M. Sheehan, "Choice of Marriage Partners in the Middle Ages: Development and Mode of Application of a Theory of Marriage", *in Medieval and Renaissance History*, new series, 1 (1978), pp. 3—33.

② [德] 汉斯-维尔纳·格茨：《欧洲中世纪生活》，第130页。

③ R. H. Hilton, *The English Peasantry in the Later Middle Ages*, p. 237.

索要一定的罚金，即"婚姻捐"（merchet）。这种婚姻捐，最初是农奴阶层的女儿出嫁到外庄园时才交纳的一种税，但是后来它的范围扩大了，不管是在外庄园结婚还是在本庄园结婚，不管是女儿出嫁还是儿子娶妻，都要付税。[①] 它是农奴身份的一个重要标志。在同一庄园，婚姻捐的数额一般是固定的，从法庭案卷来看，很少超过几先令。但有时婚姻捐需要农奴和领主临时协商来决定其数额。1319 年伯顿的修道院院长从一个寡妇那里得到了 3 先令 4 便士，允许她嫁给一个自由人。但他在 1368 年为同样的事向另一个寡妇索要了 13 先令 4 便士。[②] 另外，领主还可能扮演家长的角色来强迫农奴结婚，尤其是对寡妇的再婚，而不顾其个人的意愿。法庭上经常出现领主直接插手干预农奴婚姻的案例。此外，有些地区的记录中显示领主对其附庸的新娘享有"初夜权"。在 11 世纪下半叶的苏格兰曾有废除这一习俗的法令，显示出它的确存在过。但在英格兰似乎没有明确的记载。领主对婚姻的干预，是农民带有农奴身份的标志之一。出于对婚姻捐这一人身依附标记和婚姻不自由的反感，农奴常在继承地产时一并买下婚姻自主权，有的人一次性交纳一笔现金赎买领主的普遍许可（general license），从此可以自主选择配偶。在拉姆塞修道院 1398—1458 年的档案中，21% 的人通过交纳一笔钱获得了这种普遍许可，从此婚事不再受到来自领主的任何干预。[③]

尽管领主对其农奴有非常大的影响，但是他们的管辖范围有限，国家的统治者在婚姻的规范上扮演了重要的角色。世俗当局通过王室法庭和一系列的法令来规范婚姻事务。中世纪早期，世俗统治者对婚姻的规范基本上沿袭日耳曼的做法，但在 8 世纪下半叶开始，教会的婚姻伦理对王室法律的影响加大，对于婚姻的立法变得日益严格，开始禁止随意离婚，并努力推行一夫一妻制。在 10 世纪以后，教会逐渐确立了对世俗婚姻的司法权，但是世俗当局也不断颁布法令来规范人们的行为。不过，在中世纪中后期，教俗两方面的力量在婚姻问题上的对立似乎只是在司法权力的分割上，因为二者在对待世俗婚姻的态度上日趋接近。换句话说，世俗君主

---

① ［英］贝内特：《英国庄园生活：1150—1400 年农民生活状况研究》，第 213 页。

② R. H. Hilton, *The English Peasantry in the Later Middle Ages*, p. 234.

③ Judith Bennett, "Medieval Peasant Marriage: an Examination of Marriage License Fines in the Liber Gersumarum", in J. A. Raftis, ed., *Pathways to Medieval Peasants*, Toronto, 1981, pp. 200—215.

的法令越来越多地接受基督教的婚姻伦理，这也有助于基督教的婚姻理想逐步地实现。

　　尽管教会法庭是处理世俗婚姻事务的合法机构，但也有一些诉讼日渐进入世俗法庭来处理。从 12 世纪开始，英格兰有关土地的女继承人和私生子的继承权等关涉婚姻的事务都转入世俗法庭来判决。不过，教会的司法权并未受到根本的侵害，因为决定婚姻是否合法以及判决离婚的权利都仍旧保留在教会法庭的权限内。不过，世俗的法官有时并非完全依照教会法来处理婚姻问题。在一些地方，世俗的法律对那些未经家庭同意而结婚的男女进行惩罚，以防止其他青年人效仿。因为男女的自愿结合常常带来婚生子女的合法性、遗产继承、寡妇产权利等方面的争端，所以，世俗统治者也积极敦促教会宣布私自缔结婚姻无效。世俗机构的这种做法和态度与教会的婚姻双方同意原则显然有冲突，但却反映出世俗和教会两方不同的关注点。

　　总体来看，教会和世俗对婚姻有着不同的影响力，教会所倡导的婚姻习俗极大地改变了以前婚姻为家庭私事的做法，婚礼成为公开的圣礼，而婚姻被视为一夫一妻制下的、不可分离的两性结合体。世俗的君主、领主和家长仍然对婚姻起着重要的作用，但是这些世俗的力量与教会的冲突日趋减少，在对婚姻的规范上达成了基本的共识。

　　婚姻习俗除了受到基督教和世俗权威的规范外，还受到地理区域、地方经济和风俗习惯等方面的影响。其中一种惯例就是新居制，即传统观念认为，意欲结婚的男女应该在婚前获得经济上的独立，这样他们一结婚就应自立门户，不再依赖其父母。这种新居制，很大程度上是对地方经济形态的一种反映。于是，在这种习俗比较盛行的地方，大量青年人长期在其他家户里做仆人或工人，从而积攒结婚的费用或习得一门能够谋生的手艺，当然也有一部分人在家中劳动，等到父母退休或逝世后得到一部分家庭财产。这样一来，青年人为了获得足够的结婚和独立生活的资本，经常会晚婚，而且有些人根本不结婚。人口学家估计，15—18 世纪这段时间，西北欧人口中 10%—15% 的人根本不结婚，在有些地方这个数字高达 25%。[①] 此外，婚姻习俗受到地理位置和地方经济等因素的影响。在英格

---

　　① ［美］梅里·E. 维斯纳 - 汉克斯：《历史中的性别》，何开松译，东方出版社 2003 年版，第 48 页。

兰北部，家长的权威比其他地区维持的时间似乎更长，这使青年人的婚姻较多地受到家族利益的影响。地方经济给婚姻习俗带来波动性的变化，经济的发展给青年人带来机遇的同时，地方的初婚年龄往往会提前；而在经济不景气的时节，人们往往需要更长的时间来积攒结婚的费用。当然，经济对婚姻习俗的改变具有不确定性，有时经济快速发展的时期给青年带来少有的就业机遇，他们为此也可能延迟结婚时间。

二　初婚年龄

总体来看，中世纪人们的结婚年龄很难确定。因为教会的规定和实际状况并不一致。而中世纪人们对于年龄相对淡漠，庄园记录中很少出现年龄，也没有教区登记、人口普查等。尽管庄园书吏经常记录下购买婚姻许可（marriage license）或交纳"婚姻捐"的情况，但是他们从不关注新郎新娘的年龄，而且他们也不能记录所有的婚姻，而仅能记录下来那些在婚姻事务上需要得到领主许可的人的简要情况。所以，中世纪的研究者一般仅能对结婚年龄和结婚率等问题进行尝试性的估算。

如前文所述，教会拥有处理世俗婚姻的司法权。在中世纪中后期，教会的婚姻法具有普遍的法律效力，因此，为了了解中世纪英格兰乡村妇女的初婚年龄，应该先从教会的规定中寻找线索。因为教会非常重视婚姻的双方同意原则，所以，为了保证缔结婚约的双方是自愿结合，教会规定女子订婚的最低年龄为 7 岁，而正式结婚的最低年龄为 12 岁（男子为 14 岁）。那些违反这一规定的婚姻可以根据当事人的意愿解除，即如果一个女孩在未满 12 岁时便已结婚，就可以在 12 岁之前解除婚姻。理论上，这种规定给了女孩婚姻自主的权利，但是 12 岁的女孩一般难以在终身大事上做出自己的决定，通常还是按照父母的意愿行事。而且教会本身对此也并不特别坚持，反而认为如果一桩婚姻能够带来两家的和平，就可以在法律许可的年龄之前举行，这一原则使教会关于最低结婚年龄的规定成为空话。大量地方档案资料显示，人们并未严格遵从教会关于婚龄的规定。不过，因为有教会的明确规定以及流传下来的一些早婚案例的误导，许多学者曾对中世纪人们的婚龄做出较低的估计。

随着研究的深入，围绕中世纪英国人婚龄问题产生了大量讨论。哈杰纳尔最早提出了"欧洲婚姻模式"的概念，并认为中世纪英国的婚姻不符合这种模式，因为英国各社会阶层的婚姻呈现出早婚率较高的现象，甚至包括儿童婚姻。[①] 但是，随着对现有资料分析的深入、新资料的发现以及新的分析方法的出现，哈杰纳尔的观点受到较大挑战。史密斯重新研究了 1377 年和 1381 年的人头税资料以及大量庄园记录，得出的结论认为自 14 世纪 70 年代以来英国社会多数阶层的婚姻特征符合哈杰纳尔的"欧洲婚姻模式"。[②] 其后许多对地方共同体的详细研究也支持了这种观点，在林肯郡斯波尔丁（Spalding）修道院庄园、基布沃斯—哈考特庄园、诺福克的科尔提沙尔、埃塞克斯中部和北部的教区庄园、约克和约克郡以及考文垂等地区，人们的婚姻总带有"欧洲婚姻模式"的部分或全部特点，即晚婚、伙伴式关系婚姻，或是有大量的人不结婚。[③] 从这些研究来看，中世纪中后期的平均婚龄大约在 26 岁左右（女子为 22—26 岁，男子为 25—27 岁）。

但是，也有学者提出了与哈杰纳尔相似的观点。拉兹对 13—15 世纪伍斯特郡的海尔索温庄园进行了家庭重构研究，发现平均婚龄在黑死病前是二十一二岁，在黑死病后下降到十八九岁，并且结婚率较

---

① 哈杰纳尔所定义的"欧洲婚姻模式"包括三个基本特征，即初婚年龄较晚（典型的情况是男子 26 岁以后，女子 23 岁以后）、新娘与新郎年龄差距不大，从而形成伙伴关系婚姻，以及相对较大比例的人从不结婚（10%）。J. Hajnal, "European Marriage Patterns in Perspective," in *Population in History: Essays in Historical Demography*, ed. D. V. Glass and D. E. C. Eversley (Chicago, 1965), pp. 101—143.

② Richard M. Smith, "Some Reflections on the Evidence for the Origins of the "European Marriage Pattern" in England," in C. Harris (ed.) *The Sociology of the Family: New Directions for Britain*, Keele, 1979, pp. 74—112. 戈德堡对有关此问题的争论进行了有意义的概括，详见 P. J. P. Goldberg, *Women, Work, and Life-Cycle in a Medieval Economy: Women in York and Yorkshire, c. 1300—1520*, Oxford, 1992, pp. 204—215。

③ H. E. Hallam, "Age at First Marriage and Age at Death in the Lincolnshire Fenland, 1252—1478," *Population Studies*, 39 (1985), pp. 55—69; C. Howell, *Land Family and Inheritance in Transition: Kibworth Harcourt, 1280—1700*, Cambridge, 1983, pp. 222—225; B. Campell, "Population Pressure, Inheritance and the Land Market in a Fourteenth – Century Peasant Community", in R. M. Smith (ed.), *Land, Kinship and Life-Cycle* (Cambridge, 1984), pp. 128—129. L. R. Poos, *A Rural Society after the Black Death: Essex, 1350—1525*, pp. 129, 141; P. J. P. Goldberg, *Women, Work, and Life-Cycle in a Medieval Economy: Women in York and Yorkshire, c. 1300—1520*, Oxford, 1992, p. 232; C. Phythian-Adams, *Desolation of a City: Coventry and the Urban Crisis of the Later Middle Ages*, Cambridge, 1979, p. 84.

高。这样，他就把海尔索温共同体的情况推向了"非欧洲婚姻模式"之上。[①] 拉兹的结论是按照这样的一种方法获得的，即可以把从一个男人第一次持有土地到他的孩子交纳婚姻捐之间的这段时间，作为估计其孩子婚龄的基础。例如，拉兹认为，如果约翰·阿特·里奇1307年第一次从其父亲那里得到土地，而他女儿艾丽丝的婚姻捐交纳于此时间的18年后，那么艾丽丝的婚龄为18—21岁。可是，这种估算方法很容易受到孩子的高死亡率和先后顺序等因素的影响，带有不确定性。持相反观点的学者，如戈德堡，对于拉兹进行推理的那些关键假定，即继承、婚姻和生育子女之间的关联，进行了质疑和批评。在戈德堡看来，不仅这一假定不能成立，而且拉兹所用的资料也有问题，因为法庭记录很少涉及那些地产很少或没有地产的人们，因此拉兹所计算出的数字不能运用于所有庄园居民身上。[②] 尽管如此，也有一些学者提供了与拉兹的研究相似的情况。哈娜沃尔特对萨福克人头税的研究结果与海尔索温非常接近，即较高比例的人口结婚，而且婚龄比较低。贝内特对布里斯托格的研究也显示出与此类似的情况，在黑死病前青年人并没有晚婚的趋势，一般在成年不久就进入婚姻。[③]

此外，存在于精英阶层中的婚姻模式也与"欧洲婚姻模式"相去甚远。研究表明，在乡绅和贵族阶层中，女孩在12岁之前结婚的例子不胜枚举。[④] 这类婚姻中的新娘有时甚至尚是幼童。因为教会并不禁止两个家族以和平的名义缔结儿童婚姻，所以这些早婚不难为自己找到合适的理由。但到了中世纪末期，精英阶层的早婚现象也日益少见。在城市和农村的精英阶层中，女孩的初婚年龄平均在17—24岁，而男性继承人大约在

---

① Zvi Razi, *Life, Marriage and Dearth in the Medieval Parish*: *Economy, Society, and Demography in Halesowen, 1270—1400*, Cambridge, 1980, pp. 60—68, 131—137.

② P. J. P. Goldberg, *Women, Work, and Life – Cycle in a Medieval Economy*: *Women in York and Yorkshire, c. 1300—1520*, Oxford, 1992, pp. 204—211.

③ Barbara A. Hanawalt, *The Ties That Bound*, p. 96; Judith M. Bennett, *Women in the Medieval English Countryside*, pp. 71—73.

④ J. Ward, ed., *Women of the English Nobility and Gentry, 1066—1500*, Manchester, 1995, pp. 21—22; K. Dockray, "Why Did Fifteenth-Century English Gentry Marry?: The Pastons, Plumptons and Stonors Reconsidered", in M. Jones (ed.), *Gentry and Lesser Nobility in Late Medieval Europe*, Gloucester, 1986, pp. 65—66; A. S. Haskell, "The Paston Women on Marriage in Fifteenth-Century England", *Viator*, 4 (1973), p. 466.

21 岁时结婚，其他幼子在 21—26 岁之间结婚。[①]

　　学术界对中世纪的婚龄问题至今难以达成一致观点，但是学术上的争论却使对这一问题的研究逐步深入，从而能够揭示出各地区及各阶层之间存在的差异。在某种意义上，历史并不一定能够有统一的标准，而更可能是多样性的存在。不过，婚龄上的一些趋势为多数学者所接受。

　　首先，早婚并非普遍现象。尽管有罗密欧和朱丽叶这样显示出早婚倾向的例子，但是道德家对于年幼者的婚姻进行了谴责，并警告说年幼无知时期进入婚姻的人，容易随着年龄的增长而讨厌对方，终致婚姻和家庭的不稳定。此外，英国的人头税从未向 14 岁以下的人征收，因为他们被视为尚未完全成年的人。从法庭审判强奸罪的一些记录来看，法官尤其谴责强奸十多岁女孩的罪犯。大量的证据表明，中世纪英国的社会观念里，15 岁左右的人并未完全成年，他们尚不能承担成年人的各种责任，包括婚姻。不过，这种观念的影响在社会中下层比其他精英阶层中要有效得多。在农民阶层，多数青年女孩在二十多岁才进入婚姻，当然也有一些地区的人在十八九岁就开始谈婚论嫁。

　　其次，各阶层的婚姻状况不同，社会中下层比上层更可能存在晚婚现象。造成晚婚的因素很多，比如继承的机会、经济机会和职业以及父母对子女婚姻的态度和控制力度等，都在一定程度上影响青年人步入婚姻的年龄。在乡村社会里，青年人的婚姻不仅取决于个人的意愿，也经常依赖于父母对其婚姻的期望和态度。此外，经济力量和职业对婚龄也有非常明显的影响，有土地的人比进入工商业领域的人一般结婚要早；那些仅靠工资劳动谋生者一般结婚较晚或干脆不结婚，他们频繁流动以寻找工作，经济状况非常不稳定。尽管"没有土地，就没有婚姻"是英国的一句俗语，但是中世纪的青年人并非像以前所简单想象的那样，等待在父亲去世或退休之后，才能建立自己的婚姻家庭。而更可能的情况是，家长经常为子女提供小块土地或者房宅，也有大量年轻人自己积攒下自身结婚的费用，

---

　　① Lawrence Stone: *The Family, Sex and Marriage in England, 1500—1800*, Penguin Books, 1984, pp. 43—48; Du Boulay, *An Age of Ambition: English Society in the Later Middle Ages*, London, 1970, p. 100; Josiah Cox Russell, *British Medieval Population*, Albuquerque, 1948, pp. 156—158; P. J. P. Goldberg, *Women, Work, and Life-Cycle in a Medieval Economy: Women in York and Yorkshire, c. 1300—1520*, Oxford, 1992, pp. 223—224.

从而能够建立新的家庭。总之，中世纪青年人的初婚年龄因时因地而不同，而且即使在同一时空条件下，不同阶层和不同经济状况的人们步入婚姻的年龄也不同。

再次，两性的婚龄一般不同，多数新郎比新娘大几岁。在教会为两性定制的最低结婚年龄上男性比妇女晚两年；对人头税和地方法庭记录等资料的分析也表明，新郎一般比新娘大三四岁。当然，也不排除大量青年人是与年龄相近的配偶结了婚。

此外，婚龄对于步入婚姻的两性青年人都具有重要的意义。在某种意义上，婚龄显示着父母对子女择偶上的控制程度。结婚越早，结婚的青年男女在婚姻对象的选择上具有的发言权越少。因为一般随着年龄的增长，青年男女在心理和物质上的独立性增强。他们对父母的依赖会减少，而且更可能对抗父母对其个人事务的干预，并能拒绝强加给他们的配偶。同时，婚龄往往对婚后的夫妻关系有一定影响。两性婚龄相近且都相对较晚结婚时，往往能够自主选择合适的配偶，这有利于婚后夫妻关系的融洽。在中世纪晚期，越来越多的年轻人在十几岁时就到城市里打工，远离父母和家人，这使得他们在婚姻问题上有了较大的自主权，可以不经父母同意而结婚，尽管并非完全自行决定。下层男女一般在二十五六岁时结婚，他们通常选择年龄相近的伴侣。

三　伴侣的选择

到了青年时代的最后阶段，多数妇女，不管贫穷还是富有，都要迎来其一生中最为重要的人生转折（rite de passage）[①]，即结婚。那么，她们的结婚对象如何选择呢？是她们自己做出决定还是接受他们父母或领主的命令呢？教会所反复重申的结婚当事人的同意原则能否实施呢？立场不同的人们对适龄结婚者的伴侣选择的关注，使它必然成为中世纪婚姻实践中的一个重要内容。

尽管教会主张配偶双方的自由同意是一桩婚事的基础，但青年人选择配偶的自由度较为有限。对于新娘来说，选择的机会尤其受到限制。只是到了后来，教会法律才逐渐规定要征得新娘的同意，这样才是在新郎和新

---

① Barbara A. Hanawalt, *The Ties That Bound*, p. 197

娘之间结成的婚姻。① 即便如此，由父母促成的婚姻仍占大多数。进入谈婚论嫁阶段的妇女，多数仍然与其出身家庭密切联系在一起，所以她们的婚姻必然牵涉到家庭其他成员的利益。因而，一旦涉及数目可观的财产，那么她的婚姻就必然成为一件非常严肃的事情，多数家长不会轻易让女儿卷入青年时代的谈情说爱之中，而寻找一桩对家庭和女儿都有利的婚姻成为他们认真考虑的大事。

在农民阶层，女孩的婚事也常成为家庭经济和社会策略的重要组成部分，所以农民家长需要进行整体的综合考虑。父母既要为继承人做好安排，又要尽力为那些没有继承权的子女提供适当的财产。为了通过子女的婚姻使家庭资产得到最大化地利用或增加，细致的婚姻安排是十分必要的。而许多青年也常常在婚姻选择上信任且依赖于家庭的安排，因为他们同样希望通过婚姻来确立自己的光明前景，选择什么样的伴侣与婚后过上什么样的生活同样重要。面对爱情和土地或动产，人们往往会做出比较现实的选择，因为当时的社会环境中生存的压力常常压倒一切。青年人的选择与家庭的安排策略相符的程度，从教会法庭的案例中可以找到证据。家庭的强迫很少成为法庭上申请离婚者所提出的理由。对伊利主教区法庭的一项研究发现，1374—1384 年的 84 个离婚案例中，仅有 3 个人声称他们是被迫进入婚姻的。在坎特伯雷和约克，情况也是如此。一个女孩抱怨道，她的父亲曾说：如果她不同意嫁给他所选择的那个青年人，他就会掐断她的脖子。另一个女孩被威胁说：如果她不同意一桩指定的婚姻，就会被严加管束，并被投入池塘。有时，确实有威胁性暴力的证据。一个妇女抱怨其家人带着棍棒到婚约仪式上，但是其家人坚持说他们只是借助它们来越过赶往这一仪式的路上的壕沟。总体上，法庭不会据此而宣布婚姻无效，反而继续支持婚姻的有效性。②

在中上农民阶层，青年人的婚姻多数要经过仔细的选择和安排。农民家庭在婚姻的运作当中所采用的策略，显示出一些农村妇女的择偶处境：

---

① Michael M. Sheehan, "Choice of Marriage Partners in the Middle Ages: Development and Mode of Application of a Theory of Marriage", *Studies in Medieval and renaissance History*, new series, 1 (1978), pp. 3—33.

② Michael Sheehan, "The Formation and Stability of Marriage in Fourteenth – Century England: Evidence of an Ely Register", *Medieval Studies 33* (1971), p. 262; Richard Helmholz, *Marriage Litigation in Medieval England*, Cambridge, 1974, pp. 90—94.

如果她是中等以上农户土地的继承人，或者她的家长给她相当多的土地或动产作为嫁妆，或者她是拥有地产的寡妇，那么她在婚姻市场上将比较受欢迎，常成为一些精打细算的新郎父亲的首选。一个典型例证来自一个半维尔盖特农海伊·伊斯特庄园的阿尔温对其5个儿子的安排策略：除了安排一个儿子继承他的地产以外，他设法使两个儿子娶了继承半维尔盖特土地的女继承人；使另一个儿子与持有半维尔盖特土地寡妇产的寡妇结婚，他还为第五个儿子购买土地从而找到较好的婚姻对象。而女孩的父亲也愿意尽力为她们做出合适的婚姻作安排，常常准备可观的嫁妆以寻找到对女儿今后生活有利的结婚对象。在贝克郡，理查德·杨（持有38英亩在公共地里的地产，还有其他几块地）为他的一个女儿费利西娅，准备了9马克的一大笔嫁妆，将其嫁到了庄园之外。女继承人的父亲更有理由仔细挑选女婿，因为未来的女婿将接管家庭地产，或许还要在他们老年时照顾他们。甚至较穷的家庭（仅持有几英亩土地）也尽可能为其孩子缔结最好的婚姻做安排。如果父母去世，男继承人有责任为其兄弟姐妹安排婚姻。[1]

领主也常插手维兰农民的婚姻事务，除了索要婚姻捐，还可能干预寡妇的配偶选择。领主所关心的不是这些寡妇的生活，而是她们所持有的土地能否被充分利用以及能否保证土地附带的义务。所以，领主通常很担心寡妇的配偶选择给自己带来不利影响，更不希望她们嫁到庄园之外，导致财产流失。于是，庄园法庭记录中常有某个单身汉被要求娶某个寡妇的命令。在哈利斯庄园档案上，就有修道院院长一再强制农奴成婚的记载。1274年的一次法庭记录写道："关于汝斯利·约翰和尼古拉斯·休厄尔与另二位寡妇成婚问题，要在下一次开庭中做出决定。"三周后的法庭上，尼古拉斯·休厄尔再次被要求对关于和某寡妇成婚的问题要在下星期日当着大总管的面做出决定。其后对他的要求不再出现，其结果不得而知。1279年的托马斯·鲁宾逊被要求娶寡妇阿加莎为妻，他宁可交罚金以拒绝婚事。第二年他凑够了罚金，才了结此事，从此获得了择偶的自由。[2] 不过，领主更可能

---

① Eleanor Searle, "Seigneurial Control over Women's Marriages: The Antecedents and Function of Merchet in England", *Past and Present 82* (1979), pp. 32—37; Zvi Razi, *Life, Marriage and Dearth in the Medieval Parish*, pp. 51—56.

② 侯建新：《现代化第一基石》，天津社会科学院出版社1991年版，第110页。

在没有指定婚姻对象的情况下催促一些单身汉或寡妇结婚。此外，农民的婚姻还可能引起邻居们的关注，一旦所缔结的婚姻对共同体中的和平与秩序不利，则会受到敌视或嘲讽。共同体的这种对付违反了共同体行为准则的人的做法，在 17 世纪末被称为"大声喧哗"（rough music）。①

尽管农民在择偶问题上经常面临各种力量的干预，而且家庭安排的婚姻是当时比较典型的择偶方式，但并非所有的青年人都有为他们安排的婚姻，因此，不能完全排除个人在择偶上的自由。中世纪的道德家不断地反对择偶上的自由，并反复提示这些自由带来的不良后果，这从反面揭示出有相当多的青年人自主选择配偶的情况的确存在。一些农村妇女进入婚姻是由于婚前的性行为，所以她们的丈夫常是自己选择的；那些来自贫穷家庭的女孩，她们没有什么财产值得家长们进行细致的协商和安排，因此可以比较自由地选择伴侣，对方也常常是来自同等阶层的男人；另外，一些家庭中的次子和女儿，也不是家庭经济策略的一部分，从而比他们作为继承人的兄弟有更大的择偶独立性。但是，不可避免的是，他们可能在婚后需要面对更多的生活艰辛。当土地严重短缺的年月来临，婚姻中的家庭干预常随之减弱，因为那时越来越多的家庭没有多少土地和动产值得去讨价还价了。

此外，结婚对象的选择还受到其他因素的影响。首先，教会对婚姻对象之间的血缘关系进行了细致的规定，四代以内亲属关系的人不能通婚，因为有共同的四世祖的人被认为是同宗。其次，密切关系也是婚姻选择的一项障碍，男人不能娶前妻的姐妹；反之亦然。甚至婚外的性关系也被认为确立了一种导致禁婚的亲密关系。如果一个妇女的未婚夫与自己的一位女性亲属有了性关系，婚姻就不能结成。而且宗教意义上的亲属关系也是择偶的一项限制。如果一个妇女在洗礼仪式上做了某个孩子的教母，她就不能嫁给该孩子的父亲。但是，尽管教会设想人们能知道他们的家庭系谱，并避免与那些同宗或有密切关系的人结婚，现实情况却常常令教会的规范与理想落空或一塌糊涂，或者成为一些人违反婚约时才想起来的，并以此作为摆脱婚姻的借口。

---

① ［英］爱德华·汤普森：《共有的习惯》，沈汉、王加丰译，上海人民出版社 2002 年版，第 514—597 页。

在中世纪晚期，随着经济的发展和越来越多的农奴获得自由，农民阶层的流动性增强，这在很大程度上改变了他们的私人生活。获得自由的农民摆脱了一切农奴义务，从此不必在婚姻大事上受到来自领主的干预，从而开始更多地服从于法律的规范。对那些出门在外的青年来说，不仅配偶选择的范围扩大，而且自主性和独立性也增加了，因为家长对子女婚姻已经是鞭长莫及了。即使在那些尚存在农奴义务的地区，个人在婚姻事务上的自主性也明显可见。在拉姆塞修道院 1398—1458 年的婚姻记录中，记载了 426 份婚姻捐的交纳情况。其中 33% 是由新娘父亲交纳的婚姻捐，另外 33% 则是新娘自己交纳的，新郎交纳的占 26%，其他的 8% 是由新娘的母亲等人交纳的。[①] 这显示出 1/3 的新娘在婚前拥有一定的经济能力，也表明她们在自己的婚姻安排上有较高的独立性。而且在这些为自己交纳婚姻捐的女孩中，多数是为自己购买了普遍的婚姻许可（54%），是父亲为女儿购买普遍许可的两倍左右。这也体现出女孩对自由择偶的渴望。

如果说上层社会中的婚姻常常是提高社会地位、参与政治事务和扩大政治联盟的工具的话，那么下层社会的婚姻可能是比较自主的结婚当事人的结合。尽管这种婚姻也要通过一系列的双方家庭利益的谈判，并且还可能成为领主利益的牺牲品而被迫结成，但是多数情况下，农民阶层的婚姻带给当事人的长久利益比其他人要多得多。

四　订婚与婚礼

经过了婚姻对象的选择之后，就进入了最后两个重要的程序，即订婚和婚礼。它们不仅仅是一种短暂的仪式，而且还伴随着一些重要的内容，比如，订婚之前双方的协商与约定，订婚之后的婚姻公告和教堂婚礼及祝福婚床等，这些对妇女来说都是很重要的时刻。

订婚是中世纪农民阶层中较为普遍的做法，它在世俗观念中通常是结婚的前提，但是教会并没有把它当作婚姻缔结的必备条件。不过，教会把订婚看作是有效的契约，禁止那种订婚后毁约又与别

---

① Judith Bennett, "Medieval Peasant Marriage: An Examination of Marriage License Fines in the Liber Gersumarum," in *Pathways to Medieval Peasants*, ed. J. A. Raftis (Toronto, 1981), pp. 200—215.

人结婚的行为。而且教会规定女孩最低的订婚年龄是 7 岁，以防止那些过早强加给她们婚姻的事情发生。订婚包括了从双方家长商谈、订立婚约及举行订婚仪式等内容。订婚基本上是家庭之间的私事，教会很少插手其中，只是对所缔结的婚约进行保护。但是，领主需要在这一过程中得到一份"婚姻捐"。

在物色合适的婚姻对象的过程中，双方家长要不断进行商讨，以便在婚姻契约上达成一致。这种契约常常包括从订婚之前到婚礼之后的具体细节，所以，双方都要提前考虑很多应该做的或可能会发生的事情。有时候，为了确保对方履行约定，针对一些关键条目还会专门定出保证金，相当于对此协议的违约金。也有一些人为了提前预订下一门好的亲事，就向对方交纳定金。一般情况下，协议被破坏时，这笔钱应该返还，但是也有一些人能够在法庭上成功扣留这份定金。一位叫艾格尼丝·史密斯的妇女，是非常令人向往的一个婚姻对象，所以约翰·托尔给了她24先令以预留下她本人，将来嫁给他。他声称她曾同意如果婚姻有障碍就返还这笔钱。但是，当他与她的一位女性亲属有了性关系的事情泄露后，她拒绝返还这笔钱，且婚姻也没有得到许可。[①]

在商定婚事的过程中，双方比较关注的是财产安排问题，一方面是女方带来的嫁妆的多少，另一方面是新郎将来为妻子守寡提供的财产准备情况。因为这些财产既与双方的家庭利益密切相关，也与新郎新娘今后的生活条件有关联，所以家长都会在此事上锱铢必较。而且一旦婚约中的许诺没有兑现，人们也将对簿公堂。13 世纪，一位叫理查德·曼德的人，因为没有为妹妹阿维斯提供包括一处价值40先令的住房、一件套裙、一头母牛的嫁妆，而被告上了法庭。[②]

除了双方商定的财产问题以外，处于领主管辖之下的农奴还需要向领主交纳婚姻捐。对于婚姻捐，学术界也颇有争议，一些学者认为它是对结婚者征收的一种税，另一些学者则认为它是一种对婚姻过程中让渡的财产

---

① Barbara A. Hanawalt, *The Ties That Bound*, p. 199.

② Bonnie S. Anderson & Judith P. Zinsser, eds., *A History of Their Own: Women in Europe from Prehistory to the Present*, Volume I, Harper & Row, 1988, p. 122.

和土地所征收的税。① 不管这种税的起源是什么，它毕竟是农奴身份和领主权力的一种标志。不过，并不是农奴阶层的每一个女孩结婚都要交纳婚姻捐，那些穷得难以维生的阶层没有什么可以交纳的，而较为富有的阶层交纳婚姻捐的数目较大，而且其交纳婚姻捐的案例中多数明确提到了让渡土地的数量。这样来看，婚姻捐征收的基础可能既包括婚姻也包括土地让渡。婚姻捐的数量不是一定的，从 3 便士到 4 先令不等，但它无疑是家庭的一种负担，因为此时家庭正为了嫁妆而分割财产。② 为了自由择偶和避免婚前交纳婚姻捐的麻烦，许多人很早就向领主交纳罚金，从而赎买了自己结婚上的自由。到 15 世纪，随着越来越多的农奴解放，婚姻捐如其他捐税劳役一样，逐渐消失了。

在中世纪早期，婚姻往往被视为男女双方两个家族的私事，婚礼的举行也完全是世俗性质的，由双方亲友参加就可以了。婚礼的一般程序是，新娘的父亲牵着女儿的手，然后将新娘的手转交到新郎的手中。通过这种简单的仪式，新娘的父亲就把对她的监护权转让了出去，由另一个男人来承担保护和供养她的责任。③ 婚礼上还要公布男方给予新娘的礼物，即寡妇产。

在教会的大力倡导和影响下，这种观念在 11 世纪以后发生了变化，婚礼开始在教堂门口举行，牧师成了婚礼的主持者和证婚者，几乎婚礼的每一道程序都被赋予了宗教色彩。自此，婚礼成了教会的圣礼。1076 年

---

① 有的学者认为婚姻捐是对结婚的人所征收的税，见 Jean Schammell, "Freedom and Marriage in Medieval England", *Economic History Review*, 2nd ser. 27 (1974), pp. 523—537, "Wife – Rents and Merchet", *Economic History Review*, 2nd ser. 29 (1976), pp. 487—490；有的学者则持相反的观点，认为婚姻捐是领主对婚姻中让渡的土地和财产所征收的税，见 Eleanor Searle, "Freedom and Marriage in Medieval England：An Alternative Hypothesis", *Economic History Review*, 2nd ser. 29 (1976), pp. 482—486; "Seigneurial control of Women's marriage：the antecedents and function of merchet in England," *Past and Present*, 82 (1979), pp. 3—43, and "A Rejoinder", *Past and Present* 99 (1983), pp. 149—160；另外也有学者主张婚姻捐是对富裕农民婚姻的征税，见 Paul A. Brand & Paul R. Hyams, "Debate：Seigneurial Control of Women's Marriage", *Past and Present* 99 (1983), pp. 133—148。

② 在有些地方，婚姻捐数目很小，所以不构成婚姻的障碍，但是也有学者发现较高婚姻捐的例子，比如在英格兰中西部等地。R. H. Hilton, *The English Peasantry in the Later Middle Ages*, Oxford, 1975, p. 58；Barbara A. Hanawalt, *The Ties That Bound*, pp. 201—202。

③ Bonnie S. Anderson & Judith P. Zinsser, eds., *A History of Their Own：Women in Europe from Prehistory to the Present*, Volume I, Harper & Row, 1988, p. 121.

英国的一次宗教会议规定，婚姻必须获得牧师的祝福，没有祝福的婚姻为无效婚姻。当教会拥有了婚姻的司法权以后，也就具有了法律的约束力。12 世纪起，由牧师祝福的婚礼成为普遍认同的形式。

不过，教会本身在对待婚姻问题上非常矛盾。尽管教会非常警惕婚姻圣事可能会因为不正规的结婚仪式、配偶双方有血缘关系或者其他结婚障碍而受到损害，但有关婚姻的教义实际上非常模棱两可。一方面，牧师们强烈要求其教区居民以常规的形式公开举行婚礼。打算结婚的人被要求取得其领主和家人的同意，并要通过婚礼前的公告来保证没有任何婚姻障碍。这样，理想的婚礼不仅仅包括新郎新娘的自由同意，而且还需要通过宗教仪式和公共庆祝以获得神圣性及公众的认可。另一方面，牧师还承认那些不经过其他人的同意和参与而举行了秘密婚礼的婚姻，尽管他们并不赞成秘密婚姻，而且偶尔还会惩罚那些犯下此类罪过的夫妻，但是他们仍然把这些婚姻视为上帝批准的不可分离的结合。这样一来，人们的实践行为就必然会产生大量的偏离。即使那些最虔诚的教区居民也会在结婚时面临两种选择，其一是受称赞的并且被要求的方式，其二是不受赞成的但也有效的方式。于是教会法庭上出现一些没有按照教会所希望的方式而结婚的夫妇，然而这些案例仅仅是那些确实发生了的秘密婚姻中的一部分，大量私自结婚的夫妻并未引起官方的注意。不过，仅仅从这些案例就能看出中世纪的农民对教会婚姻圣礼规定的漠视程度。中世纪农民可能知道教会有关正式婚礼的教义，但是他们从未完全赞同那种基督教的理想。①

那些符合教会婚礼模式的婚事，需要在婚礼举行前公之于众。这种责任通常落在教区牧师身上，他要在婚前的间隔时间内在教堂宣读或张贴结婚公告，反对这桩婚姻的任何人都可以发表意见，提出质疑或反对理由。许多婚姻是在这一阶段中被取消的，如果结婚当事人被发现有教会所禁止的血缘关系，或者当事人一方曾与另一方的某位亲属（有时教父教母方面的亲属也被考虑进来）有过性行为，或者有与他人的婚约，甚或已经结婚，诸如此类的反对理由都可以使即将缔结的婚姻终止。结婚公告和在

---

① Richard Helmholz, *Marriage Litigation in Medieval England*, pp. 25—111; Michael M. Sheehan, "The Formation and Stability of Marriage in Fourteenth-Century England: Evidence of an Ely Register," *Medieval Studies* 33 (1971), pp. 228—263, and "Choice of Marriage Partners in the Middle Ages: Development and Mode of Application of a Theory of Marriage," *Studies in Medieval and Renaissance History*, new series, 1 (1978), pp. 3—33.

教堂门口举行仪式的好处是婚姻能为公众所注意，从而抑制某些滥用秘密婚姻的情况，比如重婚。^① 在中世纪，基督教教会对婚礼之前要有三周的结婚公告这一要求从未放弃。

如果没有人在结婚公告之后的时间内提出反对意见，婚礼就会如期举行。新郎新娘及其亲友们来到教堂门口，新娘站在新郎的左手边，因为在教会看来女人是用亚当身上左边的肋骨制成的。在教区牧师的主持下开始举行婚礼：

首先，牧师向众人宣布婚礼开始，并征询对此婚姻的意见："我以圣父、圣子和圣灵的名义向你们询问，如果你们中的任何人知道这两个人不能结成合法婚姻的任何理由，就请现在说出来吧！"牧师对新郎新娘也有同类的询问，包括他们之间秘密地做过什么或发过什么誓言，或者知道他们之间有任何的联系。一旦有婚姻的障碍被提出来，婚礼将被推迟甚或被取消。如果没有任何婚姻障碍，婚礼即可继续举行。

其后，牧师向新郎问道："某某，你愿意娶这位女子为妻，不论在健康还是生病时，你都爱她、尊敬她、照顾她、保护她，像一个丈夫应该对待妻子那样，以她作为你唯一的妻子而生活在一起吗？"新郎回答"我愿意。"然后，牧师会问新娘："某某，你愿意以这位男子为夫，不论在健康还是生病时，你都服从他、服侍他、爱他、尊敬他和照顾他，像一个妻子应该对待丈夫那样，以他作为你唯一的丈夫而生活在一起吗？"新娘也回答"我愿意。"

然后，新娘的父亲或朋友把她交给新郎，新郎新娘互执右手，以上帝和自己的名义分别在牧师面前发誓。新郎先向新娘发誓，跟着牧师念道："从今以后，我——某某，接受你——某某，为我的妻子，不论好坏、贫富，生病还是健康，只有死亡才会把我们分开，让圣洁的教会作证，我在此郑重发誓。"随后，新娘也跟着牧师向新郎发誓："从今以后，我——某某，接受你——某某，为我的丈夫，不论好坏、贫富，生病还是健康，都会温柔顺从，无论是在床上还是在家庭生活中（in bed and at board），只有死亡才会把我们分开，让圣洁的教会作证，我在此郑重发誓。"

①　Michael Sheehan, "The Formation and Stability of Marriage in Fourteenth-Century England: Evidence of an Ely Register", *Medieval Studies* 33（1971）, pp. 228—237. Richard Helmholz, *Marriage Litigation in Medieval England*, pp. 25—73.

宣誓后，牧师对结婚戒指进行祝福，并向其撒上圣水，然后把它交给新郎。新郎用左手拉起新娘的右手，让戒指依次从新娘的拇指、食指、中指上经过，最后停留在无名指上。牧师此时进行祝福。随后，双方互赠的礼物也将在教堂门口公布，包括新娘带来的嫁妆和新郎为新娘准备的寡妇产，以得到公开的证明。然后，人们进入教堂，新郎新娘跪在祭坛前，接受牧师和众人的祈祷。祈祷完毕，教堂内的婚礼仪式全部结束。在婚礼当天晚上，新人当着众亲友的面躺到床上，牧师开始祝福婚床，并向他们洒圣水，保护他们不受魔鬼的侵袭。①

这是在英国中世纪非常典型的教堂婚礼的过程。从中可以看到：婚礼上家庭的参与退居非常次要的位置，而牧师承担了主要的婚礼主持人和证婚人的角色。而且婚礼的每一个步骤都伴随着宗教色彩的语言或仪式，使婚姻变得庄严和神圣。不过，婚礼上牧师所做出的询问，以及新郎新娘随着牧师所宣读的誓言，反映出两性在婚姻关系中的不同处境。新娘总比新郎承担更多的婚姻义务，她必须"服从他、服侍他"，必须"温柔顺从"，而且誓言中还明确提到了妇女的性义务，即"在床上"的温柔顺从。不管这种誓言在现实生活中发挥多大作用，但是毕竟在对两性如此重要的仪式上，妇女的服从被如此重视，可以看出教会对两性关系的基本观点。

严格按照这种基督教仪式举行的婚礼往往是很公开的，有众多亲友和证人在场，使得这种结合成为具有法律和神圣性的世俗行为。但是，并非所有的中世纪农村妇女都是经过这样的仪式进入婚姻的，其他的婚礼形式也广泛存在。希恩对 14 世纪晚期伊利教区的档案进行研究发现，下层阶级的婚姻模式上缺乏一定的严格性，既有住在一起但不想结婚的男女，也有只在证人面前互相许诺而未经过正式婚礼仪式的秘密婚姻。② 不过，秘密婚姻并不仅限于最贫困的人群。在约克，一对来自富有家庭的青年人相爱两年，并在男方的家中当着几位证人的面秘密订婚。尽管后来这一婚姻产生了纠纷而出现在 1422 年的法庭记录中，③ 但它表明，各阶层都有此类私自结婚的现象存在。

---

① Emilie Amt, *Women's Lives in Medieval Europe: A Sourcebook*, Routledge, 1993, pp. 84—89.

② Michael Sheehan, "The Formation and Stability of Marriage in Fourteenth-Century England: Evidence of an Ely Register", *Medieval Studies* 33 (1971), pp. 228—263.

③ Richard Helmholz, *Marriage Litigation in Medieval England*, p. 32.

秘密婚姻的存在，使大量的婚姻成为世俗的行为。赫姆霍尔兹就认为，秘密婚姻是古代婚姻传统的延续的一种表现。① 在对待秘密婚姻的问题上，教会表现得比较宽容。一方面，这些婚姻尽管不符合婚姻圣事的原则，但是它具备了婚姻的基础，即双方自由同意，所以，不管它以什么形式缔结，都是有效的。教会不能对此类行为进行禁止，当然对此也不赞成。另一方面，教会的态度也可能源于这样一种神学观点，即新人相互赋予了神圣的婚姻，从这一角度来说，教会回归到了古代社会的观念——婚姻是一种私人事务。②

从现有的记录来看，中世纪大量的农村夫妇并不采用教堂的结婚仪式，而是进行双方同意的私人或者秘密的婚姻仪式。这些秘密婚姻的缔结，也经常按照一定的仪式，并有许多证人在场。亚历山大·赖特与琼·威兹比奇的女儿伊莎贝尔的例子，提供了这种秘密婚礼的基本情况。这对夫妻没有经过牧师的祝福而私自结婚，所以被带到教区法庭，他们讲述了自己婚礼的情况：当时，亚历山大先询问伊莎贝尔是否愿意做他的妻子，她给予了肯定的回答。其后，他发誓娶她为妻，二人将双手握在一起。他赠给她一块头巾和一个小柜子（其他的一些秘密结婚的人还提到新郎给新娘戴上一枚戒指）。在场的证人们为这一婚姻契约和把夫妻结合在一起的这种婚礼做证。③ 这种婚姻尽管违背了婚姻圣事的原则，而且经常成为重婚罪的根源，但按照教会法是有效的。

秘密婚姻使青年人违背家长的意愿而结婚成为可能，对中世纪的农民来说这种机会是非常多的，尤其是贫困阶层的农民。因为婚姻如果不涉及复杂的财产安排，那么父母也往往不能将自己的意愿强加给子女。诚然，私自结婚给农村妇女带来一定的婚姻自由，但是也会引起各种的纠纷与问题。在1374—1382年伊利教区的教会法庭档案中记载的101起婚姻诉讼中，有89起涉及此类婚姻。仅在那些被宣布为无效的婚姻中，就有66%是由于重婚。④ 有时，被指控犯重婚罪的男女的第一次和第二次婚姻都是私自结婚（通常没有证人），因此很

① Richard Helmholz, *Marriage Litigation in Medieval England*, p. 31.

② ［以］苏拉密斯·萨哈：《第四等级：欧洲中世纪妇女史》，第91页。

③ Barbara A. Hanawalt, *The Ties That Bound*, p. 203.

④ ［以］苏拉密斯·萨哈：《第四等级：欧洲中世纪妇女史》，第91页。

难判定哪次婚姻有效。一般卷入婚姻诉讼的双方总是拿出相应的证据，通常是女方想证明婚姻的合法性，而再次结婚的男人竭力否认她的指控。正如玛格丽特·斯蒂丝泰德所遭遇的情况那样：她与约翰·鲍威尔在法庭上就他们的婚约进行了争辩。约翰声称，他曾许诺如果他的家人同意，就娶玛格丽特，其后他们有了性关系。玛格丽特则坚持他曾许诺结婚并且他们已有性关系，但是她拒绝承认他曾说过任何关于结婚协议的条件。[①] 尽管不知这个案子最终结果如何，但是透过它可以看出，秘密婚姻带来自由的同时，也有相当多的负面结果，使那些秘密结婚的妇女无法保障自己的婚姻，一旦被丈夫抛弃或者丈夫被证实是重婚，她们就会陷入多方面的困境之中，甚至其婚生子女也可能因为婚姻的不合法而变成私生子。

当然，妇女也能够利用秘密婚姻的做法为自己寻找合适的婚姻对象。因为双方同意的婚姻即为有效婚姻，青年人很容易在没有父母同意的情况下缔结婚姻协议；甚至一些私自订婚或者已婚的妇女，也可能隐瞒婚史再次嫁人。在上述的例子中，有6个指控婚姻不符合婚姻法的诉讼，其中两个是男人提出的。他们指控即将在教堂举行婚礼的妇女已经同他们私自结婚，如果她们在教堂同别人结为夫妻，就犯了重婚罪。一个案例中，男人控告妇女，结果这个妇女及其丈夫和父亲都被开除了教籍。[②] 由此可见，尽管妇女可能比男人更经常遭受抛弃的苦果，但是她们有时也和男人一样对私自缔结的婚姻不负责任，甚至犯下重婚罪。

因为秘密婚姻和私自订立婚约的仪式仅在少数证人面前举行，或者干脆没有证人，而且没有牧师的公告与调查，所以，秘密缔结的婚姻很难保证符合教会的各项婚姻法规。或者结婚当事人之间有血缘关系，或者其中一方有婚约在身，或者所缔结的婚姻有其他障碍，但是，这些在秘密结婚之前很难查证。一旦隐情被揭露出来，现有的婚姻就面临危机。正是由于这些原因，秘密婚姻常成为婚姻诉讼、重婚

---

① Michael Sheehan, "The Formation and Stability of Marriage in Fourteenth - Century England: Evidence of an Ely Register", *Medieval Studies* 33 (1971), p. 248.

② ［以］苏拉密斯·萨哈：《第四等级：欧洲中世纪妇女史》，第92页。

罪、抛弃、私通、同宗结婚的主要根源,[①] 并且也带来婚生子女的合法性、遗产继承和寡妇产权利等方面的争端。所以,无论是教会法庭还是世俗法庭,都对秘密婚姻持不赞成的态度。世俗政权甚至还积极敦促教会宣布私自结婚无效,[②] 因为它不仅引起关于家庭和继承的一系列问题,而且使子女在婚姻问题上有可能违背家长的意愿,从而给家庭和社会的秩序带来危害。尽管秘密婚姻可能存在各种潜在的危险,而且教俗当局都不赞成青年人在不经父母同意或不举行公开仪式的情况下结婚,但私自的婚约和秘密婚礼仍在中世纪的多数乡村里十分盛行,特别是在那些比较穷困的阶层中。

不论秘密婚姻如何普遍存在,教堂婚礼在中世纪中后期居于主导地位,并对其后的世纪产生了深远的影响。在某种意义上,中世纪早期的婚礼上,新娘的父亲扮演重要的角色,婚姻与其说是结婚当事人宣誓结合的仪式,还不如说是妇女在两个男人之间的转交仪式和她向新的家长宣誓服从的礼仪。但在基督教所要求的教堂婚礼上,牧师的介入,减少了婚礼的世俗色彩和家长的作用,形式上给了妇女与男性平等的身份。但是,牧师引领下的宣誓,依然吸收了世俗婚姻仪式上妇女服从的观点,妻子应该比丈夫承担更多的义务,即服从的义务,其中还明确提到了妇女在性行为上的义务。不管这种宣誓对现实生活有多大的影响,它很可能是主流意识形态对妇女的态度的一种体现。

五　通婚原则与婚制

中世纪乡村妇女并非遵循单一的通婚模式,她们既可能主要在共同体内寻找配偶,也可能建立跨越庄园和村庄的外部通婚模式;她们既在同等阶层中联姻,也与其他阶层建立姻亲关系。对现有资料的分析,可以看出农民阶层通婚上的多样性。

中世纪农民的通婚受到教会有关婚姻禁忌的规范,维兰还受到领

---

① Richard Helmholz, *Marriage Litigation in Medieval England*, pp. 25—111; Michael M. Sheehan, "The Formation and Stability of Marriage in Fourteenth - Century England: Evidence of an Ely Register," *Medieval Studies* 33 (1971), pp. 228—263, and "Choice of Marriage Partners in the Middle Ages: Development and Mode of Application of a Theory of Marriage," *Studies in Medieval and Renaissance History*, new series, 1 (1978), pp. 3—33.

② [以] 苏拉密斯·萨哈:《第四等级:欧洲中世纪妇女史》,第91页。

主权的束缚。婚姻禁忌是中世纪基督教婚姻伦理中的重要内容,不但包括血缘禁忌、姻亲禁忌,还包括宗教亲属间的禁忌。早在 601 年,教皇格列高利一世明确提出了基督徒在三代或四代之内不能通婚,男人不能与继母或兄弟的妻子结婚的规定。教皇格列高利三世时,通婚禁忌从四代扩大到七代,这几乎把可认知的亲属都包括在内了,因为按照日耳曼人的习俗,其亲属关系往往算到七代为止。这样的规定就十分严格了。姻亲方面的禁忌也很严格,男人不能娶前妻的姐妹;甚至与姻亲关系相似的性关系,也被看作通婚的禁忌。约召开于 753 年的维布里宗教会议(council of Verberie)规定,如果一个男子同一个女子有过性关系,那么,这个男子的兄弟便不能再娶该女子为妻,如果结婚了,就应该离异,并作 7 年的忏悔苦修来弥补,然后才能与别的女子结婚。反之亦然,如果一个男人与未婚妻的某个女性亲属有了性关系,该男子与未婚妻的婚姻就不能结成。洗礼仪式上形成的宗教亲属也构成禁婚关系,所以男人不能娶其孩子的教母。这种严格的规定,教会坚持了好几个世纪,直到 1215 年的第四次拉特兰宗教会议,通婚禁忌才有所松动。教会当局把规定改回到了四代之内不能通婚。[①]此后,多次宗教会议都重申了这一规定,世俗法律也采用这一观点,四代之内禁婚的法则在中世纪基督教社会中最终确立下来。

从教会禁婚法令的实施情况来看,农民阶层似乎普遍遵循内部通婚的模式。尽管教会规定了婚姻配偶选择的血缘关系层级,但是内部通婚经常使这种规定无法真正实施。1215 年以前,教会法对七代之内禁婚的规定,几乎从未真正得以实施。教皇英诺森三世[②]意识到了这个问题:"因为他们除非忍受极大的痛苦,否则现在他们无法遵守这些禁令。"这促使他在拉特兰宗教会议上把这种禁令放宽到了仅在四代以内禁婚,但强调必须保证该禁令的神圣不可亵渎。[③]但是,生活于较为分散的庄园之中的农民,如果为了避免近亲结婚而寻找庄园或村庄之外的配偶也会面临许多困难,甚至还要向领主支付高额罚金;而且农民自身对于较远的亲戚关系并不那么清楚,所以经常会有意无

---

① 刘文明:《上帝与女性:传统基督教文化视野中的西方女性》,第 213—214 页;Barbara A. Hanawalt, *The Ties That Bound*, p. 80。

② 教皇英诺森三世,1198—1236 年在位。

③ G. G. Coulton, *The Medieval Village*, Cambridge, 1925, Appendix, p. 16.

意地触犯教会的禁令。这些因素使得教会法令很难被中世纪农民所严格遵守。现代学者对于农民阶层的通婚做法对教会法令的违逆非常惊讶。库尔顿博士写道："即使在英诺森放宽了法令的时候，通常一个村子里也至少有一半的农奴与他们的新郎或新娘拥有同一个四世祖。"① 他的这种说法，在一定程度上显示了乡村共同体内部通婚的普遍性和近亲结婚的可能性。的确，对于大多数地区的农民来说，严格遵守四代之内不通婚的禁令是不可能的，因为当时并没有家谱，姓也时常变更。② 正如哈纳沃尔特所说，尽管教会精心制定了禁婚的法律，但"农民没有实行一种较为精心的识别血缘关系的制度"。③ 这样的情况下，多数人可能并不清楚自己是否违反了教会的禁令。

实际上，中世纪的农民没有对近亲结婚表现出特别的偏好，反而很可能力所能及地避开具有明显亲属关系的人。因为在出现于教会法庭上的离婚诉讼案例中，因同宗关系而受到指控者仅占少数。而且那些申请离婚的人往往不能确切知道与配偶之间存在亲属关系的联结，也很少能找到证人来证明或让法庭满意地相信他们与其配偶有亲属关系，从而判定离婚。很显然，教区居民能够比较成功地避免与特别亲近的人联姻，只是他们通常对较远的亲戚关系并不清楚。④ 如果多数人的婚姻是共同体内众所周知的近亲通婚，那么想要离婚的人就会很容易找到离婚的理由，从而使离婚变得相对简单。但是，中世纪的离婚则恰恰相反，既不容易获得，也很少是因为近亲结婚。诚然，较高程度的内部通婚容易导致近亲结婚，但是二者并非同一范畴。

而且无论内部通婚如何普遍，它并不是农民唯一的通婚模式。那种认为中世纪的农民交往范围有限，从而造成一般是村庄或庄园之内的通婚模式的传统观点已经得到部分地修正。研究发现，庄园或村庄之外的通婚也占较高的比例。从对拉姆塞修道院（Liber Gersumarum）庄园的租税登记册的分析来看，在知道新郎的名字和居住地的 194 个案例中，41% 的新郎是村外的人。在教会法庭的案例中，列出了有争议的婚姻中当事人双方的

---

① G. G. Coulton, *The Medieval Village*, Cambridge, 1925, p. 472.

② ［以］苏拉密斯·萨哈：《第四等级：欧洲中世纪妇女史》，第 246 页。

③ Barbara A. Hanawalt, *The Ties That Bound*, p. 80.

④ Richard Helmholz, *Marriage Litigation in Medieval England*, pp. 77—87.

名字，显示出可能有多达 2/3 的婚姻来自同一村庄。① 由此推算，其他 1/3的人是与村庄之外的人结婚。希恩对 14 世纪伊利教区登记册的分析，显示出相似的倾向，即有大约 1/3 的婚姻中，新郎新娘来自不同的村庄。② 由此可见，相当多的乡村妇女会在共同体之外寻找伴侣。

除了跨越地理空间的通婚以外，农民的婚姻还经常跨越阶层的障碍。一般的观点认为，中世纪的人重视门当户对的婚姻，所以青年妇女通常选择或被安排与同等阶层的人结婚。梅特举了一个典型的例子来说明约曼阶层与农夫或商人阶层通婚的情况：一位叫理查德·伯顿的约曼农民有三个女儿，她们分别嫁给了约曼农威廉·布拉邦、绸布商威廉·米德莫尔和农夫理查德·昂德唐。③ 尽管如此，不同社会经济地位的人们之间的婚姻也并不少见。贝内特发现，在中世纪的乡村中，没有一套严格的通婚标准。她对瘟疫前两个庄园的婚姻情况进行分析发现，在布里格斯托克庄园的 23 桩婚姻中，有 14 桩（61%）是门当户对的婚姻。在艾弗的 21 桩婚姻中，有 13 桩（62%）是在社会阶层内部的婚姻。④ 这样，两个共同体里，超过 1/3 的婚姻中，新郎新娘来自社会经济地位有较大悬殊的不同阶层。

不同法律地位之间的男女通婚也大量存在。1398—1458 年拉姆塞修道院庄园的租税登记册中的婚姻捐的支付情况显示，在那些能够明确新郎身份和地点的婚姻中，同一个村庄之中的两个维兰结合相对较多（37%），与自由人的结合占 16%。⑤ 尽管这些数字没有包括那些购买了普遍婚姻许可（21%）和嫁到村庄之外（26%）的人，但从中可以看出，

---

①   Judith Bennett, "Medieval Peasant Marriage: An Examination of Marriage License Fines in the Liber Gersumarum", in *Pathways to Medieval Peasants*, ed. J. A. Raftis (Toronto, 1981), p. 200. 与外村人的结婚比例可能更高，因为在那些被许可与自由人结婚的群体内可能还包含与外来人的联姻。

②   Michael Sheehan, "The Formation and Stability of Marriage in Fourteenth-Century England: Evidence of an Ely Register", *Medieval Studies* 33 (1971), p. 251.

③   Mavis E. Mate, *Daughters, Wives and Widows after the Black Death: Women in Sussex. 1350—1535*, The Boydell Press, 1998, p.182.

④   Judith M. Bennett, *Women in the Medieval English Countryside*, pp. 97, 266, note 64.

⑤   Judith Bennett, "Medieval Peasant Marriage: An Examination of Marriage License Fines in the Liber Gersumarum", in *Pathways to Medieval Peasants*, ed. J. A. Raftis (Toronto, 1981), pp. 200—215.

不同法律身份之间的婚姻在那些明确提到配偶身份的婚姻中占30%。

值得一提的是，那些自己交纳了婚姻捐的妇女似乎与跨地区、跨法律地位的通婚做法有一定的联系。在前文所引的拉姆塞的例子中，在那些嫁给同村农奴的妇女中，40%是由其父亲支付婚姻捐，而仅有22%是妇女自己支付的；在嫁给自由人的妇女中，15%是父亲支付了婚姻捐，而28%是妇女自己支付的；而在那些交钱以获得婚姻的普遍许可权的妇女中，28%是父亲支付，54%是妇女自己支付的。因为总体上父亲和女儿交纳婚姻捐的比例相同，所以这一组数据非常具有可比性，从中可以看出：女孩自己支付婚姻捐与由其父亲支付时相比，更可能是从领主那里获得自由结婚的权利，而且更可能是嫁给自由人，并且较少是在村内通婚。可见，这些妇女不那么依赖家庭为其选择婚姻对象，或者甚至不用家庭的钱来支付婚姻捐，而经常是用她们独立赚来的工资来交纳。她们比其他妇女更可能享有较多的婚姻主动权：不仅包括脱离家庭之外的独立，还包括脱离村庄之外的独立，以及更可能在家外的雇佣劳动过程中结交自由人。

总之，中世纪的农民在通婚上呈现出多样性的趋势：多数人可能是在共同体之内或同一社会阶层之内寻找结婚对象，但是也有相当多的人跨越地理、社会经济地位和法律身份的差异而缔结婚姻。在中世纪末期，随着农奴越来越多地获得自由，加之人们流动性的增大，农民择偶的空间扩大了，通婚模式也随之有所改变。

从婚姻制度来看，中世纪的乡村基本遵循一夫一妻制的婚姻模式，而且通常是婚后夫妻以男方家庭为中心的居住模式，婚生的子女沿用父姓。但是，这些习俗对人们行为的约束并不是很严格，无论是男女的结合方式，还是夫妻的居住与子女的命名上，都存在不一致的地方。

以居住模式和姓氏为例。由于在中世纪中后期英格兰乡村盛行新居制，多数夫妻都是在父母家庭之外另立门户生活，房子和土地主要来自丈夫，妻子带来的多数是动产或现金。这种情况下，婚姻所生的孩子一般都沿用丈夫的姓。但是中世纪的乡村居民并未完全排斥女方的姓氏。尽管母亲的姓氏更可能用于非法出生的孩子命名上，但是，婚生的孩子采用母姓的情况并非罕见，这种情况多数发生在母亲作为家庭地产的继承者的时候。不仅孩子可能会沿用女方的姓，甚至丈夫也可能采用妻子的姓氏。庄园法庭的案例显示出这种情况的存在：亨利·奇尔德就是这样的一个典型例证。他娶了沃尔特·奇尔德的女儿兼继承人琼为妻,并采用了妻子的姓。在另一个案例中,一对夫妇在继承地产的时候,丈夫把名字改成了妻子的父姓。① 由此可见,尽管姓氏和男性世袭的关系比较密切,但是姓氏"不一定是父系的"②,它也经常与财产有一定的联系。

中世纪英格兰的乡村社会里,一夫一妻制的实行,常因人们多元的婚姻实践而有所变形。首先,因为结婚成本很高,而且因为新居制的风俗,一些英格兰男子因无法承担结婚和建立家庭的责任而不能适龄结婚。这样,许多富裕的男人在丧偶时,很容易娶到比自己年轻的妇女;而那些无法结婚者成为村庄中的单身汉群体,这种现象被一些学者称为"连续的多妻制"③。当然,在中世纪妇女也常常具有这种选择的机会。许多妻子的寿命比丈夫长,或者早年丧夫,因为比较年轻或者拥有地产而很快就可以选择新夫,有些甚至能够找到比自己小得多的男人做丈夫。在乡村社会中,寡妇或鳏夫再婚都很容易被人接受且非常普遍。有的学者发现,乡村农民往往比城市居民更快结婚,④ 有的人甚至一生结婚多次。所以,对妇女在这种变形的婚姻制度中的处境不应太过悲观,有时这种情形对她们是有利的。

其次,同居和通奸等类行为也对一夫一妻制有类似的影响。尽管教会规定符合一夫一妻制的婚姻才是合法的,但是许多学者发现,在下层阶级当中,婚姻模式上存在多样性,有一些人同居但却从不想结婚,另一些人在婚外秘密交往,还有一些人抛弃以前的配偶再次结婚,等等。⑤ 正是这些行为的存在,与重婚罪、抛弃、私通等非法行为一样,通常是教会法庭记录中所出现的婚姻诉讼的主要内容。但出现在教会法庭上的这些非法婚

---

① A. C. Chibnall, *Sherington: Fiefs and Fields of a Buckinghamshire Village* (Cambridge, 1965), p. 95; Chertsey Abbey Court Rolls, Abstract, trans. Elsie Toms, *Surrey Record Society* (1937), p. xxxix. Barbara A. Hanawalt, *The Ties That Bound*, p. 82.

② Barbara A. Hanawalt, *The Ties That Bound*, p. 80.

③ [美] 理查德·A. 波斯纳,《性与理性》,苏力译,中国政法大学出版社 2002 年版,第 67 页。

④ [美] 梅里·E. 维斯纳-汉克斯:《历史中的性别》,何开松译,东方出版社 2003 年版,第 46 页。

⑤ Michael Sheehan, "The Formation and Stability of Marriage in Fourteenth - Century England: Evidence of an Ely Register", *Medieval Studies* 33 (1971), pp. 228—263; R. H. Hilton, *The English Peasantry in the Later Middle Ages*, Oxford, 1975, p. 107.

姻，仅为冰山一角，大量违规结合的夫妻因为没有产生纠纷，而很少引起法庭的注意。乡村男女所面对的如此多的选择，在很大程度上使教会把性行为和生育等局限于婚姻之内的说教难以奏效。

综上可见，中世纪乡村妇女一旦达到结婚年龄，就要身处教会的规范、领主权力的压力和父母的权威之中。她们多数人会按照地方婚姻惯例，走进自己选择或父母安排的婚姻，要向领主交纳婚姻捐，并要在教堂婚礼上宣誓服从丈夫。当然，有许多妇女完全独立于家庭之外，自己寻找配偶，也有许多妇女与情投意合的男人长期同居，而不谈婚论嫁。尽管教会有关婚姻习俗的各种说教在很大程度上规范了世俗领域的行为，但是，得自中下阶层的资料却往往显示出各种各样的习惯做法。中世纪的农民了解教会婚姻法的基本内容，但却常常因为现实的各种原因而难以严格遵守。

第二节　基督教对婚姻与家庭的规范

基督教教会的婚姻理想，包括了从婚姻本身的意义、性行为到夫妻之爱等内容，是对中世纪婚姻生活的主要规范。教会通过各种渠道，向世俗社会灌输自己的这些主张和要求，并形成了一整套系统的关于婚姻的理论和法律制度。它们以教皇和主教的教令与书信、苦行赎罪的规则书、宗教会议制定的法规、宗教法规汇编以及各种小册子和专著等的形式表现出来，其内容几乎涉及婚姻生活的方方面面。

一　禁欲主义、婚姻与性

禁欲主义的思想贯穿在基督教的婚姻理想中。早期带有禁欲主义色彩的基督教教义宣称，只有压制人的肉体对舒适的渴望和否定对世俗欢乐的追求，才可能拯救自己的灵魂。基于此，基督教教父们宣扬童贞胜过婚姻状态，而且尤其反对通奸和淫乱等类性行为。

最典型的观点来自圣徒保罗。他说，"男不近女倒好"，表明了他对婚姻的消极态度。但保罗并不禁止人们结婚，只是把结婚看作是对肉体软弱性的一种退让，"倘若自己禁止不住，就可以嫁娶。与其欲火攻心，不如嫁娶为妙"。而且"男不近女倒好"，"但要免淫乱的事，男子当各有自己的妻子，女子也当各有自己的丈夫"。① 可见，在保罗的眼中，婚姻成了避免通奸和淫乱的工具，它本身毫无价值。这显示出婚姻和基督教禁欲主义之间的对立。

其后教会中对于童贞与婚姻的争论不断，禁欲主义与婚姻之间的对立成分日趋减少，婚姻的积极意义不断被肯定。到奥古斯丁时，婚姻被赋予了三大好处，即生育、夫妻的忠诚以及婚姻成为圣事。其中生育目的逐渐取得广泛的认同。到 8 世纪时，教会不再将婚姻完全视为人们对肉体欲望的消极让步，而将它转化为一种圣礼。此后基督教教会逐渐确立了相应的婚姻准则。中世纪盛期，教会承认了婚姻的积极意义。出现于 1140 年的教会法典《格拉提安教令集》，对婚姻的生育和避免淫乱目的作了很好的概括和总结。12 世纪，婚姻成为一种由神父主持的圣事，并成为其后几百年的婚礼传统。13 世纪，托马斯·阿奎那再次提出婚姻有三重目的，即生育、伴侣关系和圣事。但是，无论是早期的教父还是中世纪的神学家，多数都坚持认为婚姻与童贞相比仍然是低级的生活方式。在奥古斯丁等人的眼中，摒弃性欲、保持贞洁的独身生活仍然是基督徒最佳的选择。

随着对婚姻所带来的积极意义的认可，禁欲主义不再与婚姻这一制度本身完全对立，却依然不能容忍与婚姻生活密切联系的性行为。奥古斯丁认为，性本质上是婚姻制度中的邪恶因素，但可以把生育目的赋予夫妻的性生活，从而达到对邪恶的善用（a good use of a evil thing）。夫妻为了生育目的而进行的性行为不是犯罪，但如果他们为了相互的欢乐和享受而发生性关系，就犯了罪。因此，一旦有了一两个孩子，就应该停止性生活，停止得越早，对夫妻的道德健康就越好。② 这种观点成为中世纪基督教教会的正统观点，其后的宗教神学家多围绕这一观点展开，即承认婚姻，但强调婚姻的生育目的。由此来看，尽管教会承认了婚姻的积极意义，但却把关注点集中到了婚姻生活的禁欲上。夫妻之间为生育而进行的性行为能够被容忍，但是，应把婚姻中的性控制在最小的限度内。如果一对夫妻不想生儿育女，那么他们可以在双方协商一致的情况下，在婚内实行绝对禁

---

① 《新约·格林多前书》7 章。

② James A. Brundage, *Law, Sex and Christian Society in Medieval Europe*, the University of Chicago Press, 1987, pp. 89—90.

欲。托马斯·阿奎那和彼得伦巴德都认为"没有性关系的婚姻更为神圣"。① 可见，尽管教会依然坚持独身高于婚姻状态的观点，但是，禁欲对已婚者来说，也是最高尚的生活方式。

为了加强对婚姻中的性行为的控制，教会神学家还对性行为的时间、频率和方式进行了一系列的规范。在赎罪规则书中，教会一般是依据妇女的生理周期和教会圣事日历来规范人们的性行为。在这种指导手册中规定，在妻子处于经期、怀孕和产后哺乳期等时间不能发生性关系；在星期日、星期三、星期五、星期六以及意念中的三大斋期——复活节前的数周（星期日除外的40天）、基督降临的季节（圣诞节前的四周）和圣灵降临节后的数周，皆不能有性行为；另外，一些重大宗教节日和守夜也不能同房，新婚三日之内不能同房等。② 一年四次的四季斋日（每次三天），也禁止同房。此外，这种小册子对怀孕的次数也进行了严格的限制，当然不许避孕；而且神学家和教会法学家还规定了自然的性行为方式，即"上下式"的标准体位，其他方式被严厉禁止。③ 尽管规定如此事无巨细，而且教会一再重申其严厉的惩罚措施，但也必然有违规的男女存在。

为了保证婚姻和性行为以生育为目的，神学家和教会法学家禁止婚外的性行为，把性事限于夫妻之间；禁止随心所欲和放纵无度的性行为；也禁止与性行为相关的避孕、堕胎和不自然的性行为。使用避孕药，或者采取中断性交等措施来避孕，被视为犯罪，因为这样的性行为都不是为了生育，而是为了享受。显然，教会在把性行为归结为生育手段的同时，实质上也把生育当作了规范性行为的工具。此外，教会对堕胎行为进行了更严厉的谴责和惩罚。因为堕胎不仅会助长通奸和婚内不以生育为目的的性行为，而且杀死了一个生命，从而毁掉了一个生命获得救赎的机会。

综上可见，无论是在对婚姻的态度还是对性的态度上，教会都没有摆脱早期的禁欲主义倾向。中世纪教会神学家和法学家规范性行为的各种努力，正是禁欲主义的一种体现。

---

① Thomas Aquinas, *Summa Theologica*, Vol. IV, p. 253. 转引自 [以] 苏拉密斯·萨哈《第四等级：欧洲中世纪妇女史》，第75页。

② James A. Brundage, *Law, Sex and Christian Society in Medieval Europe*, pp. 138—139, 155—161.

③ [英] 罗莎琳·迪尔斯：《女人的世界史》，刁筱苹译，麦田出版公司1998年版，第160页。

二　婚姻中的秩序

教会把婚姻的本质和婚姻关系的性质纳入基督教秩序中，进而以此来解释和规范夫妻之间的关系。关于婚姻的本质是肉体的结合还是精神的结合，神学家们进行了几百年的争论，在中世纪时期，基本达成一致观点，即认为婚姻是精神结合与肉体结合的统一，精神的结合是婚姻的核心，肉体的结合只是对精神结合的确认，而这种精神的结合必须具备双方同意这一基础。所以，无论是婚姻的缔结和解除，都需要在双方同意的条件下才能实现。随着对婚姻态度的日渐改变，中世纪的教会人士越来越多地把婚姻性质抬升为圣事，把世俗婚姻比喻为基督与教会的结合。在多数神学家眼中，婚姻是上帝所安排的，是一大圣事，并且它象征着基督和教会的结合，因此是神圣的，一旦缔结就不能随便分开。

教会人士把婚姻关系喻为基督与教会的关系的同时，实际上也建构了婚姻中的基本秩序。基督教婚姻观认为，婚姻主要是一种精神的结合，所以夫妻在婚姻关系上是平等的，但是在肉体的层面上，妻子比丈夫低贱，因此在家庭生活中妻子要屈从于丈夫。保罗认为，男人是女人的上帝和主人，"你们做妻子的，当顺服自己的丈夫，如同顺服主；因为丈夫是妻子的头，如同基督是教会的头，他又是教会全体的救主。教会怎样顺服基督，妻子也要怎样凡事顺服丈夫"。[①]　保罗的这种观点奠定了婚姻与家庭生活中两性的不平等地位，即妻子要服从于丈夫。

但是，保罗在论述了妻子的服从之后，也肯定了丈夫对妻子的爱的义务。"你们做丈夫的，要爱你们的妻子；正如基督爱教会，为教会舍己"[②]。而且"丈夫也当照样爱妻子，如同爱自己的身子；爱妻子便是爱自己了"[③]。保罗还认为夫妻应该平等相待，"丈夫应当用合宜之分待妻子，妻子待丈夫也要如此"。此外，保罗还强调了夫妻在性生活上的平等权利，认为任何一方都"没有权柄主张自己的身子"。夫妻中任何一方的禁欲，都要在两厢情愿的基础上。这实际上就把婚内性爱视为一种婚姻义务："夫妻不可彼此亏负，除非两相情愿，暂时分房，为要专心祷告方

---

①　《新约·以弗所书》，5：22—23。

②　同上书，5：25。

③　同上书，5：28。

可；以后仍要同房，免得撒旦趁着你们情不自禁，引诱你们。"① 大阿尔伯特也认为，"如果婚姻中的一方发现另一方有欲望存着，即使没有清楚地说出来，也必须有所表示，仿佛爱人已经明白地要求他履行婚姻生活中的义务。这样，他将不会被看成一个犯罪者"。② 神学家和教会法学家在论述婚姻中的性爱时对男女采取相同的态度，可为与不可为的事情，对于男人和女人来说都是相同的。这些论述在一定程度上为妇女在婚姻秩序中的不利处境进行了补偿，使夫妻在性行为等方面获得了部分平等。但是，不可否认，保罗等人对于婚姻中性义务的论述，更多的是出于避免通奸和淫乱的考虑。

保罗的这些关于妻子的服从和丈夫的关爱的言论成为中世纪宗教学者论述夫妻关系和婚姻生活秩序的主要依据。其后的教父们，不论是奥古斯丁还是阿奎那，都把丈夫视为一家之主，认为妻子应该服从于丈夫，而且妇女在性生活上拥有与男子平等的权利。

三　婚姻之爱

神学家和教会法学家们均认为婚姻中的性生活不是为了愉悦，他们认为婚姻之爱与性爱无关。教父们从禁欲主义的传统出发，谴责为享乐而进行的性生活，把性行为的目的限定于生儿育女。圣奥古斯丁的思想对中世纪的基督教哲学有着深远影响。他反复论证不以传宗接代为目的的性行为只不过是肉欲，它根植于原罪之中，不是好基督徒的行为。男女的肉体关系最容易使人从精神的高境界堕落，婚姻中的性生活是可以容忍的，但必须为这种关系创造一个理由，那就是延续子嗣的渴望。性行为中的快感也受到了谴责，格西奥宣称，即使在为了生儿育女所进行的性交中，享受性快感也是一种犯罪。③ 此外，神学家们主张夫妻之间应把性行为减少到最低程度。

基于对性爱的这种态度，教会怀疑和否定夫妻之间的感情和爱，认为

---

① 《新约·格林多前书》7 章。

② J. T. Noonan, *Contraception*, pp. 284—285. 转引自［以］苏拉密斯·萨哈《第四等级：欧洲中世纪妇女史》，第 76 页。

③ St. Augustine, *Soliloquiorum Libri Duo*, PL Vol. XXXII, cols 878—80；J. T. Noonan, *Contraception*, pp. 148—94. 转引自［以］苏拉密斯·萨哈《第四等级：欧洲中世纪妇女史》，第 74 页。

婚姻不是爱的场所，夫妻都不应向对方表达激情。中世纪一位修道院院长对一个女伯爵的婚内行为进行指导的信，显示出了教会对夫妻关系的规范。这位院长在信中说，上帝是人的灵魂和肉体的主人，他给丈夫使用妻子的身体并使之结果的权利，而给自己保留了使用灵魂的权利。婚姻中的妇女有两个丈夫，一个有权使用她的身体，一个有权主宰她的灵魂。所以，当丈夫与她结合为一体时，她应该冷若石头，不能有丝毫的灵魂的颤抖。[①] 这位院长的指导是具有代表性的，教会力图把婚姻中的爱保留给上帝，夫妻在性关系中体验到相互的激情，就是犯罪。哲罗姆就曾说，一个过分爱自己的妻子的人就是一个通奸者。[②] 可见，教会对婚姻之爱多持贬低和否定态度。

但是，多数教会人士认可和赞同夫妻之间的伴侣关系。在保罗看来，夫妻之间的结合应该是一夫一妻制的，"男子各当有自己的妻子，女子也各当有自己的丈夫"。[③] 在阿奎那眼中，婚姻将两颗心连在一起，夫妻关系是一种最伟大的友谊。[④] 对夫妻这种伙伴关系的赞同，在中世纪中期教会文学中也得到明显的体现。12世纪，彼得·伦巴德认为，如果上帝用男人的头脑创造妇女，就意味着她将统治男人；如果用男人的腿创造妇女，就意味着她应该服侍他；上帝用男人的肋骨创造妇女，说明妇女既不是主人也不是仆人，而是男人的伴侣，他们应该彼此相爱。在这种意义上，妇女被看作男人的伴侣和帮助者。不过，即使赞同这种伴侣关系的作者也常常会固守男人优越和主宰地位的观点，从而认为女人是为男人而造就的。[⑤]

四 婚姻的解体

既然婚姻是上帝所安排的圣事，它一旦缔结就不可解除，所以教会一

---

① Goerge Duby, *Love and Marriage in the Middle Ages*, Chicago, 1994, p. 27.

② Jean – Louis Flandrin, *Families in Former Times：Kinship，Household and Sexuality*, Cambridge University Press, 1979, p. 161.

③ 《新约·格林多前书》7章。

④ ［以］苏拉密斯·萨哈：《第四等级：欧洲中世纪妇女史》，第73页。

⑤ Peter Lombard, *Sententiarum libri quatuor*, PL Vol. CXCII, cols 687—8；Humbert de Romans, *De Eruditione Praedicatorum*, p. 271. 转引自［以］苏拉密斯·萨哈《第四等级：欧洲中世纪妇女史》，第72—73页。

直反对离婚。对于离婚的反对态度自耶稣时代就已开始了。耶稣曾说："凡休妻另娶的，若不是为了淫乱的缘故，就是犯奸淫了；有人要娶那被休的妇人，也是犯奸淫了。"① 可见，如果不是因为妻子淫乱，不能休妻。否则，那些休妻和再婚的人都是犯了奸淫罪。其后的教父们也都坚持了耶稣的这种禁止离婚的观点。如奥古斯丁认为，夫妻任何一方抛弃对方而再婚，都应被视为犯奸淫罪。

在中世纪早期，教会对于离婚的基本态度没有发生大的变化，但是通常把婚外通奸、性无能、近亲结婚等因素当作夫妻分居或离婚的理由。格列高利二世还同意有性能力的一方再婚。但是，教会人士坚决反对随意分居或离婚，有些学者甚至认为，在一方性无能的情况下，夫妻最好的选择是仍旧生活在一起过贞洁的婚姻生活。②

中世纪中后期，教会对于离婚的态度又有些放松，在通奸、性无能和近亲结婚等理由之外又添加了其他因素。此时，宗教神学家和法学家开始根据婚姻当事人双方是否圆房来制定离婚的标准。如果婚姻尚未圆房，那么其中一方要进入修道团体的话，就可在双方同意的情况下解除婚姻；对于已经有过肉体结合的婚姻来说，如果婚姻并非出于双方自愿，可以离婚。但是如果婚姻生活中没有出现这些可以离婚的理由，那么只有死亡才能把一种肉体的结合分开。正如阿奎那所说，肉体结合的婚姻，只有夫妻一方中的肉体死亡，婚姻的义务才能解除，婚姻才随之结束。③ 基于配偶一方死亡导致婚姻结束的这种观点，多数神学家都允许丧偶的一方再婚。

综上所述，基督教教会对世俗婚姻生活的各个方面都进行了规范，而且处处体现出浓厚的宗教属性。从教会对待婚姻与童贞、性行为、离婚和夫妻关系等方面的态度来看，教会不仅把禁欲主义的思想努力向世俗婚姻渗透，而且还力图确立婚姻之内两性间的主次秩序和婚姻的稳定。教会鼓励教徒把爱给予上帝，夫妻之间不能有任何激情，不过教会认为夫妻之间有性的相互义务。尽管教会的禁欲主义和对妇女的性欲的贬斥密不可分，但教会学者们关于婚内性行为和离婚等方面的论述，却显示出对两性平等权利的重视。中世纪的教会法学家根据教父和神学家们的道德说教来制定

---

① 《马太福音》19 章。

② 刘文明：《上帝与女性：传统基督教文化视野中的西方女性》，第 225 页。

③ 同上书，第 226 页。

宗教法律，规范世俗的婚姻与性行为。

在基督教的婚姻理想中，婚姻和性以生育为目的；夫妻应该尽量禁欲，性行为应在合适的时间并以合适的方式进行；男女在一夫一妻制下结成伴侣关系，相互忠诚，且妻子应该服从于丈夫；夫妻之间有性爱的义务，但却不应有激情；婚姻圣事，一旦缔结就不可随意解除。

不过，基督教的婚姻理想和规范有一些历时性的变化，尽管这种变化是既复杂又渐进的。法律传统、基督教伦理思想、古典哲学和人文主义思想、世俗文学等对之具有不同程度的影响。教会的婚姻生活理想与社会现实之间总是存在一定的差距，二者交互作用与协调，在摩擦和融合之中塑造着中世纪人们的生活方式。并且在这种过程中所形成的婚姻情感的基本观念、丈夫和父母的权威与责任，以及子女的义务都成为近代以来的基本模式。

第三节　农村婚姻和家庭的特点

在中世纪英国，婚姻是妇女人生最重要的大事，受到教俗力量的影响，婚姻对女性的约束是非常明显的。妇女一旦进入婚姻，就很难摆脱它的束缚。但是对农村妇女来说，由于生存条件和医疗卫生条件较差，婚姻具有一定的脆弱性，丈夫或妻子的死亡经常是婚姻结束的原因。另外由于人口流动、户籍制度的松散，逃离不幸婚姻，到其他教区另外组织家庭的人也大量存在。农村妇女的婚姻存续期一般能达 20 年。婚姻之内，丈夫的权威并不突出，生存的压力、传统习俗的影响等，常使夫妻之间合作多于冲突，密切的关系也不乏例证。

一　婚姻的寿命

1. 婚姻的脆弱性

在基督教婚姻观中，婚姻是上帝安排的圣事，只要以双方同意为基础，就是有效的结合，不能分开，除非死亡才能使其终止。理论上，婚姻应该只有在配偶一方死亡时结束。现实生活中，婚姻的存续时间却不仅取决于死亡，还经常受到其他方面的影响，比如分居、婚姻无效、抛弃等。

配偶死亡是婚姻结束的最直接因素。中世纪英格兰男女的死亡率都比较高，较大比例的人在中年期死去。寡妇所占的较高比例说明大量婚姻是因为丈夫的死亡而造成的。一项关于遗嘱的研究表明，在被调查的 326 份成年男性的遗嘱中，235 份（72%）提到了尚在世的妻子。① 这表明，多数妇女可能比丈夫活得长，婚姻也比较可能因为丈夫的去世而终结。

　　妇女的死亡率也相当高。多数妇女要经历生育的痛苦和危险，一旦遇到身体状况不佳和胎位不正的情况，孕妇就很可能在死亡边缘挣扎。产褥热对妇女来说更为可怕和致命，几乎感染上此病的妇女在产后 24 小时之内就会死亡，并且所有被传染这种病的妇女都会死。② 大量的妇女被证实死于这种产褥热或者难产。

　　除了死亡能终止一桩婚姻外，离婚也是婚姻结束的另一种主要途径。中世纪的离婚与现代离婚并不是相同的概念。在中世纪，离婚有两种形式，一是婚姻因为同宗关系、姻亲或亲密关系、重婚与通奸等结婚障碍而被宣告无效，从而夫妻可以分离和再婚；二是婚姻有效，但夫妻分居，实质上就是一种食宿的分开。不过，分居的夫妻不能再婚，除非对方死去。如果婚姻是有效的，教会就不允许其解体，并严厉禁止配偶再婚。分居的案例经常被记录于法庭上，因为它通常会涉及对妇女的财产安排。在赫特福德郡的卡什奥（Cashio），1301 年一个叫雷金纳德的男子，在与妻子分居时，经领主许可，将土地和房屋交给他的妻子露西持有。但他提出条件，露西从此不能进入他的土地或穿过他的庭院，一旦她做出违反他们离婚协定的行为，他即可收回这些财产。③ 教会法庭上因为性无能而申请离婚以及因为夫妻不和而申请分居的案例大量存在。尽管教会不支持夫妻因为婚姻障碍之外的其他理由而离婚或分居，但是仍有许多申请被批准。

　　此外，一些人为了摆脱不幸福的婚姻从家中逃走，然后进入其他教区再次结婚。这种做法在农民阶层比较常见。而且那些举行过秘密婚礼的夫妻，因没有公开的仪式，证人也或有或无，所以很多人抛开配偶，另觅新欢。由于较高的死亡率和多样性的离婚途径，中世纪的婚姻带有一定的脆弱性和不稳定性。

---

　　①　Barbara A. Hanawalt, *The Ties That Bound*, p. 221.

　　②　［意］欧金尼奥·加林主编《文艺复兴时期的人》，李玉成译，三联书店 2003 年版，第 272 页。

　　③　George Caspar Homans, *English Villagers of the Thirteenth Century*, p. 174.

2. 婚姻的存续时间

尽管中世纪的婚姻经常在配偶一方死亡时结束，但不能因此而做出特别悲观的结论。正如霍尔布鲁克所看到的，较高比例的人能够活到老年。[1] 中世纪的各种资料中有关婚姻缔结与解体的常规记录，经常是在涉及婚姻安排和遗产分割以及与此相关的财产纠纷时才被提到，所以很难准确推断乡村农民婚姻的存续时间。从有限的资料来推测，中世纪农民的多数婚姻存续时间可能在 20 年左右。

在布里格斯托克庄园，证据显示农民夫妻一般能在一起生活近 20 年。在从庄园法庭活动记录中重构出其婚姻史的 53 个寡妇中，从她们作为妻子和遭遇丧偶被首次提及的时间来看，相距时间最短 2 年，最长 42 年，中间数是 15 年，这与总体的平均数 17 年十分接近。[2] 但是，首次作为妻子出现并非婚姻的起始点，而是发生在婚姻期内，而且被提到丧偶时寡居可能早已开始，所以这个平均数肯定比实际的婚姻存续期要短。这样来看，多数布里格斯托克庄园的婚姻能持续 20 年左右。得自其他庄园的证据似乎也与之相符。

拉兹对海尔索温的研究表明，瘟疫前该庄园上多数男人在 18—22 岁之间结婚，而 20 岁的男人的生命预期为 25—28 年。[3] 那么，由此可得的粗略估计是，婚姻存续期通常是 23—26 年。当然，这种推算也存在不足，因为女人的生命周期没有被考虑进来。此外，有关前工业化时期的研究同样表明，婚姻的平均存续时间为 20 年左右。对近代早期英国共同体的登记册的分析显示，16、17 世纪多数婚姻也是在 20 年左右因一方的死亡而结束（婚姻存续时间的中间数字是 17—20 年）。[4] 在黑死病时期，农民阶层的死亡率急剧上升，导致多数家庭面临不稳定的状况。而且成年人似乎比其他年龄阶段更容易受到疾病的侵袭，于是婚姻存续时间变得非常短暂。

总体上，中世纪农民的婚姻是比较稳定的，人们在结婚之后，一般能

---

[1]　Ralph A. Houlbrooke, *The English Family, 1450—1700*, p. 189. 他认为老年一般是 60 岁以上的人。

[2]　Judith M. Bennett, *Women in the Medieval English Countryside*, p. 143.

[3]　Zvi Razi, *Life, Marriage and Dearth in the Medieval Parish*, pp. 60—64, 43—45.

[4]　Lawrence Stone, *The Family, Sex, and Marriage in England, 1500—1800*, New York, 1977, p. 55.

够再生活 25 年以上。而且离婚和其他抛弃婚姻的机会并不是很多，真正获得离婚或者抛弃婚姻的人仅占极少数，多数夫妻在婚后能够长期和睦相处。

二 夫妻关系

生活在中世纪英格兰乡村的农民妇女，多数会在成年之后与一个自己选择或父母安排的男人缔结婚姻。现实的婚姻生活很大程度上受到教会婚姻理想的规范，而且也受到来自习俗的压力。在教会的婚姻理想中，男人拥有天生的优势地位，妻子应该服从于丈夫，而丈夫应该关爱妻子，并担当一家之主的责任。这一点在教堂前的婚礼上就已经明确表达过，新娘在那时的宣誓就包括了服从和服侍丈夫的义务，时时处处要对丈夫温柔顺从。

1. 教俗文献中表现出的夫妻关系

文献作品是时代的产物，在一定程度上反映了世俗社会的观念与现实生活。当然，文献作品中所表现出的各种现象，必然带有一定的主观偏见和夸张，这一点从中世纪的教俗作者对婚姻的矛盾叙述中即有明显体现。教俗文献中，婚姻似乎是一个从来都绕不开的话题，正如哈纳沃尔特所说，"没有其他生命阶段能像婚姻这样吸引如此多的道德说教者、讽刺文学作者、厌恶女人的人，以及满腹故事的老太婆"。[1] 但是不同的作者却对它抱有不同的态度：有些作者对婚姻持赞同态度，有的则对婚姻进行谴责、贬低和否定，甚至有一些作者对婚姻冷嘲热讽地进行扭曲。这些作者在表达他们对婚姻的态度时，对婚姻给人们带来的好处和弊端进行了历数与评判。从这些正反杂糅的作品里，明显可以看出，各个阶层的人们都在关注和讨论婚姻的问题，都力图分析和推理出好坏婚姻的根源，以及夫妻之间关系的良好秩序。这些带着作者主观倾向的话语，不仅描述了作者眼中的婚姻，而且很可能反映了婚姻生活中的一些真实现象。

从保存下来的教俗文献作品来看，称颂婚姻和夫妻关系的作者仅占少数。一些作者把婚姻视为人生和社会的中心。《坎特伯雷故事集》中瓦尔特的下属请求主人的话颇能反映出这种观点："却有一件事，主君/但愿你能娶后成家/那样，你的臣民都额手称庆，共享太平了。"可见，作者

---

① Barbara A. Hanawalt, *The Ties That Bound*, p. 205.

以瓦尔特的口气表达了婚姻对于人生的重要性。也有一些作者把婚姻描述为爱情的结晶和幸福的源泉，他们通过描述一些相爱的男女经过重重困难终结连理的故事，来说明婚姻中男女相爱的存在。巴黎的好人（Parisian Goodman）在写给妻子的指导书中，把理想的婚姻描绘成为伴侣关系和爱情的结合：当夫妻分离时，两人心中都想，当我再见他／她时，我要为他／她做这样一些事，对他／她说这样一些话，相爱和相互履行义务成为他们幸福和快乐的源泉，为他们带来共同的乐趣。① 女性作者克里斯蒂娜·德·皮桑将自己在寡居期间对婚姻生活的回忆写入作品中，多次描述了她与丈夫之间的深切感情和密切关系，以及丈夫对她的爱与忠诚。从这些作品中，可以看出婚姻关系在许多人眼中是美好的、值得期待和向往的。但总体上，描述婚姻以爱情为基础，并且成为人生幸福的源泉的作品寥寥无几。尽管不少作品赞扬爱情，反对以经济利益为前提的婚姻，但不仅以婚姻结尾的爱情故事非常罕见，甚至描述婚姻生活中夫妻关系亲密融洽的作品数量远远无法与那些诋毁婚姻的作品相提并论。

对婚姻进行谴责的教俗作品大量存在。在中世纪，无论是宗教文学还是民间的世俗文学，都受到来自教会婚姻观和妇女观的影响。《坎特伯雷故事集》中的巴斯之妻所表达出来的对婚姻的态度，简直就是基督教婚姻观在世俗文学中的再现。巴斯之妻既赞美婚姻，又贬低婚姻；既赞扬童贞，又肯定婚嫁能够避免淫乱的积极意义；既赞成婚内禁欲，又支持为生儿育女而进行的性行为。② 贬低婚姻经常伴随着对妇女的中伤，在这一点上，世俗作者和宗教作者一样对女性的本质和性欲都持敌视态度。在大多数有关婚姻的故事中，已婚妇女的形象被夸张或扭曲，她们带有女性这一性别可能会有的一切缺点：独断专行、糊弄丈夫、爱吵闹、欲壑难填、招蜂引蝶、粗心大意和嫉妒，等等。《坎特伯雷故事集》中的巴斯妇就代表了那种在家庭中十分强悍和独断专横的妻子形象，其行为一再让丈夫感到失望和厌烦。像巴斯妇这样的泼辣悍妇，往往还成为讽刺文学作者笔下经常出现的主角，她们不接受丈夫的权威，甚至可能操纵和殴打丈夫。

当然并非所有的作品都在中伤妇女，一些劝谕文学和贵族文学作品

---

① 转引自［以］苏拉密斯·萨哈《第四等级：欧洲中世纪妇女史》，第77—79页。

② ［英］杰弗雷·乔叟：《坎特伯雷故事集》，方重译，人民文学出版社2004年版，第89—102页。

中，把妇女的形象描绘得相当美好，这些理想的妇女与巴斯妇的形象完全相反。不过，在这类作品中，妇女的温柔顺从成为夫妻和睦相处的基础。正如《坎特伯雷故事集》中的格雷赛尔达一样，默默忍受丈夫强加给她的折磨和专横盘问，不发任何怨言。[①]

从各类文献中，可以看出中世纪的作者们很少描绘和赞颂婚姻生活的美好，而更多的是用描述或讽刺的手法来展示婚姻生活给人们带来的烦恼，尤其是妇女对男人带来的诱惑、扰乱和操纵。尽管作者们的态度并不一致，可是多数作品从正面或反面来表达了美好婚姻的理想。在《聪明的男人如何教育儿子》与《好妻子如何教育女儿》两篇著名的诗歌中，表达了对美好婚姻关系建立和夫妻合宜相待的建议。诗中的"聪明的男人"告诉儿子，不要为了金钱而结婚，要考察未来妻子是否温顺、谦恭和聪明。一旦找到如此美好的妇女，他就应该珍爱她，因为和睦地吃着家常便饭要比吵吵闹闹地食用美味佳肴更为美好。同时，好的丈夫不应惹怒或辱骂妻子，而应该公正平和地纠正她的错误。而且在妻子抱怨而他自己不了解情况时，他应该支持她，因为他的鲁莽行为可能会导致双方的遗憾。而这位"好妻子"对女儿的指导如出一辙。在她看来，一桩幸福婚姻的关键，在于妻子要将对丈夫的爱和尊敬置于一切世俗事务之上，并且以"合宜"且"温顺"的话语来对待丈夫的坏脾气。此外，这位好妻子还建议女儿在公共场合要令人愉悦、忠诚和可敬，并且井井有条地管理家务和仆人。[②]

总体上，各种文献既述及婚姻的种种不利，又讨论了美好婚姻建立的方法和途径；既有对吵闹争执的夫妻的讽刺和谴责，也有对夫妻融洽相处的赞扬和向往。无论如何，这些作品是时代的产物，它们必然直接或间接地受到基督教伦理观念的影响。

2. 档案资料中表现出的婚姻关系

不管宗教和世俗文献中对婚姻和夫妻关系的态度如何，也不管这些文学作品在多大程度上反映了现实的情况，要想了解中世纪的婚姻生活实践，必须要利用法庭案卷和庄园记录。尽管大量的夫妻是因为暴力和通奸

---

① 转引自［以］苏拉密斯·萨哈《第四等级：欧洲中世纪妇女史》，第84页。

② Frederick J. Furnivall, *Manners and Meals in Olden Times*, EETS, o. s. 32 (London, 1868), pp. 36—58. 转引自 Barbara A. Hanawalt, *The Ties That Bound*, p. 206.

等类行为而以对立身份出现于教会法庭上，但是在庄园法庭上出现的夫妻却经常是相互配合的角色。比如在一些关于土地承租的案例中，丈夫为了保证妻子对家庭地产的权利，把以其个人名义承租的土地先交还领主，然后再与妻子以联合承租人的名义共同持有它。这样，妻子就可以在丈夫去世以后继续持有该地产，而不用向领主交纳继承税，也不会受到丈夫继承人索要地产的责难。还有一些例子中，新郎为新娘交纳婚姻捐，或者立下遗嘱让妻子做地产的遗嘱执行人。另外，在关涉家庭经济利益的案例中，丈夫和妻子时常一起以酿酒者、交易者等角色出现于法庭记录中。表面上来看，夫妻之间的这些日常生活合作的例子，不如那些婚姻不和的案例那么显眼，但是它们却比后者更为典型并普遍存在。

（一）夫妻之间的矛盾与冲突

夫妻之间的冲突很少成为犯罪的根源。在刑事法庭上所审理的重罪中，仅有 0.7% 是发生在家庭成员之间的。在验尸官调查的杀人案中，被怀疑为家庭成员之间犯罪的仅占 8%。丈夫和妻子在这种案例中出现率最高，几乎占到半数，但是在总体的杀人案件中仅占 4%。在庄园法庭上，夫妻的冲突案件也很少见，家庭纠纷在所记录的不睦事件中占非常小的比例（仅有 2%）。一些学者指出，尽管在家庭成员之间进行债务和非法侵害等类诉讼时，人身侵犯经常是主要起诉缘由，但它们通常是发生在兄弟之间，而不是配偶之间。[1] 由此可见，夫妻之间即使存在冲突，也很少导致杀人等严重的暴力犯罪行为。

不过，夫妻之间也的确存在冲突和不协调，当这些争吵和暴力影响到共同体的和平时，它们就不仅存在于私人领域之内，而进入到陪审团的视线之内。在 1332 年，陪审团要求一个叫理查德·蔡尔德的男人为自己找到担保人，以保证他会"把他的妻子接到家中，愉快地对待她，并且尽其所能忠诚和礼貌地供养她"。这表明，当丈夫过分残暴地对待妻子时，共同体就可能对其施加压力。还有其他的例子，表明丈夫殴打妻子的情况存在，有时妻子可能会横死在丈夫的棍棒之下。一个男人用一个卷线杆毒打妻子，并在妻子被打死之后，逃到他父亲在萨利斯伯雷的家中。[2]

---

[1]　Barbara A. Hanawalt, *Crime and Conflict in English Communities, 1300—1348*, Cambridge, Mass. 1979, pp. 159—161.

[2]　Barbara A. Hanawalt, *The Ties That Bound*, p. 208.

　　导致夫妻发生冲突和暴力行为的原因很多，包括夫妻性格不和或一方的坏脾气、嫉妒和不忠，以及经济、社会压力等。从法庭来看，通奸常是婚姻诉讼和夫妻关系不和谐的一个重要原因。韦克菲尔德庄园法庭上，约翰·肯沃德被指控与西蒙·德·海沃斯的女儿艾利斯通奸，并把妻子赶出家门。因为此事以及他的不出庭，他被罚以重金，即6先令8便士。妇女也和男人一样会因为此类行为而被指控。托马斯·德·朗格斯菲尔德的妻子因为与约翰·戴尔·雷塞莱通奸，并且携带着属于其丈夫的财物逃离村庄而受到指控。通奸还可能导致谋杀事件的发生。在亨廷顿郡，一个叫做艾玛的妇女是威廉·勒·卡彭特的妻子，同时也是威尔德的约翰·埃德文的情妇，她与约翰因为谋杀威廉而被宣告有罪。约翰被罚13先令6便士，艾玛被罚27先令5便士。这样的案例中，妻子不仅通奸而且与情夫合伙谋杀了丈夫。但是更为常见的是丈夫杀死妻子或其情夫。一个叫罗伯特的人杀死了一名叫约翰的男人，因为后者夜间与罗伯特的妻子秘密约会。[①]另外，长期的不和睦或分居也可能造成夫妻间的暴力行为。

　　这些婚姻生活中的暴力和冲突，可以显示出夫妻之间最为明显的不和谐。还有一些夫妻通过婚姻诉讼摆脱不满意的配偶。但是，婚姻获得解除的机会并不多。教会法庭对于离婚的法律十分严格。在宗教理论中，婚姻关系虽不如童贞和独身那么高尚，但也具有神圣性，不能随意分开。赫姆霍尔兹在研究离婚的情况之后，感叹道："关于离婚诉讼最为惊人的事实是它们如此之少。"他从英国教会法庭档案中寻找人们获得离婚的各种根据，但仅发现有6种理由曾被接受。这些理由分别为儿童婚姻、强制婚姻、同宗关系、姻亲关系、通奸和重婚等。[②] 如果一个人在尚未成年时结婚，其婚姻就可以被宣布为无效；如果夫妻双方之一宣称并证明当初是被迫结婚的，那么婚姻也是无效的。但是，这两种理由很少被采用，可能是因为世俗社会中此类婚姻很少发生，或者被强制进入婚姻的配偶难以使法庭相信自己的说法。理论上，在教会通婚禁忌之内的婚姻，比如血缘关系、亲密关系、姻亲与教亲关系等，皆可视为婚姻无效的理由，但是，它们也在法庭上很少被作为宣判婚姻无效的根据。重婚似乎较多地被用来作为申请离婚的理由，因为只要双方曾经有过另一个自由同意的婚约或结过

---

① Barbara A. Hanawalt, *The Ties That Bound*, p. 209.

② Richard Helmholz, *Marriage Litigation in Medieval England*, pp. 74—111.

婚，那么后来的这个婚姻就是无效的。

　　曾有婚姻或婚约的这一理由在婚姻诉讼中出现得最多，有时它们被用来证明婚姻的合法性，有时是被用来摆脱现在的配偶。教会法庭对此类案件仔细盘查，因为人们之间的串通是很容易的。当事人可以请其他人来宣誓证明有过婚约，从而使法庭相信并宣布现在的婚姻无效。这种做法就曾被一个男人所采用。在伊利主教区内，威廉·奇尔特恩在与阿米西娅·内恩在教堂门口结婚两年后，声称他在此次婚姻之前已经结过婚，因此与阿米西娅的婚姻是无效的。琼·斯夸尔在法庭上与其串通一气，要求维护他们已有的婚约。于是，法庭取消了威廉和阿米西娅之间的婚姻。但是，后来琼很快嫁给了另一个男人。法庭接着就翻案，并宣布威廉与阿米西娅的婚姻是有效的。[①] 尽管这个例子中的威廉最终没有如愿以偿地摆脱与阿米西娅的婚姻，但他的做法显示，在乡村社会中此类情况可能经常存在，甚至可能有一些人能够蒙混过关，摆脱不幸福的婚姻。

　　夫妻不睦还可能来自性生活上的不和谐。在教会看来，如果夫妻一方性无能，则婚姻可以被取消，但是法庭对此类案件要进行专门调查，以防人们滥用这种理由。一般地，结婚三年之后，夫妻中的一方能够以性无能为由申请离婚。这时，法庭就会派“诚实可信的妇女”（honest women）前去调查，如果妻子仍是处女，那么婚姻即可取消。但是，有时法庭也命令“诚实可信的妇女”去调查男人的性能力。在约克和坎特伯雷的档案中就曾出现过这种案例。当时，七位妇女被派去测试男人的性反应，她们以各种方式来刺激和挑逗他，但是最终发现没有引起该男子丝毫的性欲。这些妇女向法庭说明这一切，于是被诉讼的婚姻因为丈夫的性无能而被取消。[②] 夫妻之间性生活上的不协调，使得婚姻名存实亡，从而不能实现婚姻的生育和避免淫乱的目的，这很可能是教会允许该婚姻解除的一个主要考虑。

　　夫妻不和睦的另一个解决途径，就是分居。尽管教会反对婚姻的随意解体，但也意识到通奸、虐待和离经叛道的行为会使婚姻变得不能忍受，所以教会允许夫妻分居。在这方面，牧师更像是给予夫妻友善安排的婚姻

---

　　① Michael Sheehan, "The Formation and Stability of Marriage in Fourteenth-Century England: Evidence of an Ely Register", *Medieval Studies 33* (1971), p. 252.

　　② Richard Helmholz, *Marriage Litigation in Medieval England*, pp. 88—89.

顾问，而不是法官。教会典型的做法体现在下面这个案例中。在 1390 年约克郡的法庭上，罗伯特·汉登比的妻子玛格丽特以虐待为由申请分居，法庭对此事进行了调解，如果"罗伯特今后还会这么恶劣地对待玛格丽特，而且这种行为被两个合法证人证实，那么玛格丽特就能够有权获得床的分离，以及她同罗伯特的相互（身体）使用权的分离"。此外，教会还经常要求丈夫提供担保人或现金与财物来保证他今后的"友善行为"。有些申请分居的案例显示，夫妻的不和睦到了非常严重的程度。约翰·科尔威尔和妻子向法庭提出分居的请求，因为他们若生活在一起便时刻充满恐惧，他们表示宁愿入狱也不要生活在一起。[1] 这些出现在教会法庭上的分居案例，表明有不少夫妻不能和睦相处。

教会并非人们解决婚姻问题的唯一渠道，个人自行解决不和睦婚姻的情况非常普遍的。抛弃配偶的行为，尽管受到教会的谴责，但是社会习俗对此似乎没有特别激烈的反应。在谢灵顿（Sherington）的一个案例中，一个富裕农民家庭中的女孩霍维萨被父亲安排嫁给了另一村庄中的某个男人，并同时把财产也赠予她。但后来霍维萨抛弃其丈夫，并与一名叫托马斯的男人同居。他们有了一个非法出生的孩子，然后结婚并又生育了一个儿子和两个女儿。严格来说，这一桩婚姻是非法的，因为他们是通奸者。但是，世俗当局忽视该婚姻的这种不合法性，允许她的儿子作为合法继承人获得地产。[2] 当然，在乡村社会里，男人抛弃配偶潜逃到外地再婚的情况似乎比妇女抛弃丈夫的情况更为常见。

尽管以上各类行为体现了中世纪夫妻关系上的各类冲突，但是更多的夫妻矛盾可能被隐藏了。因为按照主流意识形态中的婚姻理想，妻子应该服从于丈夫，并且丈夫有权保证自己在妻子面前的这种权威。所以，丈夫责骂或殴打妻子，经常被视为对妻子不良行为的惩戒和纠正。在某个案例中，一位妻子要求分居，因为她的丈夫两次用刀袭击她，不但割伤了她还弄断了她的手臂。这位丈夫却坚称他是理智且公正的，他这么做仅仅是为了"使她改掉错误"。法庭支持了他的说法。[3] 另一个案例也显示出丈夫惩戒妻子的合法性。在查尔格雷夫庄园（Chalgrave）法庭上，法庭的陪

---

[1] Richard Helmholz, *Marriage Litigation in Medieval England*, pp. 100—111.

[2] A. C. Chibnall, *Sherington: Fiefs and Fields of a Buckinghamshire Village*, Cambridge, 1974, pp. 74—111.

[3] Richard Helmholz, *Marriage Litigation in Medieval England*, pp. 102—105.

审员"宣判马杰里·希姆格利斯对他人的谷物有不良行为,因此她的丈夫应该惩罚她"。① 法律支持丈夫的这种权威,如果一个妻子杀死自己的丈夫,她会被判为叛国罪,被等同于一个农奴杀死领主或仆人杀死主人一样。这种法律体现出了对家庭、共同体和社会中的主次秩序的维护,对于那些处于下等地位的一方明显不利。在这种情况下,殴打妻子的丈夫很容易为自己找到借口,而妇女关于家庭暴力的申诉则难以得到公正的判决。

夫妻不和在中世纪英格兰农民阶层中的存在是无可争议的事实,但其程度却很难确知。在教会和世俗的档案资料中,婚姻问题仅占很少的部分。夫妻之间很可能都殴打对方,但是这种情况并不那么频繁地出现或是非习惯性的做法,从而不会引起邻居的抱怨和共同体的关注。尽管男人拥有法律上对妻子的支配权,并且公共权力也掌握在男人手中,但是这并不能说明丈夫都会专横且充满敌意地行使其权力。

(二) 夫妻关系的融洽和谐

尽管如上文所述,许多中世纪的夫妻会产生矛盾和冲突,从而可能进入公众的视野,但更多的夫妻融洽相处的例子却难以被记录下来。不过,从教会和庄园法庭档案中,也可以找到良好夫妻关系的直接或间接证据。

从对遗嘱的研究来看,丈夫对妻子的信任往往超过对子女的信任。这从遗嘱执行方式上可以看出来。一般情况下,立下遗嘱的丈夫把妻子指定为自己的遗嘱执行人,而很少把这种权力给予子女。对贝德福德郡的遗嘱调查显示,65%(197 个)的非牧师的男性指定他们的妻子作为遗嘱执行人,从而使她们拥有对动产和土地进行安排的一定控制权。②

有些丈夫还明确给予妻子更大的权力,包括对子女们的严格控制,甚至包括剥夺继承人的继承权的权力。在一个案例中,伯顿(Potton)的托马斯·克莱在遗嘱中明确写到,在他的妻子死后,在伯顿的房屋和土地将传给其儿子理查德,但"条件是其儿子的行为达到使其母亲与被指定的遗嘱执行者(即理查德的叔叔,牧师约翰)满意的程度"。③ 可见,丈夫在去世时把家庭的主要权力给予了妻子,而不是继承人。丈夫们的这种做

---

① "Court Roll of Chalgrave Manor", ed. Marian K. Dale, *Bedfordshire Historical Record Society* 28 (1950), p. 44. Barbara A. Hanawalt, *The Ties That Bound*, p. 214.

② Barbara A. Hanawalt, *The Ties That Bound*, p. 225.

③ "English Wills, 1498—1526", ed. A. F. Cirket, *Bedfordshire Historical Record Society* 37 (1956), pp. 20, 23, 41, 44, 48, 73. Barbara A. Hanawalt, *The Ties That Bound*, pp. 222—223.

法没有引起道德家过多的警告，但是那些获得财产的继承人对待没有能力进行劳动的老年父母的恶劣态度，却经常成为民间故事所讽刺的对象，道德家们也对这种行为不断谴责。

在另一种情况下，丈夫规定在继承人成年之后，便获得所继承的财产，而不是在寡妇死后。但是，这些丈夫通常把子女的监护权明确地指定给妻子，并且为妻子做出详细的财产安排，经常列出具体的数目，从而保障寡妇从继承人那里得到合理的供应。

而且丈夫为妻子所做的这些安排经常是非常慷慨的，资料中显示他们并非仅仅按照普通法所规定的 1/3 的比例给予妻子寡妇产，而是更可能根据当地惯例或个人遗嘱给她们更多的利益。有些丈夫有意地捐赠给他们的寡妇土地或者财物，并允许她们携带这些东西进入下一桩婚姻。例如，威廉·斯宾塞给他的妻子 4 英亩和 3 杆子土地，她以明确的权利持有这些土地，并能转让它们。另一个丈夫慷慨地教导儿子赡养其母亲，但是假如她结婚或迁居，她将拥有一半的动产。[①] 从丈夫对妻子的这些安排中，不难看出夫妻之间的信任和深厚感情是大量存在的。

庄园法庭记录中也明显有婚姻融洽的例子。一份庄园法庭记录中记载，英国一个乡村的农民在领主的池塘里偷偷捕鱼。农民为自己辩护说："现在我来告诉你我贪婪、想捕鱼的原因，在座的邻居都知道，我的妻子已经卧床一个多月了，不吃不喝，即使是她喜欢的东西。但她最想吃一条鲤鱼，于是我就到池塘边抓了一条，池塘里别的鱼我一条也没动。"[②] 这个农民的辩解提供了一幅乡村生活最为生动的画面，同时也显示出农民夫妻之间的关爱和深情。当然，妻子照顾年老或生病的丈夫的情况就更为普遍。在蒙塔尤，信仰卡特里派的妇女拒绝按照宗教习惯离开生病的丈夫。[③]

夫妻关系融洽的证据还得自丧偶之痛的程度。传统的观点曾认为，相对较高的死亡率、频繁的再婚等经常导致中世纪晚期人际关系的淡漠，所以家庭成员之间的关系是冷淡的，丧偶之痛不太明显。但这种观点已经逐渐被修正，许多学者发现，尽管基督教信仰竭力教导人们接受世俗关系的

①　*Bedfordshire Wills*, No. 62, p. 55. Barbara A. Hanawalt, *The Ties That Bound*, p. 225.

②　［英］贝内特：《英国庄园生活：1150—1400 年农民生活状况研究》，第 241 页。

③　［以］苏拉密斯·萨哈：《第四等级：欧洲中世纪妇女史》，第 249 页。

非永久性和死亡的神圣性，但它同样承认剧烈痛苦的现实存在。而且教会的这种说教对普通村民情感的影响程度，尚值得怀疑。一些学者对近代早期家庭生活的研究提供了考察中世纪人们情感历程的一种思路。霍尔布鲁克发现，在近代早期，有较多描写私人情感的资料流传下来，包括日记和传记等，其中有关丧亲的内容证实了个人在丧偶之后所受的痛苦和打击。随后，他非常正确地指出，有关丧偶之痛的证据的日益增多，不是人们情感变化的充分证据，而仅仅表明了情感表达方式的变化。① 言外之意，从中世纪晚期到近代早期，人们的丧偶之痛没有截然的不同，只不过中世纪晚期人们尚未广泛采用日记和传记等类记录和表达情感的方式。所以，尽管中世纪的民间诗歌中有对妻子在丈夫尸骨未寒时就开始谈婚论嫁的描述，但是对多数人来说，丧偶之痛是难以承受的。

在日常生活中，夫妻的主次地位并没有特别明显的体现。验尸官的调查时而显露出农民日常生活的信息。在一些调查的描述中，很容易发现农民家庭的成员是一起坐在桌旁进餐的，尽管通常是妻子把食物放到桌子上，但她并非像仆人一样，也没有在丈夫吃饭时站在他身后伺候着。无论是在田间劳动，还是在教堂里做弥撒，或是在节日庆祝和日常的闲暇时光中，夫妻经常相伴出现。正如哈纳沃尔特所说，中世纪的婚姻配偶没有生活在斯通所描述的 16 世纪英格兰那种社交分开的冷酷世界里。②

那些进入老年的夫妻，往往能够在互相陪伴的情况下独立生活，只有在一方过世后，另一方失去生活和情感上的支持，才选择进入子女或其他赡养者的家中。这再次显示农民夫妻之间的情感依赖的程度。总之，在中世纪的乡村里，多数情况下农民夫妻能够互相支持与信任，并能长期和睦相处。

综上可见，在农民社会里，婚姻是一种联合体。首先，婚姻是一种经济联合体，这一属性奠定了夫妻关系的一个重要基石；其次，婚姻也是一种社交联合体，它是夫妻关系以及丈夫与妻子身份被社会认可的基础。哈纳沃尔特对中世纪农民婚姻的定位较为恰当，即一种伙伴关系（partnership）③。这种伙伴关系既有经济层面上的含义，又有情感层面上的内涵。

---

① Ralph A. Houlbrooke, *The English Family*, *1450—1700*, p. 222.

② Barbara A. Hanawalt, *The Ties That Bound*, p. 218；Lawrence Stone, *The Family*, *Sex*, *and Marriage in England*, *1500—1800*, New York, 1977, p. 102.

③ Barbara A. Hanawalt, *The Ties That Bound*, p. 219.

婚姻以一种强调伙伴之间经济利益的契约开始；夫妻的传统劳动角色保证了家庭经济的有效运行。当然，并非所有的伙伴都相处得较好。有时，丈夫占据主导地位，妻子的处境就十分不利；有时，一方不能满足另一方的期望，矛盾和冲突在所难免。但是，总体上，农民夫妻的关系比较平和，为家庭的生存和利益而进行的努力，将他们紧密地结合在一起。

尽管文献作品中经常出现对婚姻的消极态度，对婚姻中夫妻关系的讽刺和对妇女的中伤，但是婚姻是被多数农民期待的一种生活方式。婚姻虽然受到教会禁欲主义的影响，但是教会能够控制人们的私密生活的程度难以确定。保存下来的信息提供了互相矛盾的迹象：一方面，教会人士一再重申关于婚姻和性行为的各种规定；另一方面，秘密婚姻、婚外性行为和生育、堕胎、重婚等各类触犯教会法的行为屡屡出现在教会法庭上。诚然，教会的各类规范对于那些虔诚的世俗教徒有着一定的影响，这从那些要求与其丈夫过贞洁生活的妇女身上可以体现出来。但多数的夫妻可能很少严格遵守教会的各项规定，夫妻关系更多是受到现实生活需要和自身情感需求的影响，而不是教会的各种禁令。尽管法庭上的夫妻纠纷显示出婚姻不幸福的夫妻存在，但丈夫对妻子寡居时期生活水平的提前考虑显露出他们之间感情的亲密程度。

在中世纪，私人生活的很多方面并不仅限于私人领域之内，共同体对于婚姻和家庭关系的关注要比近代以来更为显著，因为家庭内部的冲突往往也被视为影响共同体和平的行为。通奸和家庭暴力等行为受到陪审团的特别关注。从对通奸者的惩罚——通常是高额的罚金——来看，这类行为是多数共同体所不能容忍的。

但是在中世纪，共同体对违规行为的处罚带有很大局限性。一旦犯罪人逃离本地，往往就能逃避惩罚。一个案例显示出了这种可能性。一个妇女与其情夫合伙杀死了自己的丈夫，并且从这个地区逃走。许多年以后，这个妇女的儿子出现在共同体内，并且要求得到其父的财产。但是，被谋杀了的男人的兄弟声称，这个男孩不是他哥哥的儿子。[①] 从这个例子可以看出，共同体经常对逃犯无计可施，这就使其在维护家庭和平与社会稳定上所发挥的作用大打折扣。

---

① Barbara A. Hanawalt, *The Ties That Bound*, p. 309, note 9.

三　家庭关系

在中世纪，贵族的家庭往往被称为"家户"（household），而对农村普通家庭来说"家庭"（family）更为恰当。研究表明，从盎格鲁—撒克逊时代起，一般农民家庭是由丈夫、妻子和孩子组成的。[①] 所以在考察家庭关系时，除了上述我们发现的夫妻关系的情况，必须还要研究农村妇女跟其他家庭成员的关系，主要是指她们和孩子的关系。

通常情况下，农民家的孩子幼年大部分时间在家中度过，耳濡目染，从父母身上习得简单的性别角色意识，并可能被父母派去照顾弟弟妹妹，或者做部分家务活儿。从 7 岁到 12 岁，社会下层的孩子开始对家庭经济做出重要的贡献。有记载显示男孩会去钓鱼，收集燃料和食物，喂养家畜，传递信息和跑腿办事，以及协助用茅草盖屋顶和收获庄稼；女孩也收集食物，帮助母亲提水，生火，做饭和洗衣服。[②] 这是一个开始学习在其成年生活中需要的技术的时候，母亲在这种非正式的教育和训练中常会扮演重要角色的内容。

在子女进入青年时代后，大多数十多岁的女孩生活变化不大，因为她们倾向于继续干她们原来在家庭环境里干的大部分工作。此时，母亲更多的传授给女孩那些被认为合乎其性别身份的成年人角色的内容。

总体来看，因为缺乏普遍的正式教育机构，中世纪农民家庭中父母对于成长中的子女的影响非常大。但也有一些例外，比如对那些被很小就送出去做女仆的人来说，可能对她们影响最大的不是父母，而是她所服务的家庭中的主人和主妇。

中世纪生育的危险一直很大，产妇及婴儿死亡率都很高。研究表明，中世纪农村家庭中父母和子女之间的关系并不特别密切，尤其是对于婴幼儿。缺乏照顾、营养不良和不卫生的环境使很多子女在婴儿时代便死去，这使得人们对孩子不能投入过多的情感。而且在 16 世纪人文主义兴起以前，教会不断向人们灌输"原罪"的观念，认为人生而有罪，从儿童时期起就具有原罪，就要不断赎罪，不断接受惩戒。随之而来的是社会上普遍强调父母的惩治责任，在这种情况下，父母对待孩子一般比较严厉，惩

[①]　Barbara A. Hanawalt, *The Ties That Bound*, p. 4.

[②]　Peter Fleming, *Family and Household in Medieval England*, Palgrave, 2001, p63—64.

罚、鞭打儿童的现象随处可见。相比于近代以来的家庭，那时亲子之间的
关系是比较冷淡的。

当然，也不是所有的父母都苛刻地对待子女，尤其在农民家庭这种情
况相对较轻。在庄园资料中，经常可以看到父母为了子女的成长、婚姻和
生活所做出的积极努力，比如为不能继承家庭财产的孩子提供小份额的自
垦地，向领主交纳"婚姻捐"以便让她能嫁给一个如意郎君，为即将出
嫁的女儿力所能及地提供更多的嫁资，等等。

第五章

农村未婚妇女、寡妇与老年妇女

中世纪的妇女大致可以分为两类，一类是已婚妇女（married women），另一类是单身妇女（single women）。这里的单身妇女，不仅包括未婚的青年妇女，还包括独身妇女和寡妇。她们之所以能够被划归一类，是因为她们具有共同的一项属性，即不在婚姻关系之中。

在中世纪的社会生活中，"不在婚姻关系之中"这一状态，对妇女的影响非常明显，因为它表明了妇女的一种家庭和社会身份。被归入此行列的妇女，并不是受人羡慕的对象，因为她们缺少保护人。进入老年的单身妇女，尤其可能受到来自共同体的怀疑和敌视。不过，从法律上来看，处于婚姻生活之外的妇女拥有已婚妇女所不能享有的特权，她们能够以自己的名义行事，能够出席法庭并为自己的行为负责，能够独立持有和经营土地，能够较为自由地参与经济活动和社会交往。有些寡居的妇女，能够成为户主，从而被赋予了原先仅属于男人的一些特权。她们不仅能够独立处理家庭事务，为自己和家庭成员的行为负责，还可以为其他邻居出庭作证或做担保。处于婚姻生活之外的妇女中，尤其在未婚和寡居两个阶段上享有明显的独立自主权，与已婚妇女的生活有较大的不同。

第一节　农村未婚妇女的生活

一　未婚妇女的界定

本研究中未婚妇女主要指的是处于青春期阶段的年轻妇女。青春期是中世纪妇女的一个重要生命阶段，在这个年龄段的妇女具有独特的家庭和社会角色，因此也具有独特的行为方式和价值观念。

1. 青春期的界定

青春期（adolescence）是中世纪妇女的一个重要生命阶段，是从童年向成年过渡的阶段。对于青春期所涵盖的年龄段，史学界很少有特别确定的结论。因为青春期是人生重要的过渡阶段，所以多数史学家都根据与这一生命阶段密切相关的方面来对它进行界定，比如性成熟和结婚年龄等。

中世纪的青春期，一般从12—14岁开始。多方面的资料都能够为此提供支持。中世纪的多数医学权威在女性成熟的年龄上取得了一致意见，即12—15岁。[①] 对于这一点，教会法学家也基本同意，他们把婚姻同意的最低年龄定为：女孩是12岁，男孩是14岁。[②] 而地方习俗中也通常把全部的法律责任赋予12岁或14岁的青年人。大量未成年的男女继承人，在这个年龄段开始控制他们的财产，而且整个英格兰的青年男子在12岁就被编入十户联保组。在13世纪晚期的利普顿（Ripton），一项审讯显示出妇女达到法定成年的年龄是13.5岁，男人达到成年的年龄是在14.5岁。不过，地方规定呈现出多样性的特征。在艾弗庄园，继承人直到16岁以后才能要求其对继承财产的权利。[③] 在海尔索温，持有地产的最低年龄则是20岁。[④] 这些数字给出了有关青春期的两个基本概念，一个是生理意义上的成熟，一个是公共与法律意义上的成熟。医学权威与教会法学家所考虑的主要是生理上的成熟，而地方惯例对于青春期的考虑则更多地出于公共意义上的法定成年。所以，艾弗和海尔索温所提供的数据，基本上可以看作在当地被接受的法定成年的年龄。一般生理的成熟和法定成年比较接近，所以达到法定成年的年龄理论上可以作为青春期的终点。不过，事实上在中世纪往往进入婚姻才被视作真正成年的标志，所以，把婚姻当作青春期结束的终点更为合适，但独身群体另当别论。

2. 青春期的社会内涵

对于生理意义上的青春期起止时间的估计不必过于细致，因为青春期

---

① J. B. Post, "Ages at Menarche and Menopause: Some Medieval Authorities", *Population Studies 25* (1971), pp. 83—87; Darrel W. Amundsen and Carol Jean Diers, "The Age of Menarche in Medieval Europe", *Human Biology 45* (1973), pp. 363—369.

② Richard Helmholz, *Marriage Litigation in Medieval England*, p. 98.

③ Maitland, *Select Pleas in Manorial Courts*, p. 121; Judith M. Bennett, *Women in the Medieval English Countryside*, p. 258, note 10.

④ Zvi Razi, *Life, Marriage and Dearth in the Medieval Parish*, p. 43.

本身，与其说是一种单纯的生理阶段，不如说是承载了特殊社会意义的人生阶段。伯恩费尔德发现，社会文化和经济因素使青春期结束与身体成熟并不同步发生，他把这种超过了身体成熟之后才结婚的生命时段，称为"延长的青春期"①。

从 12—14 岁开始，中世纪的男女进入了新的生命阶段，获得了新的社会身份，不再像儿童期那样完全依赖于家庭。他们具有了法律上的独立行为资格，能够接受财产和订立契约，能够进行土地交易，并能够建立自己的社会关系网络。在这些过程中，他们逐渐接受成年人的法律责任，并且逐渐从父母的权威之下脱离出来。直到最后，婚姻结束了青春期，他们又开始接受新的有关已婚男女的家庭和社会责任。

青春期对于男女来说，都是重要的生命阶段，在此时段他们呈现出较多的相似性，与其在婚姻状态下的较大的差异性形成极大的对比。青春期的男女在法律、经济活动和社会经历上呈现出较多的相似性。青年男女都具有法律上的行为能力和资格，他们可以作为土地持有者，自由地持有和交易地产；他们也能够为自己的行为负责，一旦犯罪，就可能受到针对他们自身的惩罚；他们还能够作为独立诉讼人，提出诉讼或应对他人的指控；另外他们还可以通过法庭和社会生活中的各种交往，建立起自己的关系网络。

男女的青春期还包含着不同的社会内涵。性别使青春期的男女具有不同的政治权利。一旦进入青春期，青年男子就获得了政治责任，而这是他们的姐妹不能得到的社会角色。青年男子在 12 岁开始被编入十户联保组，从而受到十户长的管辖，并为共同体的和平尽义务。这种政治参与，为他们在进入婚姻和完全成年以后获得更多的政治责任奠定了基础。

尽管青春期的男子开始建立起少女们所不能有的政治关系，但是，在青春期，社会所赋予男女的权利和责任上的相似性占更明显的优势。

二　未婚妇女的行为方式与特点

有关未婚青年妇女的权利和经济活动，前文已有较多的分析，所以本节在讨论其生活中的基本经历时，侧重考察未婚阶段的妇女的独特经历，

---

① ［奥］迈克尔·米特罗尔、雷因哈德·西德尔：《欧洲家庭史》，赵世玲等译，华夏出版社 1987 年版，第 85 页。

以及在青春期阶段两性生活上的差异性。

与童年阶段和婚姻阶段相比，青年阶段的妇女生活具有一些鲜明的特点。法律上，青春期的妇女依然属于户主的依附者，不过，她们开始慢慢地获得家庭之外的独立性。日渐脱离父母的控制，是中世纪妇女青春期的一个重要特征。妇女的这种独立性具备多方面的基础，包括经济上的财产权利、法律上的独立行为资格，以及社会联系和交往的扩大。首先，中世纪的大量女孩在进入青春期不久就离开家，去其他家庭做仆人或农业雇工，从而使她们脱离了家庭，甚至也脱离了村庄和庄园。其次，无论是通过继承、购买还是其他方式，妇女进入青春期后便能以自己的名义持有土地，并被要求出席庄园法庭，而且她们能够与其他人交易土地或订立契约。此外，在法律行为上，进入青春期的妇女，开始为自己的行为负责，并且能够单独向法庭提出诉讼或受到他人的指控。于是，从各地的档案资料中可以清楚地看到，大量的女孩出现在法庭上，为自己交纳婚姻捐，交易土地，以及参与诉讼活动等。

1. 青年妇女行为方式上的独立性

青年妇女的独立性在其作为土地持有者的活动中有明显的体现。青年妇女作为土地持有者，经常出现在土地交易市场上，而且与妇女土地交易的总体倾向并不一致。在布里格斯托克庄园，妇女总体上的土地交易是以转出土地为主，60%的妇女是在法庭上把土地转让给他人。但在这些妇女中，未婚妇女和已婚妇女转让土地的情况明显不同，67%的已婚妇女是转出土地，而未婚妇女仅有26%是转出土地，她们中的大多数人是作为土地接受者的角色出现。① 这些数据显示，青春期阶段的男女在较多的情况下能够从他人那里获得土地资源，比其他年龄阶段更容易积累财产，而不是分散自己的已有财产。这种倾向有助于未婚妇女自身经济能力的提高，也有助于其生活安排上的独立。

未婚妇女进行土地交易的方式也显示着她们与已婚妇女的差异。资料显示，多数未婚少女是独自进行土地交易（88%），而已婚妇女却多数要依赖于别人以联合方式进行土地交易（82%）。由此可见，青春期阶段的妇女在土地市场上比已婚妇女拥有更多的独立性，而且比其他生命阶段的妇女更可能积累地产。这些差异从侧面反映出了婚姻给妇女的生活带来的

---

① Judith M. Bennett, *Women in the Medieval English Countryside*, pp. 34, 78, 113.

重要影响。

与法庭上转让土地的独立性遥相呼应的是，青年妇女能够自主支配她们得到的土地，她们很少与其父母共同持有地产，也很少在地产转让中遇到法律障碍。不过，这并不说明青年妇女的土地事务与家庭分离，从土地交易的情况来看，多数的土地是在家庭之内转让的。而且在女孩获得的转让中，多数来自父母的直接转让，上面例子中被抽样的妇女，有一半多是从父母那里得到土地。

法庭上土地转让的独立性，仅仅是妇女经济自主性的部分体现而已。大量青年男女通过家庭工副业劳动、家内服务或雇佣劳动等方式，为自己积攒了现金，从而购买土地。尽管对于青年妇女从做女仆或雇工等类劳动中获得收入的多少难以确定，但不能否认的是，这些机会更多的是属于青年阶段的妇女，而不是已婚妇女。对于做女仆的女孩来说，通常的报酬是衣物、饮食和少量现金，但是从那些自己购买婚姻捐的妇女所占的较高比例来看，女孩的这种收入是经常性的。受雇于农业劳动中的女孩，可能会像其他年龄阶段的妇女那样，被安排做低技术且低工资的活儿，但是这种收入通常比做女仆要高，尽管不像做女仆那样居住在主人家中，从而能够减少自己的生活花费。而且工资劳动者在劳动力稀缺的时候，可以较为自由地改变雇主，从而获得较有利的工资。

尽管青春期的妇女具有已婚妇女所没有的独立性，但是对这种独立性不能有过高的估计。实际上，青年妇女的生活中，独立性与依附性依然纠缠在一起。从青年妇女使用家庭担保的情况来看，半数以上的土地交易和犯罪指控的案例中（分别为52%和56%），女孩是从家庭成员之内寻求法律上的支持，民事诉讼中也有33%的案例是获得了家庭成员（主要是户主）的帮助。相比之下，妇女在土地交易、犯罪和民事诉讼中采用家内法律支持的比例分别为29%、46%和24%。① 显然，青年妇女在这些方面对家庭的依赖倾向，超过了女性的总体情况。可见，青春期的妇女获得的是一种半独立的状态，而不是完全独立。不过，妇女在进入青春期以后，社会关系网络开始慢慢扩展，只不过在这种过程中她们仍然需要来自户主的保护与引导。不过，青年妇女不再像童年期那样完全依附于家庭成员，大多数的民事诉讼是从家庭成员之外寻找担保支持，而且土地交易和

---

① Judith M. Bennett, *Women in the Medieval English Countryside*, p. 85.

犯罪指控的案例中，在家庭之外寻找的法律支援也接近半数。这说明，青年妇女并非完全依赖于家庭成员，其家庭之外的关系网络也在不断扩展，其较为独立的社会身份逐渐获得认同。

2. 青年男女行为方式的异同

尽管青春期阶段的妇女，与童年时期和婚姻阶段相比显示出相当大的独立性，但从性别的角度来看，处于同一生命周期的男女在行为方式上既有相似之处，也有极大差异。

从土地交易的情况来看，青年男女的行为方式上具有非常多的相似之处。从布里格斯托克庄园的土地交易抽样情况来看，青年男女多数是接受土地（66∶74），且多数是接受不足 2 杆子的小块地产（88∶86）。而且他们多数是独自进行土地交易活动（93∶88）。这说明多数青年男女是以同样的方式并为了同样的目的出现在土地交易事务中，即独自从他人那里获得小块地产。由此可见，青年妇女在经济参与方式上经常与青年男子非常相似。

不过，青年男女土地交易上也存在重要的差别。多数青年妇女是从家庭成员那里得到地产（67%），而青年男子所接受的土地多数来自家庭之外（72%）；而且青年妇女出现在土地事务中的比例明显低于青年男子（1∶4）。这些倾向表明，青年妇女在参与土地市场的方式上仍然与妇女的总体模式相似，不仅交易范围多限于家庭之内，而且参与程度也相对有限（妇女与男人的比例为1∶4）。由此可见，尽管婚姻给不同生命阶段的妇女带来不同的机会和独立性，但是性别因素常使她们遵循一些特定的模式。因而在分析妇女的生活时，婚姻状态和性别都应被看作影响妇女行为的重要因素。

此外，青年妇女在雇佣劳动和家内服务等领域也常遭遇性别限制。尽管青年男女都能通过这两种方式为自己积攒财产，但是男孩比女孩更容易确立自己的资产或者学到一门技术。做女仆的妇女，很少能够学习到专门的技术，通常只是忙于家庭劳动或各类杂务，但男孩更可能被接收为学徒，可以在青春期习得一门谋生的手艺，或者他们可能得到比女孩更多的工资。而且许多青春期的男孩有望在父母退休或去世时继承地产，但多数女孩都不可能有这种机会。面对较少的就业机会、较低的工资以及较少的继承机会，许多女孩离开她们的村庄，到其他村庄或城市寻找更好的机会。不过，不管在城市还是乡村，雇佣劳动领域和家内服务都存在明显的性别分工，青年男子受雇的工作一般工资较高，而女孩则更多的是被安排从事辅助性的行业或做那些传统上被认为是"妇女的活儿"。

在社会交往方面，青年男女比其他生命阶段的男女更要依赖家庭成员的担保，尤其是需要户主的担保，因为他们被视为户主的依附者，但青年妇女比青年男子对家庭的依赖性更强。在布里格斯托克庄园的案例中，青年妇女在土地交易和犯罪案例中对家庭的依赖程度明显超过青年男子，他们采用家庭成员做担保的比例为 52∶35 与 56∶47。[①] 由此可见，多数情况下青年妇女在法庭上是从家庭成员那里得到法律支持，而较少是与家庭之外的人发生联系。

综上所述，对于中世纪乡村社会中的青年妇女来说，婚姻和性别是影响其生活方式的重要因素。因为处于未婚的青春期阶段，妇女拥有较高的独立性，她们获得了完全的法律行为资格，有一定的自由支配的财产，并且开始与家庭之外的人建立起日益频繁的联系；因为属于女性这一性别，所以青年妇女同其他年龄段的妇女一样在行为方式上带有一定的局限性，而且与同处青春期的男子面对不同的经济机会和社会关系网络。

三 未婚妇女的性观念

与青春期相伴而来的是妇女生理上的成熟，于是在两性交往上逐渐摆脱了童年期的无知，而逐渐向成年人的行为过渡，此阶段经常发生的婚前性行为是颇值得注意的一种社会现象。

1. 婚前性行为现象

在中世纪英格兰乡村，处于青春期阶段的青年人逐渐走向成熟，必然会有男女之间的相互爱慕和调情，婚前性行为也较为常见。中世纪领主对私人生活的干预往往成为后世研究的一个重要线索。因为大多数乡村青年人处于庄园制度管理之下，无论男女农奴都是领主的财产，领主的财产如果受到损失，他自然就会为此而索要经济上的补偿，一般情况下会对侵犯领主此种权利的青年妇女处以罚金。正如格拉斯顿伯里记录上所说的那样，"无论何时，只要哪个不自由的女人不珍视其身体，因为造成我们的领主在将其出卖时蒙受损失"，[②] 领主就有权享有罚金。这种罚金就如同

---

① Judith M. Bennett, *Women in the Medieval English Countryside*, p. 85.

② ［英］贝内特：《英国庄园生活：1150—1400 年农民生活状况研究》，第 218 页。

其他的农奴税金一样，会被登记到庄园账册中，其中，对一般的婚前性行为进行的处罚被称为私通罚金（legerwite 或者 lecherwite），但是如果妇女在婚前怀孕并分娩，就会受到另一种处罚，即婚前生育罚金（child-wite）。① 当然，并非所有地区都有这两类处罚，有的庄园仅有私通罚金，而没有婚前生育罚金，如海尔索温庄园便是如此。

从地方记录来看，妇女的婚前性行为普遍存在。尽管在不少庄园，领主和他们的代理人对此类行为不甚在意，但较多的庄园都有对违反道德戒规的男女进行处罚的记录。有些庄园甚至把对婚前性行为的处罚变成了例行公事，如在布拉夫顿，在针对青年妇女的 56 项罚金中有 34 项（60%）是因为私通或婚前生育（8 项私通和 26 项婚前生育）。这些数据表明了当地妇女婚前性行为的较高比例。在另一些庄园，似乎对于妇女的婚前性行为没有随时进行处理，而是在某个年份集中进行处罚。比如，在韦克菲尔德庄园多数年份里没有为私通而征收罚金的记录，但在 1316 年召开的一次法庭上有此类案例。而且似乎当时该庄园的所有青年妇女被集中到一起并被处以罚金，或是因为失去童贞，或是因为未经许可而结婚。资料中出现的是几乎相同模式的语句：例如，"农奴约翰·斯贝逊的女儿朱丽安娜，是一个农奴，在结婚之前失去了童贞，而且还没有支付私通罚金和婚姻捐 2 先令。这位约翰的另一个女儿艾丽斯，是一个农奴，被夺去了童贞"。这些案例列举了每个家庭的所有青春期的女孩，并对她们进行了处罚。但是，这次法庭是该庄园记录中唯一且非常特殊的一次。哈纳沃尔特认为，这样集中起来统一进行的处罚，与领主对现金的迫切需要相关，而不是韦克菲尔德庄园道德意志的突然衰落。②

从这两个庄园的情况可以看出，庄园的记录并非婚外性行为的准确反映，不同的庄园和同一庄园的不同管家对此的态度和做法常常极为不同。但是，不管妇女婚前性行为有多少曾被法庭发现和处罚，它们的存在已是普遍事实。赫里福德的巡视记录显示，人们的私通行为在各个教区普遍存在，教会当局甚至时不时地对违规者进行指名道姓的传唤。③ 而且即使在那些平时不关注私通行为的庄园上，在领主需要对此征收罚金时，管家也

---

① Barbara A. Hanawalt, *The Ties That Bound*, p. 194.

② Ibid. , pp. 194—195.

③ ［英］贝内特：《英国庄园生活：1150—1400 年农民生活状况研究》，第 221 页。

能够顺利地对违规者进行处罚，这说明这些青年人的行为可能在此之前早已众所周知了。

农村妇女婚前性行为的现象，存在于各个农民阶层。在布拉夫顿，被指控性行为过失的妇女主要集中在农民群体较上层和较下层。但在海尔索温，因私通而被处罚的妇女多来自中等阶层以下的群体，尤其是贫穷家庭的女孩在被指控的私通者中占主导地位。

随着中世纪晚期农奴争取自由权利的不断成功，领主失去了对私通行为进行处罚的权利，被记录的违规行为也相应地减少了。在海尔索温，黑死病前的 78 年中，有 117 项私通罚金，但是在其后的 37 年中，这个数字降至仅 9 例。[①] 这种情况的出现可能是因为黑死病后土地相对容易获得时，人们能够较早结婚，从而减少了婚前性行为的发生。但是，联想到 14 世纪农奴普遍争取自由的趋势的话，对此就会有另一种非常可能的解释，就是这种私通罚金，也同其他的标识农奴身份的罚金一样，消失在农奴解放的斗争中了。所以，此时的庄园档案中所显示的数字，不一定说明 14 世纪末的青年男女比他们的前一代人更加遵守性道德。

2. 社会对婚前性行为的态度

中世纪英格兰农村婚前性关系的普遍存在，在很大程度上与当时婚姻成本较高而形成相对晚婚这一事实相关，而不能简单地认为是当时社会性道德约束的松懈。婚前性行为常被当作婚姻的前奏，而怀孕实际上经常成为婚姻发生的必需条件。因为劳动力对经济的重要性，使一些男女想在进入婚姻之前确保具有生育能力。有时，一些青年人希望在经济条件充裕的情况下才结婚，但是如果其婚前性行为导致怀孕，那么他们通常很快进入婚姻。[②]

教俗界对婚前性行为持较为宽容的态度。教会对此的放任态度，从一系列有关婚约的诉讼中可以看出来：一名叫朱莉安娜的妇女曾与三个男人（斯蒂芬·古巴特、威廉·埃特摩和斯蒂芬·波特夫）有性关系，并因此陷入婚约诉讼中。法庭审讯的结果是不同意古巴特娶朱莉安娜，因为他与埃特摩有血缘关系；而波特夫，尽管是在古巴特之后才与朱莉安娜有了婚

① Barbara A. Hanawalt, *The Ties That Bound*, p. 195.

② Edward Britton, *Community of the Vill: A Study in the History of the Family and Village Life in Fourteenth - Century England*, Toronto, 1977, p. 51; Zvi Razi, *Life, Marriage and Death in the Medieval Parish*, p. 66.

约，但最终被判为她的合法丈夫。[1] 由此可见，教会更关注的是禁止通婚的血缘关系层级，而不是这几个青年人的婚前性行为。此外，在教会法庭上，两个妇女声称与同一个男人有过婚约之下的性行为的情况也并非少见。[2]

不过，教会法庭上也曾出现对私通者的严厉处罚，不仅是处以罚金，而且实行肉体处罚，甚至被开除教籍。布拉德利的托马斯供认自己与铁匠吉尔伯特的女儿阿格尼丝有染。托马斯被鞭打，阿格尼丝则因拒不认罪而被延期判决，随后被开除教籍。在阿格尼丝招供之后，受到鞭打，才得以恢复教籍。另一对违规者，弗兰克利的亨利与玛蒂尔达·康德沃德，因通奸罪被带到法庭。女方认罪并发誓痛改前非，被判在市场上鞭打一下。男方却因执迷不悟，被开除教籍。因为淫荡行为主要属于教会法庭的管辖之内，所以法庭的这些严厉态度在一定程度上表明教会对此类行为的憎恶程度。但是，教会法庭的惩罚效果甚微，几乎从未遏制住此类事情的发生。

世俗社会对婚前性行为的态度更为宽容。因为从上面的例子可以看出，朱莉安娜的婚前性行为似乎不是男人是否娶她的关键所在。尽管婚前童贞是当时的道德家们普遍关注的问题，但这显然不是未来丈夫的苦恼所在，因为在朱莉安娜与其他人曾有婚前性行为的情况下，波特夫仍旧能接受她作为自己的妻子。乡村共同体对婚前性行为的态度，从对一个未婚先孕案例的记录方式可以看出来，记录中写道，艾丽丝·福特曼的女儿约翰娜"偷偷地怀孕了"，并在半夜生了一个女婴，但这个女婴未经洗礼就死了。约翰娜"不体面地把这个婴儿放在托马斯·金门前的宅地上"，用这种方式来显示出他是婴儿的父亲。[3] 从这种记录的词语可以看出，村民对约翰娜的婚前怀孕没有大惊小怪，而是认为她这种暴露内情的方式是"不体面"和应受谴责的。或许，在村庄共同体看来，她的这一"不体面"的行为比她的婚前怀孕更能造成不良影响。

由此可见，对中世纪英格兰农村劳动妇女来说，婚前性行为并不是十分陌生，她们有可能在青春期陷入爱情，甚至与情侣发生性关系；她们也有可能怀孕，甚至可能会为了掩盖婚前性行为而堕胎或溺婴。但是，并非

---

① Barbara A. Hanawalt, *The Ties That Bound*, p. 195.

② Michael Sheehan, "The Formation and Stability of Marriage in Fourteenth – Century England: Evidence of an Ely Register", *Medieval Studies* 33 (1971), pp. 241—243.

③ Barbara A. Hanawalt, *The Ties That Bound*, p. 196.

中世纪英格兰村民的道德沦丧到了性泛滥的地步，青年男女的婚外性行为常常成为他们缔结婚姻的前奏。不过对农民妇女婚前怀孕和非法生育的情况也不可以做过高的估计。从 16 世纪的教区登记来看，婚前怀孕的夫妻仅占所有婚姻的 13%—26%。不过，从社会对待婚前性行为和非法生育，以及非婚生子女的态度来看，社会对于妇女在非婚姻状态下的性行为是比较宽容的。

综上可见，青春期阶段，对于中世纪的妇女来说，具有非常重要的意义。首先，青春期阶段是妇女的一个独特的生命阶段。青春期的妇女，既不再像童年时期那样完全依附于户主和家庭，也具有其后作为妻子所不能享有的机会和权利；她们开始获得相对独立的社会身份和行为权利，而且还广泛参与到家庭经济活动之中。其次，青春期阶段是妇女获得知识和技能的主要时期。中世纪的女孩通常很早就开始为家庭经济做出贡献，其中多数人还可能会有做仆人或雇工的经历，通过各类劳动和经济活动，妇女从父母或主人那里学会了作为家庭主妇的各种技能，从而为步入婚姻生活奠定了基础。不过，无论青春期的妇女具有多少独立性，也不管她们在多大程度上参与经济和社会生活，对性别角色的认知是她们自觉不自觉的人生经历和体验的组成部分，这对于她们接受成年生活的各种处境起了非常重要的作用。

第二节　农村寡妇——独特的妇女群体

寡妇是中世纪乡村人口中的重要组成部分，如果缺少对这一群体的考察，显然无法整体把握农村劳动妇女的整体状况。寡妇，与其他生命阶段的妇女不同，她们不依附于男人，而且自身还有可能成为户主，她们比其他妇女拥有更多的自主权利。而且寡妇不必从一而终，她们通常可以自由选择再婚。本节重点考察寡妇的基本生活状况和再婚情况。

一　重要的妇女群体——寡妇

除了青春期妇女之外，寡妇和独身妇女是处于婚姻生活之外的独特的妇女群体。因为中世纪的英格兰农村独身妇女相对较少，而与之相比，寡妇却因为其数量和家户地位而特别显眼。所以，笔者不专门讨论独身妇女的处境，而主要考察寡妇群体的存在情况，以及寡妇的再婚和婚外生活状况。虽然男人和女人都可能会在中年时期丧偶，但是长期寡居的鳏夫却明显比寡妇少得多。或许正如古老的农民谚语所说的，一个家庭能够在没有农夫的情况下继续存在，但是在没有好妻子的情况下将不能继续存在。也许这在一定程度上给出了大多数男人仓促再婚，而寡妇却能够长时间寡居的部分原因。不过，男女的寡居时间长短还受到寿命和自身再婚条件等因素的影响。人口统计学研究和财产持有调查统计表明，妇女更可能比丈夫寿命长，而且比男人更可能不再婚。[①] 总之，寡妇群体成为农民阶层中显而易见的一个群体。

寡妇在中世纪的英格兰非常普遍。研究表明，中世纪较高比例的成年妇女会有守寡的经历。在布里格斯托克庄园，在瘟疫前的法庭记录中能够辨识出确切姓氏的 843 位妇女里，有 106 个（占 12.5%）一生中至少有过一次丧夫经历。而一项关于遗嘱的研究表明，在被调查的 326 份成年男性的遗嘱中，有 235 份（占 72%）涉及他们仍在世的妻子。[②] 这一较高的比例显示出在有产阶层中，较多的妻子会有守寡的经历。但是，不同资料之间的差别很大，因而难以断定寡妇的总体比例。

相当多的寡妇能够获得地产，并作为佃户出现在地方记录中。巴巴拉·英格利希研究发现，在 13 世纪晚期的土地持有者中，持有半维尔盖特土地的人中的 1/6 和茅舍农中的 1/3 是寡妇。而在 1419 年翁伯斯勒（伍斯特郡），约 14% 的庄园佃农是寡妇。在布里格斯托克庄园 1319 年的租税册上所列的 60 个人中，至少 10% 是寡妇。这种特点似乎一直持续到近代，拉斯勒特对前工业化时代家户的研究，发现大约 13% 的家户是由寡妇作为户主的。[③] 这样来看，中世纪的英格兰有 10%—15% 的户主是寡妇。考虑到那些将土地让与继承人或某个子女，从而退休居住在子女家中的寡妇，寡妇的总体比例肯定高于女户主所占的比例，或许达到 15%—20%。

① Barbara A. Hanawalt, *The Ties That Bound*, p. 200.

② Judith M. Bennett, *Women in the Medieval English Countryside*, pp. 143, 278; Barbara A. Hanawalt, *The Ties That Bound*, p. 221.

③ Barbara English, *The Lords of Holderness, 1086—1260*, Oxford, 1979, p. 191; R. H. Hilton, *The English Peasantry in the Later Middle Ages*, p. 99; Judith M. Bennett, *Women in the Medieval English Countryside*, p. 279; Peter Laslett & Richard Wall, eds. , *Household and Family in Past Time*, p. 147.

寡妇守寡的时间一般比较长。从布里格斯托克庄园上的 53 位处于寡居状态中的寡妇来看，从她们作为寡妇第一次被提及，到最后一次以寡妇身份出现，最少的是 1 年，最长的是 37 年，中间数是 5 年，比总体上的平均值 9 年要低得多。当然，她们开始守寡的年龄、她们的经济状况和家庭状况等因素都对其守寡的时间有很大的影响。但是，可以肯定的是，多数妻子比其丈夫多活好几年，甚至可能是十几年以上。而且她们一旦守寡，一般比鳏夫寡居的时间要长得多。[①]

由于寡妇不再处于依附于丈夫的地位，且多数成为一家之主，所以庄园记录提到她们时，不再称呼她们为"某某的妻子"，也很少称呼她们为"某人的寡妇"，更经常的是仅记录其名字。比如，布里格斯托克庄园的一位妇女玛蒂尔达·曼宁，在其婚姻期间一直被庄园书吏称为"约翰·曼宁的妻子"（10 次），但是在其丈夫去世后，书吏通常把她仅记录为"玛蒂尔达·曼宁"（9 次），而很少通过称呼她为"约翰·曼宁的寡妇"（仅有 2 次）来表明其婚姻状况。还有一些妇女在丈夫死后，改回原来的姓氏。如果没有书吏的证明、继承权利金（relief）或租地继承税（heriot）的支付记录，或者寡妇产土地的转让记录，她们的婚姻状况就很难确定。艾丽丝·古道普就是一个例证。她在丈夫休·海尔科克死后改回原来的姓，如果不是她在 1322 年交纳了一次租地继承税，她的寡居状况就无法显示出来，因为除此以外，她再也没有被法庭书吏记录为一个寡妇。[②]资料上的这种倾向，尽管带来统计和分析上的麻烦，却说明了寡妇以独立身份被社会认可的这种事实。

二　寡妇的独特权利

在中世纪的英格兰，寡居是大量妇女会经历的特殊生命阶段。丈夫的去世给乡村劳动妇女带来经济上和感情上新的责任、机会和独立性，而这些机会她们在其他的生命阶段是无法享有的。

首先，丈夫去世给予寡妇部分或全部的家庭财产的管理权。一般寡妇可以获得寡妇产，即享有对亡夫土地 1/3 或 1/2 的财产权利，有时甚至是全部财产。另外，有些丈夫还会通过庄园法庭安排或个人遗嘱为妻

---

① Judith M. Bennett, *Women in the Medieval English Countryside*, p. 144.

② Ibid. , pp. 144—145.

子做出更为慷慨的准备，有时甚至是将妻子安排成自己的继承人，在萨默塞特的方顿·唐庄园上，惯例的做法就是把寡妇作为丈夫的继承人，而且允许她再婚并把土地传给最后一次婚姻的孩子。① 当然，这种对寡妇十分有利的情况并非普遍存在。不过，许多寡妇除了获得寡妇产以外，还常获得未成年子女所继承财产的监护权，直到他们成年，从而在较长的时间内控制全部家庭财产。在 1332 —1376 年艾弗庄园被监护的17 个未成年继承人中，有 7 个是处于其母亲的监护之下（占40%）。② 而且在这个庄园上，寡妇普遍被指定为其丈夫的遗嘱执行人，负责执行他们的遗嘱的条款。③ 这给了寡妇较大的财产支配权，有时甚至包括剥夺继承人的继承权的权力。此外，结婚时所带来的嫁妆也能返还到寡妇手中，她可以自由支配这份财产。所以，在中世纪的乡村中，寡妇经常能够拥有地产，在一些村庄，10% —15% 的地产被妇女持有，其中多数是寡妇。④

　　其次，寡妇作为家庭主妇，在丈夫去世后会成为一家之主，承担起和其他男性家长几乎一样的责任，并且握有了对家庭成员的权威。因为中世纪的农民家庭是基于婚姻之上的，丧夫的妻子必须承担起像亡夫一样的责任。她们可以在家庭事务的决策上行使全权，可以较为自主地计划和安排自己与子女的未来，比如自己的再婚选择和安排子女的婚嫁。许多寡妇在新的生活方式和自由中重新露面并变得活跃起来。在布里格斯托克庄园，多数寡妇没有在丈夫去世后退休，而是作为户主继续独立生活。仅有3%的寡妇选择退休，另外有6%的寡妇表现出不愿意出席法庭的倾向；相比之下，16%的寡妇为子女的过失或家庭的犯罪行为而支付了罚金，10%的寡妇在法庭上为他人做担保人，5%的寡妇支付了租金。⑤ 她们显然能够承担户主的责任，而且较为活跃地出现在地方法庭上。除这部分出现在法庭上的妇女以外，大量寡妇虽然很少卷入法庭事务，但却能够默无声息地

---

① Ralph A. Houlbrooke, *The English Family*, *1450—1700*, pp. 211—212.

② George Caspar Homans, *English Villagers of the Thirteenth Century*, pp. 191—193; Judith M. Bennett, *Women in the Medieval English Countryside*, p. 258.

③ Marjorie Kenisten McIntosh, *A Community transformed: the Manor and Liberty of Havering*, *1550—1620*, Cambridge University Press, 1991, 2002 (Paperback), p. 295.

④ J. Z. Titow, *English Rural Society*, *1200—1350*, London, p. 87.

⑤ Judith M. Bennett, *Women in the Medieval English Countryside*, p. 158.

管理家庭，并活跃在乡村社会中。

再次，寡妇可以成为以自己的名义租种领主土地的佃农并缔结土地契约。她们像其他人一样向领主缴纳租金和服劳役，并与邻居一起合作耕种土地。在庄园法庭上人们可以看到寡妇积极从事土地交易和处理地产事务。波塞斯（Bothes）的威廉的寡妇约翰娜，安排其未成年的儿子接管亡夫的 18 英亩土地，但是仍保留了对这个儿子和其土地的监护权。同时，她还为自己和其继承人购买了两英亩的新土地。其儿子布莱克和马修获得 4 英亩额外的土地。① 而且寡妇也会以自己的名义受雇用或从事各类经济活动。孀居使妇女获得了新的法律身份，也给了她们从事经济活动的自由，而这些是单身妇女和妻子们所无法享有的。

此外，寡妇在法律和公共事务上获得了独立性，可以单独出席法庭和参与共同体事务。乡村妇女在寡居期间与作为妻子时的公共活动和身份具有很大的差别，布里格斯托克庄园的彼得·阿维斯的妻子艾丽丝是一个较为典型的例子。作为妻子，她很少在法庭上进行控诉，这种事情主要依赖于其丈夫。在 24 年中，她作为妻子独自为售酒而交纳过 6 次罚款，使用法庭解决过 4 次纠纷，另外 5 次她出现于法庭时都是在其丈夫的陪伴之下：1292 年他们一起接受 1/4 维尔盖特土地，1295—1301 年，他们一起进行了对其他村民的 4 次指控。在这 24 年中，她在法庭上仅与 14 个人有 22 份契约，而且其中 8 份契约是与丈夫缔结的。但是，在彼得·阿维斯死后，艾丽丝的公共活跃性日渐显露出来。她通常独自在法庭上处理各种事务：为其持有地交付租金，购买和出售土地，承担与财产所有权相关联的各种过错的责任，她进行了 6 次民事诉讼，而且还为他人做了 3 次担保。在 16 年的守寡生活中，她建立起了一个比婚内所形成的更大的法庭关系网络，即与 25 个人有 34 次契约。而且其交往关系不仅仅局限于某个人，而是与多样性的人际圈子建立了联系。此外，她承担了作为一家之主的责任，有效地管理地产，并且积极地参与社会交往。②

在一些庄园，寡妇可以像男人一样在法庭上为他人宣誓作证。不过，寡妇所做的担保与其户主身份密切相关。布里格斯托克庄园在这方面尤其明显，尽管数量有限。在法庭的档卷中记录的成千上万的担保里，仅有

---

① Barbara A. Hanawalt, *The Ties That Bound*, pp. 223—224.

② Judith M. Bennett, *Women in the Medieval English Countryside*, pp. 142—143.

46 例是妇女的担保，而且这 46 人中多数是为依赖于她们的子女做担保的寡妇。① 尽管布里格斯托克的这种情况不一定具有普遍性，但是却表明，寡妇比妻子更可能出现在公共领域。

总之，作为家户的主人，寡妇承担了一般只给予男性的许多责任；她们经营其家庭地产，为依附者的行为负责，把家庭财产分配给下一代，等等。作为寡妇，她们不再处于某个男人的权威之下，拥有比未婚少女和妻子更多的权利以及独立性。寡居状态下的妇女，获得了法律上的独立权和广泛的公共权力，她们成为男性户主主导的社会里的女性户主；她们在一个两性公共权力壁垒分明的法律体系中，具有了一些男性的公共属性；她们在土地为主要资本的经济制度中以独特的寡妇产权利威胁着财产父子相承的继承秩序。不过，当寡妇承担了亡夫的责任时，她们是"另类"户主，常因各种因素的阻碍而无法充分利用男性户主们所享有的那些公共机会，所以她们总体上不能像男性户主那样活跃在公共生活中，也不能像男性佃户那样广泛参与土地市场。但是，她们作为户主、土地持有者和独立的共同体成员，无论在政治、经济、法律和社会生活中都享有青年妇女和妻子们所不能得到的权利和机会。

三　寡妇的一般生活状况

寡妇所享有的独特权利为她们提供了较多的经济机会，以及家庭和社会范围内被认可的身份。她们多数可以独自生活并享有一定的家内权威，拥有一定财产并广泛参与乡村社会的经济活动，但是她们也通常面临养家糊口的沉重生活负担，以及土地经营和养育子女的重要责任。

寡妇在其孀居期间，尽管家庭因缺少了男性配偶而变得"破碎"，但她们大多数与子女一起生活，并可能拥有较多的家内权威。寡居的妇女，通常是作为户主，供养家中尚未成年的子女，仅有少数寡妇是居住在以其子女为户主的家户之中，成为寄居者。② 对遗嘱的研究证明了寡妇的基本生活方式。对被调查的 326 份成年男性的遗嘱的研究表明，在 235 个寡妇中有 63% 有权终身保有住宅，3% 拥有房宅直到长子成年，3% 被允许拥

---

① Judith M. Bennett, *Women in the Medieval English Countryside*, pp. 24—25.

② Ralph A. Houlbrooke, *The English Family*, *1450—1700*, p. 208.

有房屋但没有地产，3%得到主房间中的一个房间。① 这样看来，多数寡妇能够居住在自己的住宅内。而且对前工业化时期英国村民的家户结构的研究也表明了相同的趋势：多数寡妇一直住在其结婚的家庭内，没有退休进入到已婚子女的家中。拉斯勒特认为，老年妇女和男人都倾向于居住在他们自己的家中。②理查德·沃尔发现，前工业化时期英国乡村中71%—78%的寡妇继续作她们家庭的户主，而且与鳏夫相比更多的寡妇继续作独立户主。③

丈夫还经常力所能及地为妻子做出其他安排。在庄园法庭案卷中，经常看到丈夫和妻子归还他们的宅地给领主并以联合租佃的方式再次持有它。这样，一旦丈夫去世，妻子还能继续为领主提供服务，耕作田地以及缴租，并在此房屋中度过余生。尽管在一些庄园，当她的儿子达到成年时她可能必须放弃土地，但丈夫通常会为她们的生活做出更进一步的安排。

而且作为户主的寡妇，在现实生活中拥有较多的权威，对于那些富裕阶层的寡妇来说尤其如此。在哈弗林庄园，寡妇普遍被指定为她们丈夫的遗嘱执行人，负责执行他们的遗嘱的规定。而且她们比其他任何生命阶段的妇女拥有更多的权威，工匠的寡妇可能管理其丈夫的事业，雇用男人来做需要体力的活；有地产的寡妇，尤其是较为富有的妇女，能够经营其地产，监督全体仆人，安排其子女的教育与婚姻。④

寡妇尽管拥有其他妇女所不能享有的权利和自由，但也承担了较多的责任。这些责任有时把一些寡妇推到乡村各个领域的舞台上，从而扮演更丰富的社会角色，但有时也把寡妇推向穷困和无助的困境。作为土地持有者，寡妇既要保证土地的有效耕种和收获，还要完成领主的各种劳役和租金要求；既要适时地参与地方土地市场，从而实现土地利益的最大化，也要在农业劳作中与其他邻居相互支持；既要提防来自亲属或外人对土地的觊觎，也要对那些侵犯其财产利益的行为进行积极的控诉。作为户主，寡妇既要操持家务，也要负责养育未成年的子女；既要为家庭的各类犯罪和过失负责，也要为其依附者的行为负责；既要保证家庭生活的一定水平，

---

① Barbara A. Hanawalt, *The Ties That Bound*, pp. 221—222.

② Peter Laslett, *Family Life and Illicit Love in Earlier Generations*, Cambridge, 1977, pp. 174—213.

③ Judith M. Bennett, *Women in the Medieval English Countryside*, p. 282.

④ Marjorie Kenisten McIntosh, *A Community Transformed*, p. 295.

也要为子女们独立生活提供尽可能多的供应。

在寡妇面对的这些责任当中，养育子女与经营地产可能是最为繁重的两大任务。

一方面，寡妇要承担更多的家庭事务，尤其要独自承担养育子女的重任。她们在丧偶之后，不仅继续负担家庭杂务，而且多数情况下还要抚养尚未成年的孩子。在海尔索温，有五个丈夫在 23—44 岁时去世，他们多数都留有年幼的孩子，他们的妻子成为这些孩子的监护人并支付了罚款。[①] 这样，她们既要操持家务，还要照顾幼儿或教导青少年的子女，压力相当大。

为了让子女获得独立生活和建立家庭的机会，寡妇往往会为他们做出尽可能多的安排。在布里格斯托克庄园，在 54 个出现在土地交易市场上的寡妇中，有一半寡妇把地产转让给其子女，从而使他们获得部分家庭资产。如寡妇艾玛·塞普赫德就曾把土地转让给两个儿子和两个女儿。[②] 这样的例子表明，许多寡妇既让指定的继承人较早得到她们的一些财产，也为无继承权的孩子提供供应。当然，很多寡妇可以从其子女那里得到支持和帮助，从而可以顺利地继续经营地产，维持家庭生活。子女如果外出打工，则可以减轻家庭的负担。

另一方面，保证地产的有效耕作和将地产利益最大化等目标，常使持有土地的寡妇背负沉重的责任。如果不能及时播种或收割，就会带来农业收入的损失；如果遭遇歉收年月，家庭就可能面临生存危机。而且土地未能合理使用或者寡妇未能向领主尽义务的话，领主就会向其施压，有时甚至逼迫寡妇再嫁，从而使土地由男人来管理经营，以保证租金和劳役。寡妇为了保证土地的有效利用，常与其他人订立协议。但这种协议并非总能让寡妇如愿以偿，庄园记录中不乏违反协议的案例。例如，威廉·德·克莱的寡妇伊夫就因为约翰·佩尼没能按照契约为她耕作和播种而控告他。

地产经营的压力，可能使一些寡妇在子女达到成年之后就放弃地产的直接经营权，而是与子女订立契约，以土地换得住处和衣食供应。例如，帕特里克的寡妇伊莎贝尔，就把她的土地交给其儿子约翰，并从他那里获

①　Zvi Razi, *Life, Marriage, and Dearth in the Medieval Parish*, pp. 40.

②　Judith M. Bennett, *Women in the Medieval English Countryside*, pp. 166—168.

得年度生活供应。[1] 在有些地区，寡妇可以采用与子女联合继承的方式管理地产，从而减少自身的压力。在奇尔顿山地（Chiltern Hills）地区，寡妇通常转让其终身利益给有继承权的儿子，然后与他们一起持有其寡妇产。

为了保证土地的有效耕种和自身的利益，更多的寡妇选择将地产出租，从而获得一份较为稳定的收入。如果寡妇所出租的地产是寡妇产，那么，出租协议通常是到继承人成年或寡妇去世为止。梅尔（Mere）地区的约翰的寡妇艾丽丝，就是这样把地产出租给一个男人 20 年。租期结束时，地产就要归还给她丈夫的继承人。[2] 在 1343 年，彼得·塔布的寡妇克里斯蒂娜从她的寡妇地产中出租 1 杆子土地给了沃尔特·艾德·斯塔格努姆，此租约直到克里斯蒂娜去世才会终止。有时寡妇和其子女一起将土地出租出去。西米特里奥的约翰的寡妇玛格丽，与其女儿一起联合出租给罗伯特·马林 1 英亩土地，为期 6 年。可见，许多寡妇在法庭上将土地出租给了家庭之外的人。当然，这些被记录在法庭中的租约仅是寡妇出租土地的一部分，更多的协议可能从未在庄园法庭的记录中出现，因为短期租约和口头协定都不需要登记。希尔顿发现，在 13 世纪末，英格兰中西部地区有许多乡村出租人是寡妇。[3] 通过这种出租的方式，寡妇不仅保证自己的土地被适时耕种，而且获得了一份较为稳定的租金收入。在那些土地稀缺的年月里，她们也可能是凭借地产升值的时机而获得更多利益的精明地主。

甚至还有一些寡妇可能会出售自己的地产，有时也会不顾惯例的限制而把寡妇地产转让了出去。在布里格斯托克庄园有一个寡妇明显是把其寡妇地产转让了出去。在 1335 年，吉尔伯特·勒·海尔的寡妇艾丽丝，把她寡妇地产中的一部分转让给了约翰·赫德曼。法庭案例显示，也有其他一些寡妇试图这么做。艾丽西亚·海尔科克欲出售其寡妇地产，但其儿子通过法庭对此事进行了阻挠。因为寡妇产的出售往往是对继承人未来继承权利的一种损害。但是，在妇女所进行的 106 次土地交易中，有 54 次

---

① Barbara A. Hanawalt, *The Ties That Bound*, p. 223.

② Ibid.

③ R. H. Hilton, *A Medieval Society: The West Midlands at the End of the Thirteenth Century*, London, 1966, p. 163.

（占 51%）都没有涉及寡妇产或者继承人的权利。[①] 这些土地，一部分是寡妇自己所有并能自由转让的地产，但也有一部分很可能是寡妇地产，它们被偷偷地作为不受限制的地产转让了出去，而没有受到继承人的阻挠。这些案例从侧面显示，寡妇并非那种完全被动地受制于习俗规定的妇女，而可能成为较为自主且头脑灵活的土地经营者。

尽管一些寡妇会为子女做出尽可能的供应，但更多的情况下，寡妇是为了实现地产的最大利益而把土地投入土地交易市场。在布里格斯托克庄园，在 54 个转让土地的寡妇中，有 29 个寡妇是把地产转让到了家庭之外，另外有 9 个寡妇在为子女做出安排的同时，也把部分地产转让给了非亲属。西米特里奥的约翰的寡妇玛格丽，就是积极参与家庭之外的转让的极好例证。1332 年，她第一次转让 1 杆子土地给约翰·布洛耶，其后（与她的女儿一起）又转让了半杆子土地给他；1333 年，她转让给赛西莉亚·佩尼法德尔两块半杆子的土地，后来在同一法庭上，她又给了后者一块条田；在 1335 年，在女儿的陪同下，她出售 1.5 杆子土地给罗伯特·马林，并转让给赛西莉亚·佩尼法德尔 1 杆子土地，其后又与女儿联合出租给罗伯特·马林 1 英亩土地，为期 6 年。[②] 同一位寡妇在如此短暂的时间内频繁交易土地的情况，即使不是普遍现象，也说明不少寡妇能够为了增加自己或家庭的经济利益而活跃在地方土地市场上。

不过，多数寡妇能够长时间独立经营地产。她们很少在丧偶之后很快就转让土地，而通常是在寡居多年以后，才开始转让土地。在布里格斯托克庄园，22 个能够确定转让土地时间的寡妇中，仅有 5 个人在其丧夫之后的第一年里开始转让土地；多数人都没有这么仓促地参与土地市场，她们从开始守寡到第一次转让土地的平均间隔为 7 年左右。[③] 这说明，多数妇女在丧偶之后能够凭借自己的力量或其他人的协助经营其地产。

除转出地产外，也有一些寡妇以自己的名义接受地产。1444 年，阿尔弗里斯顿的菲利普·杨的寡妇琼和另一位妇女莫德·曼（寡妇或是独身妇女）从巴特尔修道院管家的手中联合接受了一块半英亩地的菜园。这些持有地产非常少的寡妇，常不得不依赖工副业劳动。从 1448 年开始，

---

① Judith M. Bennett, *Women in the Medieval English Countryside*, pp. 165, 284.

② Ibid., pp. 168, 285

③ Ibid., p. 166.

莫德就像其他寡妇一样通过定期酿酒来补充农业收入。并且她在 1451 年再次从修道院管家那里得到 1 英亩的耕地，并交纳了 12 便士租金。①

不过，除了这些家庭责任和生活压力以外，寡妇的生活还可能遭遇种种阻力。尽管寡妇通常能够依照习惯或其丈夫的个人安排而获得较好的供应，而且多数寡妇能够在丈夫死后，能顺利获得应得的财产份额，但也有少数寡妇会不得不与亡夫的亲属争夺财产，以维护属于自己的权益。从一些庄园法庭记录来看，不少寡妇在法庭上控告那些侵犯了某些应当属于她们的权益或寡妇产权利的人，被告通常是拒绝为她提供寡妇产的儿子或者亡夫的兄弟。在查尔格雷夫（Chalgrave）庄园，一位母亲控告她的儿子占有了应当属于她的 1 英亩土地，并获得了证实。② 有时，寡妇的利益受到多人的侵犯。利普顿庄园法庭，一位寡妇为争取权益而起诉了 13 个人，这起诉讼被多次开庭审理。③ 可惜的是，不知道这个寡妇是否成功地维护了自己的权利，但她的例子表明寡妇在权益保障方面可能会遇到较大的困难。

尽管拥有地产的寡妇会因为土地耕种和有效利用而遇到各种压力，面对各种选择，而对于那些仅有少量地产或仅靠劳动力谋生的寡妇来说，首当其冲的问题是生存的压力。那些可怜的寡妇，不得不把孩子放在家里去找活干；她们的住处会因为缺少修缮而倒塌；她们还经常面对饥饿。出现在庄园法庭和遗嘱中的寡妇拥有可供交易或引起纷争的土地与财物，但也有大量的寡妇因家庭资源的缺乏和丈夫去世而陷入贫困。当丈夫去世后，她们仅能通过打工、乞讨来勉强维持生存。假如她们穷困潦倒且带着年幼的孩子，那么她们很可能要依赖邻居们的慷慨解囊。平奇贝克（Pinchbeck）的马蒂尔达·舍洛克就是这样的一个例子。她是一个乞丐，有两个儿子，约翰和六岁的威廉，以及一个女儿。他们住在斯波尔丁（Spalding）的约翰·赫内借给他们的一所房子里。他们的情况被发现，是因为一天晚上马蒂尔达忘记熄灭蜡烛而发生了火灾，她与家人都被烧死了。④ 对于这样一些寡妇来说，丈夫的去世可能带来生活水平的急剧下降，甚或贫困的迅速到来。这些寡妇，因为没有什么可以继承的土地，也没有需要

---

① Mavis E. Mate, *Daughters, Wives and Widows after the Black Death*, p. 61.

② Barbara A. Hanawalt, *The Ties That Bound*, p. 225.

③ R. H. Hilton, *The English Peasantry in the Later Middle Ages*, pp. 107, 109—110.

④ Barbara A. Hanawalt, *The Ties That Bound*, p. 225.

分割的财物，所以很少出现在法庭记录中，她们比那些持有土地的寡妇更可能成为乡村社会中最穷困阶层的成员。

虽然不少寡妇因为子女的年幼而生活艰辛，但对那些子女已经成年或接近成年的寡妇来说，也要承受情感和生活方式上的变动。寡妇的这种家内处境首先与英格兰的居住习俗有关。儿女结婚，通常要建立一个新家庭。艾弗的约翰·波普林的寡妇艾丽丝的一对儿女，在她寡居不久就结婚了，并从寡母的家中搬出去另过。① 在这种情况下，寡妇通常要不断送走结婚的孩子，不仅要面对家庭劳动力的流失，而且还要逐渐适应情感支持日趋减少的生活状况。

此外，寡妇常常成为乡村共同体内受到怀疑的群体，尤其是老年寡妇。年长的寡妇中，许多人会治疗疾病。她们使用草药，或是魔法，来为乡村中的病人除去病痛。但是，她们的这种能力常常被视为超自然的力量，从而受到共同体的怀疑。这种怀疑在中世纪末女巫迫害时期，更为明显地体现出来，大量宣称会行医或会操纵超自然力量的妇女被逮捕和审判，其中以老年寡妇为主。

总之，在寡居状态下，寡妇享有一定的家内权威、广泛的社会身份和行为独立性，但权利的扩大带给了她们更多的责任，她们不仅要操持家务、养育儿女，还要尽可能地管理好自己的地产。作为户主，她们不仅要抚养子女，而且还要为他们尽可能地提供生活保障，在子女结婚后，她们则可能过着孤独的生活；作为土地持有者，她们不仅要想方设法保证土地的有效耕种，还要时刻提防来自领主、继承人或其他人对其财产的觊觎。而且尽管一些寡妇能够交易寡妇产，但多数情况下她们不能像男性佃户那样自由地使用她们的地产；作为共同体的成员，她们很少能够利用法律赋予她们的公共机会，在年老时她们甚至还可能因行医而受到共同体的怀疑和敌视。此外，尽管寡居状态给了不少妇女更多的权利和机会，但对于下层农民妇女来说，丧夫经常是迅速走向贫困的最直接原因。

四　寡妇的再婚

一般来说，丈夫的去世给寡妇带来独立性和新的择偶机会，她们可以

---

① Judith M. Bennett, *Women in the Medieval English Countryside*, p. 151.

选择新的伴侣，也可以保持寡居直到终老。中世纪社会为寡妇的再婚提供了比较宽松的环境，但是其再婚情况会受到许多因素的影响。尽管多数寡妇会选择很快再婚，但是也有大量的寡妇长时间独立生活，或者不再结婚，或者是在多年寡居之后才再婚。

1. 寡妇再婚的主客观环境

中世纪教俗界对寡妇的再婚都持比较宽容的态度，这为寡妇选择再婚提供了宽松的社会环境。从主观层面来看，生存状况需要、生活压力和情感需求等方面的因素是寡妇选择再婚的主要动因。

首先，基督教教会对于寡妇的再婚态度比较宽容。从基督教教义来看，保罗认为"与其欲火攻心，不如嫁娶为妙"，"丈夫活着的时候，妻子是被约束的；丈夫若死了，妻子就可以自由，随意再嫁，只是要嫁这主里面的人"。由此可见，保罗对待寡妇再嫁的态度非常宽容，限定条件也非常宽松，只要再嫁的寡妇嫁给另一个基督徒即可。保罗尤其主张那些年轻的寡妇再婚，并把她们视为危险的、不安分的群体。所以他不赞成60岁以内的寡妇在教会中服务，因为她们年轻，容易"情欲发动，违背基督的时候就想要嫁人"。所以，保罗宁愿"年轻的寡妇嫁人，生养儿女，治理家务"，以免因为她们的淫乱损害基督教的名声。但不管保罗如何看待结婚或再婚的行为，他仍旧把禁欲作为人们最好的生活方式，认为"若常守节更有福气"。① 保罗的观点基本为其后的神学家所接受，成为教会对于寡妇再婚的基本观点。在13世纪，一位著名人物霍斯坦西斯（1200—1271年）宣称，寡妇再嫁多少次，原则上无关紧要。他甚至认为寡妇可以改嫁一千次，她的最后一次婚姻和她的第一次婚姻一样，都是有效的、合法的。②

从教会法的态度来看，从12世纪起，教皇亚历山大三世（1159—1181年）废除了对寡妇居丧期的限制，也不再对在丧服期内再婚的寡妇施以宣告"丧廉耻"的处罚。12世纪著名的《格拉提安教令集》中对此态度也非常明确："为了避免出现通奸，第二次婚姻是被允许的。"而且

---

① 《新约·哥林多前书》7章；《新约·提摩太前书》5章。

② James A. Brundage, "Widows and Remarriage: Moral Conflicts and Their Resolution in Classical Canon Law", in Sheridan Walker, ed., *Wife and Widow in Medieval England*, Michigan Univeristy Press, 1993, pp. 19—20.

"第二次婚姻，第三次婚姻，甚至接连不断的婚姻……都不应受到谴责"。① 教皇英诺森三世（1198—1216 年）在 1201 年的教令中重申亚历山大三世的规定。这样，教会对于寡妇再嫁既没有时间上的约束，也没有了道德意义上的谴责，可见其态度之宽容。不过，教会并不一视同仁地对待初婚和再婚。婚姻被视为圣事，所以教会法规定初婚应有牧师的祝福，但是对于再婚，不论是男是女，教会都不再给他们举行祝福仪式。此外，早期教会批评寡妇和鳏夫的结合，但在中世纪中期以后，教会则认为寡妇和鳏夫的结合是可以的。② 不管怎样，教会同意寡妇再嫁，并承认其再次缔结的婚姻有效，这对于寡妇大量存在的中世纪英格兰来说，有较大的现实意义。

其次，世俗观念和社会习俗对寡妇再婚也持宽容态度。世俗观念对于寡妇再嫁的限制基本采用教会的观点，但实际上也不曾严格执行。一般寡妇应该为丈夫居丧一年，如果在这一期限之内改嫁，被认为是不体面的。但是，从现实的一些例子来看，社会观念和地方习俗对此并不是特别坚持。一些学者发现，尤其在黑死病过后的时期，几乎看不出任何对于居丧的要求了。③

在世俗观念中，寡妇的再婚是合乎情理的平常行为。从档案中丈夫对妻子寡居的安排上可以看出，大众观念中通常把再婚看作理所当然的平常事。一方面，一些丈夫在给妻子提供寡居的生活安排时，通常提到她们可以把某些财产带入下一次婚姻并传给其后婚姻的孩子；另一些丈夫在遗嘱或安排中对给予妻子的财产没有附加任何条件，反映出对寡妇再婚的可能性非常漠视。另一方面，从那些对寡妇产和其他财产安排进行限制的情况来看，尽管它们可能限制了寡妇再婚的自由，但丈夫更多的是关心财产在家庭体系内的传递，而不是要求寡妇为自己守贞终生。

一些当时的文献反映了人们对待再婚的基本心态。巴黎的好人在写给妻子的指导书中，表达了对妻子再婚的态度。他在谈到妻子在他死后将会寻找第二位丈夫时非常平静，并且指导她如何细心体贴地照顾第二位丈

---

① Gratian, "Canon Law on Marriage", Case31, Question I, in Emilie Amt, ed., *Women's Lives in Medieval Europe: a Sourcebook*, Routledge, New York, 1993, p. 81.

② ［以］苏拉密斯·萨哈:《第四等级:欧洲中世纪妇女史》, 第 102 页。

③ O. Hufton, *The Prospect Before Her: A History of Women in Western Europe*, New York, 1996, pp. 224—225.

夫，从而笼络住他的心。① 这在一定程度上反映了西方社会对待寡妇再婚的基本态度。另一位叫作弗兰西斯科·巴比雷尼奥（Francisco Barberino）的劝喻文学作者曾指导再婚的寡妇应该如何举止，她不应该向她的第二个丈夫过多追忆往事，假如前夫更好，那么第二个丈夫不应觉察到这一点。寡妇不应该把第一次婚姻的习惯带入第二次婚姻，也不应该再三地结婚。② 他的这些告诫虽然在一定程度上道出了再婚夫妻关系上令人担忧的一些问题，但也表现出对再婚的理解以及对再婚生活幸福的关注。

　　一些社会习俗在促成寡妇再婚方面也发挥了重要作用。对于中世纪的多数男人来说，土地是最宝贵的财产。但英格兰的继承制度使多数幼子们很少获得地产，即使可以从家庭财产中享有一定份额，但也通常是在户主去世时才可以得到。所以，娶一个持有地产的妇女是比较可取的成家立业途径。为了获得土地而娶一个寡妇，甚至比自己年龄大得多的寡妇，在中世纪都是十分合理的事情。对于年长的寡妇来说，找到一个年轻的男子可以保证地产的有效耕种；对年轻人来说，这种婚姻"经常是经济独立的不可避免的代价"③。而且他们在妻子死后，可能会找一个比自己年轻的妇女结婚，从而形成婚姻市场上老妻少夫与老夫少妻并存的趋势。13 世纪晚期的温彻斯特郡地产上的婚姻模式就是这类情况的典型。④ 这种老妻少夫与老夫少妻交替轮回的格局，造成了寡妇再婚的有力社会氛围。不过，在很大程度上，财富是存在于婚姻市场背后的平衡棒，它在很大程度上影响人们的婚姻选择。所以，对于那些没有多少财产的寡妇来说，再婚时的选择机会就比较有限了。

　　生活于庄园制度下的寡妇，在再嫁方面还可能受到外力的推动。因为担心持有地产的寡妇不能像其他人那样充分利用其土地，或者不能为领主提供应尽的各项义务，或者她们私自外嫁带来领地财产的损失，庄园领主常会督促一些寡妇再婚，有时甚至会为她们指定丈夫。庄园法庭上不乏这样的例子，说明寡妇的再婚经常受到领主或其代理人的干预。

---

① The Householder of Paris: Manual for His Wife (c. 1392), sec. I, Article 7, in Emilie Amt, ed., *Women's Lives in Medieval Europe: a Sourcebook*, Routledge, New York, 1993, pp. 320—322.

② ［以］苏拉密斯·萨哈：《第四等级：欧洲中世纪妇女史》，第 102 页。

③ Ralph A. Houlbrooke, *The English Family, 1450—1700*, p. 222.

④ J. Z. Titow, "Some Differences between Manors and the Effects on the Condition of the Peasant in the Thirteenth Century", *Agriculture History Review 10* (1962), pp. 7—13.

再次，在主观层面上，对于经济支持、土地经营、性与情感方面的满足、抚养子女，以及老年时期的支持等因素常是寡妇再婚的主要原因。在比较宽松的教俗环境中，寡妇的再婚主要是取决于自身的状况和意愿。经济和生活上的压力常常是寡妇选择再婚的直接诱因。寡妇尽管有可能从家庭资产中获得一定的保障，但是她们通常仅持有相对较少的地产，因为多数处于半维尔盖特农和茅舍农阶层。对于欧洲的农村寡妇所做的一项统计研究，发现仅有 1/5 的寡妇收入较高，另有 1/5—2/5 的寡妇过着中等水平的生活，而其余的寡妇则比较贫穷。① 英格利希研究发现，在 13 世纪晚期的持有者中，持有半维尔盖特土地的人中的 1/6 和茅舍农中的 1/3 是寡妇。② 可见，寡妇多数情况下是乡村社会中的小土地所有者，甚至部分寡妇处于生存的边缘。为了摆脱生存困境，寡妇可能找一个拥有土地或者某种手艺的男人做丈夫。

生活中的压力也常促使寡妇再婚。丈夫的死亡加重了寡妇抚养孩子的责任。中世纪，多数丈夫去世时可能会有尚未成年的孩子，他们既需要母亲经济上的供养和生活上的照顾，又需要生活技能的训练和指导。这种情况使得寡妇需要有新丈夫来分担家庭责任，如果遇到孩子较多且年幼的情况时，这种需求就变得尤其强烈了。

避免老年时期的孤独和无依无靠，也是许多寡妇再婚的一个重要考虑。为此，许多寡妇尽量找比自己更年轻或者具有某种专门技能的伴侣，这样，她们能够获得劳动和经济上的支持，也经常能够继续保持在家庭中的权力，而且保证自己在年老时得到充足的供应。如果寡妇自己手中持有可观的土地，那么她较可能如愿以偿，但对于那些穷得只有一间茅屋且已过中年的寡妇来说，就没有多少选择的空间了。

此外，追求性和情感上的满足也常被再婚的寡妇所看重。情感追求是人们生活中的一个重要部分，而在一夫一妻制的社会中，婚姻是情感的主要获得途径和归宿。对于那些由父母安排或是由于经济原因而缔结婚姻的妇女来说，再嫁时就更可能考虑满足自己情感上的需求，对新的婚姻抱有很大的情感上的期望。此外，性满足也是寡妇对未来婚姻的一个基本的要

① O. Hufton, *The Prospect Before Her: A History of Women in Western Europe*, New York, 1996, pp. 237—239.

② Barbara English, *The Lords of Holderness, 1086—1260*, Oxford, p. 191.

求。丹尼尔·罗杰斯认为第二次婚姻经常由那些追求"快乐和比他们以前所满足的更为勇敢、更为丰富的生活"的人结成的。[1]可想而知，在那些再婚的寡妇中也不乏此类追求幸福快乐的人。

由此可见，基督教教义承认再婚有效，而且对寡妇的再婚持宽容的态度。世俗观念中寡妇再婚被当作平常事，而且继承习俗和庄园制度等对寡妇的再婚产生了一定的影响。在这种宽松的环境中，寡妇的再婚选择很大程度上取决于自身的经济、劳动力、情感和性等方面的需求。而寡妇再婚的比例和频率则很可能取决于她们在婚姻市场上受人欢迎的程度。

2. 寡妇再婚的基本情况

确定中世纪英格兰乡村寡妇再婚的比例和频率，是比较困难的事情。有关近代早期寡妇再婚情况的一些研究，提供了考察中世纪后期寡妇再婚情况的重要参考。在16世纪25%—30%的寡妇再婚，鳏夫再婚的比例比这更高。再婚是相当迅速的，几乎一半的再婚是在一年内进行的。[2] 在16世纪下半叶，英格兰阿宾顿地区，1/2的寡妇再婚。[3] 从对17、18世纪的教区记录中再婚者的抽样研究来看，48%的鳏夫和37%的寡妇在丧偶一年之内结婚；鳏夫和寡妇从丧偶到再婚的平均间隔分别为12.6个月和19.4个月。在习俗观念中，人们对配偶的哀悼一般是一年。然而，各种证据显示，再婚经常在居丧不到一年的时间内发生。有时，再婚事宜的商讨在前夫的葬礼刚完成就排上日程了，至少在一个例子中，寡妇仍怀着前夫的孩子。[4] 玛格丽特·斯普福特也提供了16世纪晚期的一位英国村妇多次再嫁的事例。这位村妇的改嫁极为快速，她的第二次结婚就发生在其丈夫死后第5个月，而第三次婚姻则是在丧夫后3个月就结成了。[5] 这些

---

① Daniel Rogers, Matrimoniall Honour, or the Mutuall Crowne and Comfort of Godly, Loyall, and Chaste Marriage, London, 1642, p. 45. Ralph A. Houlbrooke, *The English Family*, 1450—1700, p. 212.

② Barbara A. Hanawalt, *The Ties That Bound*, p. 225.

③ Barbara J. Todd, "The Remarrying Widow: A Stereotype Reconsidered", in Mary Prior, ed., *Women in English Society 1500—1800*, Methuen & Co. Ltd, London & New York, 1985.

④ R. Schofield & E. A. Wrigley, "Remarriage Intervals and the Effect of Marriage Order on Fertility", in *Marriage and Remarriage in Population of the Past*, J. Dupáquier, ed., Academic Press, 1981, p. 214. Ralph A. Houlbrooke, *The English Family*, 1450—1700, p. 214.

⑤ Margaret Spufford, *Contrasting Communities: English Villagers in the Sixteenth and Seventeenth Centuries*, Cambridge University Press, 1974, pp. 116—117.

数据和案例显示，世俗社会没有对寡妇服丧期的严格要求，而且较高比例的寡妇在守寡不久就进入下一次婚姻。

在 14 和 15 世纪伦敦市长法庭出现的寡妇财产诉讼案例中，有关寡妇再婚情况进行的统计显示，在 14 世纪和 15 世纪前期，再婚的寡妇占全部寡妇的 1/3，而在 1348—1349 年，黑死病之后的年代，寡妇再婚的比例上升到了 50%。对那些作为子女的监护人出现的寡妇所进行的研究表明，在 14 世纪和 15 世纪上半期，寡妇再婚的比率高达 57%。① 因为这一组数据主要来自对持有财产者的调查，所以对于所有寡妇的再婚情况来说，这些数字明显偏高。但是，它们显示出在中世纪晚期，较高比例的寡妇会选择再婚。

不过，寡妇再婚的情况容易受到多种因素的影响。

首先，寡妇的再婚情况与当地的经济状况密切相关。地方的经济状况则常因时因地而异。在那些土地稀缺的地方，再婚成为资源重新分配的重要途径，所以寡妇成为男人们追逐的对象，多数很快再婚。在 14 世纪的海尔索温就出现过这样的情况，有 60% 的寡妇再婚。② 但在土地容易获得的地方，寡妇再婚的可能性则大大下降。比如，在布里格斯托克庄园，由于是处于森林地带，经济呈现多样性，而且土地市场活跃，使得地产容易获得，从而减少了一些青年为了获得土地而寻找有地产的寡妇的经济动机。结果，多数寡妇难以再婚，只有大约 1/13 的婚姻属于再婚。在被研究的布里格斯托克庄园的 106 位寡妇中，只有 8 位再次结婚（占 7.5%），艾弗的 34 位寡妇中，也只有 5 位再次结婚（15%）。③

在同一地区，黑死病前后寡妇的再婚情况也明显不同。黑死病前，多数庄园上寡妇的再婚比在黑死病的高死亡率之后要高。雷文斯戈尔对一个庄园一个多世纪的婚姻模式的研究发现，在 13 世纪晚期和 14 世纪早期，土地短缺使得寡妇较受青年人青睐，寡妇财产中的土地不仅可以养活她的新丈夫，甚至还可以养活整个家庭。但黑死病后土地充裕，使寡妇在婚姻

---

① Barbara A. Hanawalt, "Remarriage as an Option for Urban and Rural Widows in Late Medieval England", in Sure Sheridan Walker, ed. , *Wife and Widow in Medieval England*, University of Michigan Press, 1993, p. 151.

② Zvi Razi, *Life, Marriage, and Dearth in the Medieval Parish*, p. 63.

③ Judith M. Bennett, *Women in the Medieval English Countryside*, pp. 146, 280.

市场上的行情明显下跌。① 由此可见，寡妇的再婚与不同时段的人口情况以及土地可得性之间存在着密切的关系。黑死病所带来的最直接影响是人口的急剧下降，这从根本上改变了人与资源的关系，使土地变得容易获得。对男人来说，为得到土地而娶一个寡妇变得不那么必要了。② 而且黑死病后，成年人的生命预期提高，寡妇的比例有所下降。此外，中世纪晚期随着人口流动的增大，婚姻安排不再那么普遍，青年人在婚姻的缔结上遵循个人意愿的程度增加，这或许也增加了夫妻间的感情与丧偶之后的怀念，减少了再婚的人数或延缓了再婚的时间。

其次，寡妇自身的各种情况也是影响其再婚选择和频率的重要因素。如果一个寡妇年龄比较老，或者带有尚未成年的子女或多个子女，或者较为贫穷，那么她会发现自己很难找到令其满意的丈夫。财富常能增强寡妇在婚姻市场上的竞争力。有殷实地产的寡妇较容易得到令其满意的丈夫。她们常常非常独立地选择丈夫，在婚姻谈判中也重视保护自己的经济利益。年轻的寡妇通常也可以较容易地再次结婚。但进入老年或陷入贫穷的寡妇通常再婚的比例很小。孩子尚未成年或人数太多也常是寡妇再婚的不利因素。

不过，这些因素除了使寡妇在婚姻市场上处于不利地位以外，也极大地影响了寡妇的主观意向。比如，年轻的寡妇，不仅要抚养年幼的子女，还要管理丈夫遗留下的财产，更可能通过再婚而获得一个男人来承担前夫的责任，并满足其情感生活的需要。年老的寡妇，其子女多已成人并另立家户，可能生活的压力和情感的需要减少，从而不那么热衷于再婚。另外，孩子一旦进入青春期，就会成为寡妇劳动和经济生活中的有力支持，从而在一定程度上减缓了妇女因为经济因素而选择再婚的迫切性。

此外，地方的继承习俗和惯例也在很大程度上影响寡妇的再婚选择。

---

① J. R. Ravensdale, "Population Changes and the Transfer of Customary Land on a Cambridgeshire Manor in the Fourteenth Century", in Richard M. Smith, ed. , *Land, Kinship and Life-cycle*, Cambridge, 1984, pp. 197—225; Zvi Razi, *Life, Marriage and Death in a Medieval Parish*, p. 138.

② R. M. Smith, "Some Reflections on the Evidence for the Origins of the 'European Marriage Pattern' in England", in C. C. Harris (ed.), *The Sociology of the Family: New Directions for Britain*, *Sociological Review Monographs*, 28, Keele, 1979, p. 94; Zvi Razi, *Life, Marriage, and Death in the Medieval Parish*, pp. 63, 66, 130—1, 138.

在一些地方，丈夫遗嘱中的限制和寡妇自身对孩子利益的考虑，减少了寡妇再婚的可能性。有时一些丈夫在遗嘱中规定，妻子如果再婚就终止对其所做出的各种供应。这种财产上的限制，必定影响寡妇做出再婚的决定。有些丈夫还通过增减财产供应来影响寡妇的再婚选择。一些遗嘱中明确提到，假如妻子再婚，将减少土地和财物的数量；假如她不再婚，她将得到更多的财产。① 但是，有一些丈夫并不根据寡妇是否再婚而决定为她提供的财产数量，而且也有一些丈夫明确允许寡妇带着财产再嫁，有时丈夫甚至允许寡妇把财产带入她们其后的婚姻并传递给再婚所生的子女。② 这种情况下，寡妇则具有更多的再婚优势。

综上可见，中世纪的英格兰乡村较多的寡妇会再婚，而且再婚的速度非常快。不过，寡妇的再婚不仅受到地方经济状况的影响，而且也受到寡妇自身状况与主观意向等因素的影响。

值得一提的是，尽管有较高比例的寡妇很快再婚，但也有大量寡妇没有选择再婚。一些寡妇即使再次进入婚姻也会慎重地考虑，她们既可能要为自己在婚姻生活中的权益提前打算，也有可能为了保证前夫的继承人的权利而与新的丈夫不断协商。在一些地方，大量寡妇独立管理丈夫留下来的家户和财产许多年。12 世纪末期英国国王亨利二世直属封地上的一份档案显示，封地上佃户的多数遗孀，都宁可守住丈夫的产业而不再婚。档案中列出了 15 个女人的名字，其中大部分为寡妇，她们中最大的 50 岁，最小的只有 18 岁。③ 这些寡妇选择不再婚的原因，可能正如圣热罗姆所抱怨的，"寡妇不再寻找第二任丈夫，是因为她们更偏爱自由而不是妻子的屈从"。④

尽管教俗领域对于男女的再婚持相同的宽容态度，但实际生活中，寡妇的再婚前景通常不如鳏夫。这不仅是由于寡妇通常人数超过鳏夫，而且还因为寡妇所持有的财产通常与鳏夫的财产无法相比。不过，无论面对什么样的困难，寡妇再婚如此普遍存在和经常发生，以至于人们更关注于现存的婚姻关系而不是之前的婚嫁历程。一个有趣的例子就是，即使艾利森

① Barbara A. Hanawalt, *The Ties That Bound*, p. 225.

② Ralph A. Houlbrooke, *The English Family*, *1450—1700*, pp. 211—212.

③ "The Roll of Ladies and Boys and Girls", in Emilie Amt, ed., *Women's Lives in Medieval Europe: a Sourcebook*, Routledge, New York, 1993, pp. 155—157.

④ Judith M. Bennett, *Women in the Medieval English Countryside*, pp. 146, 281.

曾经五次成为寡妇，但她被称为"巴斯的妻子"而不是"巴斯的寡妇"。①

总体来看，中世纪农村较高比例的寡妇会选择再婚，从而进入新的婚姻家庭，并承担起妻子的责任；当然，也有大量的寡妇没有仓促再婚，其中相当多的人承担起家庭户主的新责任，既为家庭的生存和兴旺做出了极大的贡献，又能够从中锻炼自己的能力并获得某种乐趣和满足。尽管再婚更可能为妇女提供生存的保障和其他方面需求的满足，但是通过不再婚，寡妇能够保存自己在家庭中的权威，并使其子女的财产利益受到某种程度的保护，因为新婚姻中的丈夫和婚生子女都可能会要求土地的权利。

第三节　农村老年妇女的生活与保障

中世纪社会里，农民的主要生存来源依赖于两种资源，其一是作为不动产的土地资源，其二则是自身的体力与技能。持有大量土地的农民，可以依赖全家人以及仆人的劳动，获得较为稳定的农业收入，维持一定的生活水平；没有足够土地的农民，只好依赖于自身的技能和体力，通过做工匠或农业仆人等来补充农业收入，供养自己和家人。一旦这两种资源都比较缺乏时，人们的生活就会面临困境。中世纪乡村中的老年人就经常陷入这种处境，他们在年老体衰时要从农业劳作中退出，土地转交给继承人或其他接替者，从对方那里获得或多或少的生活必需品；那些凭借体力谋生并且没有多少不动产的人，则陷入更为艰难的处境，可能会滑入社会底层。对于中世纪的农村劳动妇女来说，她们自身持有土地的机会很少，而且所持有的土地一般数量有限，她们在晚年如何谋生呢？她们面对什么样的选择？以及她们会获得哪些方面的支持和保障呢？笔者试从老年妇女的生活处境和养老安排两个方面对此进行探讨。

在中世纪英格兰，多数进入老年的农村劳动妇女与已婚的子女分开居住，仅有少数人是同后代住在一起。不过，老年妇女在退休之前享有对家庭成员的家长权威，并与已婚子女保持着比较密切的联系。一旦退休，老

---

① Barbara A. Hanawalt, *The Ties That Bound*, p. 226. 前一位叫巴斯的人是其现任丈夫，后者则是其亡夫。

年妇女可能会搬出继承人掌管的家庭，或者搬到一个适合退休者居住的房间里。自此，她们对家庭事务的发言权越来越少，而且对共同体事务的参与也明显减少。

一　老年妇女的界定

对于中世纪老年阶段的界定，需要从当时的资料中寻找证据。首先，地方法规中的部分内容提供了当时人们进入老年的证据。在中世纪的乡村，12—60 岁的男人应该被编入十户联保组，从而承担起维护共同体的和平的责任。因为 12 岁通常被视为男子进入青春期的标志，那么 60 岁则可能是被共同体视为进入老年阶段从而不再承担公共义务的年龄。① 其次，中世纪晚期的《劳工法令》（the Statute of Labourers）也有对老年的界定，它把 60 岁以上的人界定为老年人。另外，从教会的资料来看，超过 50 岁就可以被视为老年（senex）。② 但是，农民不一定知道教会有关生命阶段的区分，甚至庄园和王室法庭的书吏也从未使用教会所用来描述年长者的老年（senex）这个词。而十户联保组和《劳工法令》与多数农民的生活产生关联，所以更可能反映现实。所以，笔者更倾向于把 60 岁当作老年阶段的开始。

如果把 60 岁作为老年阶段的开始，那么老年男女是否与此相符，就需要从其他资料中寻找证据。因为对十户联保组成员的年龄规定是针对男性的，而对劳动者年龄的界定，很大程度上是针对那些从事雇佣劳动的成年男性，所以以 60 岁作为进入老年的标志更适合男人而不是妇女。

有关近代早期的英国老年妇女情况的研究提供了有益的借鉴。林恩·勃特罗对近代早期英国萨福克郡农村地区妇女的尊称情况进行了统计分析，并认为"大多数妇女在 50 岁左右开始进入老年化阶段"③。她对那种把 60 岁作为妇女老年阶段的开始的观点进行了批评，认为妇女步入老年阶段的年龄与男人不同，妇女在四五十岁之间开始的更年期就应该被视为老年阶段的开始。把这种男女进入老年阶段的年龄差距运用到中世纪阶

---

① William Alfred Morris, *The Frankpledge System*, New York, 1910. Judith M. Bennett, *Women in the Medieval English Countryside*, p. 24.

② Greighton Gilbert, "When Did a Man in the Renaissance Grow Old?" *Studies in the Renaissance 14* (1967), pp. 7—32. 他发现人们把 50 岁或 50 岁之前的人称为老年人。

③ Lynn Botelho & Pat Thane, ed., *Women and Aging in British Society since 1500*, p. 49.

段，应该是可取的。所以，50 岁可能是妇女步入老年的开始。

不过，就当时社会中的人来说，对年龄通常没有明确的记忆。实际上，不管是法令还是教会的规定，都没有多少实际的应用，因为人们对其年龄没有清楚的概念，他们很少记录出生日期，也从未被要求呈报其年龄。在验尸官的调查中出现的成年人的年龄通常只是个估计数字。人们对于一个老年人的描述通常是根据其身体上的变化和健康状况，而不是仅仅取决于年龄。

老年人在人口中的比例很难估计。在中世纪的英格兰，人们的预期寿命相对较低，所以容易造成一种误导，即认为老年人很少存在。不过，人口学家的研究已经表明，预期寿命较低的最主要原因是较高的婴幼儿死亡率，而不是成年人的死亡。对于中世纪英国墓葬中的尸骨的分析显示，10%的死者已经超过 50 岁。16 世纪后期和 17 世纪教区登记情况表明，大概有 8%—16%的人活到 60 岁以上。[①] 另一项对教区牧师的年龄的研究表明，12%的人不到 39 岁，30%的处于 40—49 岁，30%的人处于 50—59 岁，21%的人处于 60—69 岁，7%的人超过 70 岁。[②] 尽管这一群体的数字不能用来直接说明老年农民的情况，但是较高比例的牧师能够活到 60 岁以后，说明中世纪人在进入老年阶段以后还可能活较长的时间。那些在退休协议中对自己的预期寿命有所提及的人，往往预期自己还能够再活 6—9 年。[③] 不过，对老年人的预期寿命上的性别差异，尚需做进一步的研究。

二 老年妇女的生活处境

进入老年阶段以后，人们的劳动能力日趋下降，多数老年人，不能亲自管理大面积的土地，也不能承担重体力活儿，仅能做一些零碎的工作。

---

① E. A. Wrigley and R. S. Schofield, *The Population History of England, 1541—1871: A Reconstruction*, Cambridge, Mass., 1981, pp. 250—252; Peter Laslett, *Family Life and Illicit Love in Earlier Generations*, pp. 181—189.

② English Wills, 1498—1516, ed. A. F. Cirket, *Bedfordshire Historical Record Society 37* (1956), pp. 17—18, 22, 24. K. L. Wood-Legh, *Perpetual Chantries in Britain*, Cambridge, 1965, pp. 232.

③ Elaine Clark, "Some Aspects of Social Security in Medieval England", *Journal of Family History* 7 (1982), pp. 314—315.

持有土地的农民由于健康或其他问题而把土地交给继承人，从而失去了对
家庭财产的直接控制权，并从户主的位置退下来；对于那些年轻时依赖工
资劳动的农民来说，体力的衰弱则无疑带来严重的生存问题，他们往往没
有多少资产留给子女，从而也很少能够获得子女的供应。中世纪社会没有
把老年人的赡养作为后代的必然责任，所以老年人晚年生活的安排很大程
度上要依赖于其自身可以用来交换赡养供应的财产情况。对于老年妇女来
说，她们持有土地的比例和规模都非常有限，多数情况下是通过丈夫的遗
嘱或临终安排等获得老年生活的保障。但也有不少老年妇女有机会持有地
产，并与子女或其他人订立赡养协议，从而获得一定的供应。

1. 老年妇女的居住方式与生活水平

从庄园记录中所出现的退休协议、遗嘱和临终安排等资料来看，那些
能够活到老年的人既可能与一个家庭共同生活，也可能单独居住。从退休
协议来看，居住方式往往是退休者最为关心的问题之一，所以多数情况下
它们被清楚地记录下来。丈夫的遗嘱或临终安排在妻子的居住条件方面也
尽可能做了提前安排。多数资料显示，老年妇女的居住方式呈现出灵活性
和多样性。

退休协议显示，缔结赡养协议的老年妇女通常与赡养者住在一起。历
史学家克拉克对东盎格利亚 200 份赡养协议的研究表明，退休者通常是与
缔约者共同居住，仅有 1/12 的人能够奢侈地拥有一处自己的居所。这种
倾向的出现可能有多方面的原因，老年人的经济状况在很大程度上起了决
定作用。研究发现，中世纪老年人的经济状况并不乐观，即使在 14 世纪
晚期和 15 世纪人口下降使土地相对容易获得时，仍有 50% 的退休者仅持
有不到 5 英亩的土地。[①] 对于寡妇的研究曾显示，她们经常是小土地所
有者。

在居住方式上，老年妇女比老年男人更可能与子女的家庭住在一起，
因为她们可能在经济能力上普遍比老年男子更低，而且她们也较少与已婚
子女发生家内权威上的冲突。此外，伴侣情况也是影响老年人选择居住方
式的一个重要因素。寡妇或鳏夫更可能选择与赡养者共同生活，这说明，
丧偶很可能不仅使他们失去了劳动和生活上的支持，而且造成心理和情感

[①] Elaine Clark, "Some Aspects of Social Security in Medieval England", *Journal of Family History* 7 (1982), pp. 314—315.

上的孤独。克拉克研究发现，退休者中仅有 36% 的是已婚的，而 43% 的是单身妇女，21% 是单身男人。[①] 这表明老年的寡妇或独身妇女更可能选择退休，并与赡养者一起生活。此外，健康状况迫使一些老年人选择与赡养者共同居住，从而获得直接的照顾。

在共同生活的情况下，老年妇女通常是得到一个单独的房间。从一些庄园法庭记录来看，一些退休者在协议中要求在主房宅中拥有一个房间，甚至对房间的位置和设施进行了明确规定。1320 年埃塞克斯顿默（Dunmow）庄园的佩特内拉将她的 15 英亩土地转让给儿子约翰，她除了从儿子那里得到食物供应外，还可以在主房宅内拥有一个靠东边的带衣柜的房间，并终生居住于此。[②]

不过也有较高比例的老年人要求单独居住。退休协议显示，退休者或是在协议中直接写明要单独居住，或是在选择共同居住的同时给自己保留了搬出去另过的退路。例如 1294 年，在拉姆塞修道院的一个庄园法庭上，农民伊利亚斯与其妻子克里斯蒂娜答应退休后仍与约翰一起住在主房宅内。但是，协议规定如果双方不能和睦相处，其儿子约翰要在自己的庭院之内，为伊利亚斯和克里斯蒂娜提供一处带有小院子的住房。[③] 有的学者认为，在主房宅之外的房屋内单独居住，通常是退休的父母更偏爱的居住方式。[④] 不过，考古资料中很少发现主房宅之外有此类附属的建筑物，则说明这种做法并不是农民普遍的选择。

遗嘱和临终安排等资料也显示，老年妇女在居住方式上有多种多样的选择。在被调查的 326 份遗嘱中有 235 份提到尚在世的妻子。她们中 63% 的人被给予了宅地的终身使用权，9% 的人得到部分房产或主房宅中的一个房间。另外，还有 20% 的妻子得到了宅地之外的田产或单独的房子。由此可见，多数立遗嘱者对其寡妇的住处做了明确的安排：她们或者终身拥有主房宅，或者可能拥有主房宅许多年后，再挪到一个单独的茅屋

---

① Elaine Clark, "Some Aspects of Social Security in Medieval England", *Journal of Family History* 7 (1982), p. 316.

② George Homans, *English Villagers of the Thirteenth Century*, p. 145.

③ Ibid., pp. 144—145.

④ R. M. Smith, "Rooms, Relatives and Residential Arrangements: Some Evidence in Manor Rolls, 1250—1500", in *Annual Report of the Medieval Village Research Group*, 30 (1982), pp. 34—35

内；她们可能被保证给予主房宅之内的一个房间，并且是一个靠近火炉的位置，也可以获得家庭宅地之外的地产和房屋。①

需要指出的是，法庭记录中的退休协议仅是大量养老安排中的一部分，那些通过私下协商而不需证人在法庭上担保的协议中对老年人的安排尚不得而知。而那些通过临终安排和遗嘱等形式为寡妇安排住处的人，多数来自富裕农民阶层，他们往往能够为妻子做出比较慷慨的安排。不过，中世纪验尸官的调查提供了各个阶层老年妇女居住方式多样性的证据，在那些因为突然事件而死亡的寡妇中，有的是居住在家庭宅地上，有的是单独住在一个茅屋内，有的则是仅在主房宅之内拥有一个房间。②

在住所之外，饮食和衣物的供应成为退休者最为关注的问题，也是退休协议中最经常出现且规定最为详细的部分。在一些协议中，老年人每年得到的食物种类、数量以及时间经常被具体写明，有的协议甚至对所提供的主食是面包还是布丁都进行了特别说明。协议中对于衣物供应的规定，有时也具体到衣物的质量和款式，比如是羊毛布还是亚麻布，是外衣还是短衫等。上文中提到的农民伊利亚斯的儿子约翰，每年要按照约定为父母提供衣食上的供应，其中有关食物的要求是，他要在每年在米迦勒节提供6夸特③硬粒谷物，包括3夸特小麦、1.5夸特的大麦和1.5夸特的豆类，另外还有0.5夸特的燕麦。另一位牛津郡的寡妇艾格尼丝按照赡养协议，每年从孙女及其丈夫那里得到3夸特的谷物，包括2夸特小麦和黑麦，以及1夸特大麦。④

由此可见，中世纪英格兰农村老年妇女或是与继承人一起住在主房宅内，或是在由继承人接管的主房宅内拥有一个房间，或让继承人为自己单独建一座房屋。地方习俗没有对老年人居住方式的统一规范，赡养协议中的居住安排之所以呈现出多样性，很大程度上是因为它们主要是双方在对经济能力、情感关系和其他因素的综合考虑下协商的结果。那些能够通过退休协议对晚年生活进行安排的老年人，通常能够获得基本的生活保障。他们尽管放弃了对财产的直接管辖权，但却得到一定的回报，从而在晚年能够维持基本的生活水平。不过，对于那些拥有少量财产和那些仅靠体力

---

① Barbara A. Hanawalt, *The Ties That Bound*, pp. 221—222.

② Ibid. .

③ Quarter：即夸特，一种谷物容量单位，大约等于8蒲式耳。

④ George Homans, *English Villagers of the Thirteenth Century*, pp. 144—145.

谋生的人来说，很难得到一份稳定的晚年生活供应，往往挣扎于生存的边缘。

2. 老年妇女与赡养者

在赡养者的选择上，老年妇女既可以选择与亲生子女缔结退休协议，也可以与非亲属订立养老协议。多数退休者是与子女订立赡养协议，然后从原来的户主房间搬到一个专门为退休者提供的房屋里，或者搬到一个单独的住房里生活。随着地产权利的转移，老年的父母与继承地产的子女之间的关系发生了重要转向。儿子或女婿取代了父亲在家庭内的权威，管理家庭地产并掌有家庭事务的决策权；而儿媳则取代了婆婆在厨房内的职责，成为家内各类妇女的活儿的主要承担者。对于老年人来说，他们不仅失去了财产的支配权、家内的权威，以及公共参与和社会影响力，而且也不得不卷入新的家庭关系之中。因为继承者在接管地产时，往往会建立自己的婚姻家庭，从而成为一家之主，对妻子、儿女和年迈的父母等依附者享有一定的权威。如果是女儿作为继承人，则其丈夫就很可能成为与老年人缔结赡养协议的人，并且成为新的户主。北安普敦郡的理查德·洛弗德的女儿艾玛是其继承人，但赡养协议是在他与未来的女婿之间缔结的，后者接管了理查德的地产，并保证将来娶艾玛为妻和保证她父亲的衣食供应。[1] 由此可见，退休协议的缔结，往往伴随着一个新家庭的建立和一系列新家庭关系的产生，那么老年人所要面对的不仅仅是新户主的权威，还有与其他家庭成员的相处问题。

不过，亲属作为老年人的依赖对象的程度很难确知。一项研究发现，在那些正式的赡养协议中，仅有1/3是退休者与亲属缔结的。[2] 在法庭记录中，大量的退休协议在没有明显亲属关系的人之间缔结。在1345年，布里格斯托克庄园的约翰·波普林的寡妇艾丽丝有一个已婚的儿子，但她没有与其生活在一起，也没有把儿子当作晚年的唯一依靠，而是与没有亲戚关系的人签订了赡养协议。[3] 接受老年人赡养条件的年轻人，有可能仅

① Eleanor Searle, "Seigneurial Control over Women's Marriages: The Antecedents and Function of Merchet in England", *Past and Present 82* (1979), p. 32.

② Elaine Clark, "Some Aspects of Social Security in Medieval England", *Journal of Family History 7* (1982), pp. 314—315. 在东盎格利亚，1/3—1/2 的土地持有权在一家之主去世时转移到家庭之外。

③ Judith M. Bennett, *Women in the Medieval English Countryside*, pp. 151, 174.

是接管地产，也有可能是在接管地产的同时搬入原先的土地持有者家中。

甚至还有一些人是以被收养或雇佣的形式继承地产并照顾老年人。有些老年人把与非亲属的土地交接纳入家庭体系内，即把缔结赡养协议的人收养为自己的子女，从而使其拥有全部地产权利。这样，缔结赡养协议的年轻人获得了土地及其附属的房屋的所有权利，成为合法的佃户。这种做法甚至在土地充足的 14 世纪初期仍然存在。① 也有一些人把土地出租，然后获得租金，从而为自己的老年生活提供保障，布里格斯托克庄园的寡妇艾玛·威兹就是这样解决了土地的耕作并获得了稳定的年租金。② 另外，也有一些人在晚年雇人来照顾自己。一名叫凯瑟琳·文森特的寡妇没有子女，但她在遗嘱中提到她的"女佣人"和"看护人"。③ 这说明，她在晚年曾经雇人来服侍自己。

3. 晚年的劳动与生活状态

老年妇女在退休前，都尽可能地独立谋生。这表明，退休并不是老年人的最佳生活选择，只要尚能维持生存，她们就尽可能地独立生活；在丧偶或身体状况不佳等因素的迫使下别无选择时，才选择退休。贝内特对布里格斯托克庄园 101 个寡妇进行的研究发现，其中仅有三个寡妇做了退休的安排。但是，尽管这三个寡妇都已经上了年纪，但她们并未轻易选择退隐到儿子的家庭中。一个寡妇玛蒂尔达·科库斯与儿子订立了赡养协议，但是 1311 年因为儿子未能履行承诺提供应有的饭食和衣物，她重新要回了地产，并独立经营了许多年。另一个寡妇艾玛·塞普赫德在寡居生活 17 年后，才于 1319 年把一部分土地分给几个儿子，并要求他们每年为此而给她一卡车干草。她自己仍然经营其他的地产，在 6 年后才安排一个儿子在她死后接管所剩的所有财产。由此可见，她在安排老年生活供应方面能够采取不同的策略，她自身并没有完全退休，而是自己掌管部分地产直到晚年。还有一位寡妇艾玛·威兹在第二任丈夫死后，通过与子女联合管理地产的形式半退休。她没有选择退休，而是与儿子联合管理地产。在

---

① Cicely Howell, "Peasant Inheritance Customs in the Midlands, 1280—1700", in *Family and Inheritance*, ed. J. Goody, J. Thirsk, and E. P. Thompson (Cambridge, 1976), pp. 137—139.

② Judith M. Bennett, *Women in the Medieval English Countryside*, pp. 151—152.

③ English Wills, 1498—1516, ed. A. F. Cirket, *Bedfordshire Historical Record Society 37* (1956), pp. 17—18, 22, 24. K. L. Wood-Legh, Perpetual Chantries in Britain, Cambridge, 1965, pp. 212—233.

1331 年，他们一起宣称陷入贫困且无力向领主尽义务，并把他们的地产转让出去，从而获得一份年租。[①] 这些妇女的例子说明，老年妇女在晚年并未完全退隐，而是尽可能地靠自己来维持生活。而且老年妇女的退休方式不是一成不变的，半退休和土地出租等方式，为她们提供了经济收入和土地权利。

尽管退休协议和遗嘱等资料显示了老年妇女对晚年安排的主要方式，但是对于那些没有多少资产可以从他人那里获得赡养的贫穷老年妇女来说，其劳动和生活状况却很少受到关注。不过，验尸官的调查提供了各阶层老年妇女生活状况的一些重要证据。

从大量的案例来看，老年人不管是否退休都可能继续从事家庭内外的劳动。因为多数老年人在发生意外时是在家庭周围工作，或是在回家的路上。研究发现，在老年人的突然死亡事件中，22% 是发生在家内和住宅附近的田地里，44% 是发生在像沟渠、公路、河流或小溪等公共场所。一个总管的寡妇玛丽奥特，在从井中取水喝时，掉入井里。伯代克沙姆（Bodekesham）的一个老年妇女伊莎贝拉，在 1334 年 10 月的一个清晨爬梯子从一个草堆上取稻草点火，但从梯子上跌落致死。另一个妇女，至少60 岁了，去一口井边采摘水果。当她站在树枝上摘果子时，树枝断裂，她掉到井里。[②] 这些意外事件表明，老年人仍然力所能及地进行体力活动并参与日常劳动。

其次，从对老年人意外事件的调查中可以看出，许多人或是与子女或照顾者住在一起，或是与之保持着比较密切的联系。从最先发现老年人死亡的人与死者的关系来看，15% 的死亡案件是与死者比较亲近的亲属首先发现的，其中最可能的是死者的儿子和女儿。[③] 1267 年，萨比纳的一位老年妇女，在从外地乞讨返回的路上落入河中。第二天，她的儿子亨利到处找她，才发现她已经淹死。[④] 这说明老年人不是与子女住在一起，就是同在一个村庄并保持着较为密切的联系。而且老年人在收获季节是年轻人的帮手，可以烧火做饭或照顾婴儿等。但对于那些贫困的老年妇女来说，她们不得不到处乞讨以维持生活，即使他们的孩子已经成年并居住在同一村

---

①　Judith M. Bennett, *Women in the Medieval English Countryside*, pp. 151—152.

②　Barbara A. Hanawalt, *The Ties That Bound*, pp. 236—237.

③　Ibid. , p. 238.

④　Ibid. , p. 236.

庄之中。

再次，伴随老年而来的身体衰弱、贫困和缺乏照顾等原因使许多老年人非正常死亡。在进入老年时期以后，许多老年人身体虚弱，走路不稳或视力不济，因而比年轻人更容易从高处跌下而导致死亡，也更可能掉入井里或河里而淹死。身体虚弱和疏忽大意使老年人比成年人更可能被烧死。一个老年妇女在收获季节拾穗归来，在房间里清点其谷物。她没有熄灭蜡烛就睡着了，结果发生火灾而造成死亡。另外，贫困和流浪街头也是造成许多老年人冻死或病死的重要原因。哈娜沃尔特观察了不同季节的死亡情况，发现老年人在一、二、三月和八月的死亡率普遍高于年轻人。在冬季的严寒和夏季的炎热天气常导致老年乞丐和流浪者的死亡。[①]

尽管验尸官的调查显露出老年人的多种生活处境，但是不能因为大量突然死亡的存在而把老年人的最后时光描绘得过于悲惨。多数的老年人平静地死于家中自己的床上，而且也有亲戚朋友围绕床侧。对于那些有临终安排意愿的人来说，陪审团和庄园管家都可能会出现在他们面前。也有一些人在遗嘱中表现出了对其死亡和灵魂命运的极大关注，通过预留出一部分钱财来保证自己死后能够获得体面的葬礼和祈祷。

三　老年妇女的养老安排

在对于老年人的照顾与赡养方面，子女、邻居、共同体和领主，甚至陌生人，都在不同程度上发挥了作用。多数情况下，儿女在父母年迈时为其提供生活保障；那些没有儿女的老年人也有可能通过与邻居或其他人缔结赡养协议，从而为自己的余生做出适当的安排；共同体和领主也可能通过村规或庄园法等形式为无依无靠的老人提供一些生存机会。此外，在缺乏社会保障体系的时代，教会和私人的慈善行为给生活在社会底层的大量老年人提供了时断时续的帮助。

养老协议是老年人保证自己晚年基本生活条件的最常见方式。这种养老协议，实质上是一种老年人的退休协议，因为它的缔结通常伴随着财产的转移，一般是土地持有者把土地和房屋转交给子女或其他人，而后者则根据双方的协定为退休者提供衣食住等方面的供应。在一定程度上，退休者不仅放弃了对土地和房屋的支配权，而且也放弃了在家庭内的权威。他

---

① Barbara A. Hanawalt, *The Ties That Bound*, pp. 237—238.

们不仅退隐到单独的房屋或专为退休的老年人而保留的房间内，而且也逐渐从法庭等公共领域中退出，有些人在退休之后还会向社会底层下滑。对于年轻人而言，老年人的退休为他们提供了持有土地和房屋，从而确立自己的家庭权威和社会身份的机会。所以，退休协议对双方来说，都是有好处的，它既符合了老年人寻求晚年生活支持的需要，也符合了年轻人早日成家立业的渴望。

老年妇女获得赡养支持，主要得自以下几种渠道：其一，丈夫与赡养者订立的协议；其二，丈夫的遗嘱或临终安排；其三，寡妇自身与赡养者订立的协议。

老年妇女通常可以从丈夫与赡养者所订立的退休协议中得到生活供应。在这种协议里，丈夫通常把对其房屋和土地的支配权转交给赡养者，然后由缔结契约的另一方提供衣食住上的供应。对于中等以上的阶层来说，这种协议使老年人获得了基本的生活保障。这样的例子在庄园记录中随处可见。1294 年，在拉姆塞修道院的一个庄园法庭上，农民伊利亚斯把一座家宅和所租种的 15 英亩土地及与此相关的各项附属权利等都交给了儿子约翰。双方约定，在下一个米迦勒节之前，伊利亚斯将合理地持有以上所有土地，并自己出资播种该土地，他与其妻子克里斯蒂娜将获得收获谷物的一半。自此以后，只要伊利亚斯和克里斯蒂娜在世，约翰要为他们提供饮食上的合理供应，而且他们将与约翰一起住在主房宅内。如果双方因为争吵或不合而不能和睦地住在一起，约翰要在自己的庭院之内，为伊利亚斯和克里斯蒂娜提供一处带有小院子的住房，从而使他们能够体面地居住。而且约翰每年要给他们提供衣食上的供应，这包括每年在米迦勒节的 6 夸特硬粒谷物。此外，伊利亚斯和克里斯蒂娜根据双方的协定，将持有该房屋中的所有财产。① 值得一提的是，在这种养老协议中，夫妻被视为平等的受赡养对象。这样，即使妇女没有直接持有土地，也可以凭借丈夫订立的养老协议而得到照顾。

一般而言，那些先于妻子去世的丈夫经常通过遗嘱或其他方式为寡妇做出赡养安排。遗嘱研究显示，多数妇女能够获得住宅的终身使用权，也有一些人能够获得一个房间或者一座单独的住房。对于那些已经进入老年阶段的妻子，丈夫则在遗嘱中直接写明继承人应为其提供的各种生活供

---

① George Homans, *English Villagers of the Thirteenth Century*, pp. 144—145.

应，而且具体的数量经常被明确规定。也有一些丈夫通过临终安排等方式为妻子的生活进行安排。约翰·怀特在临终之际把他的宅院和土地交给西蒙·维尔林，并规定西蒙要提供给约翰的寡妇食物、酒和16蒲式耳大麦。他还要保证1头牛、6只鸡和一只鹅供她使用，并在一年中的每一个季节为她耕耘和播种英亩可耕地。他要每年提供3先令的衣服并在复活节时提供一双鞋。她将被允许继续住在她亡夫的房子里，有一个靠近火炉的房间和一张床。①

丈夫为妻子所做的安排有时非常详尽，既显示出他们对继承人的不信任，也反映了他们对妻子晚年生活的关注。当妻子年老时，丈夫可以在遗嘱中为其做出像庄园法庭上那样的安排，详细地写出对老年妇女的照顾。谨慎的农民会明确说明他的妻子应该拥有的谷物数量和晚年应得的具体照顾。有些丈夫对于妻子应得的供应进行了细致的规定，有些丈夫则考虑到了违约或者不和睦等情况，要求赡养者为寡妇提供一处单独的房屋。另外，也有一些丈夫担心其儿子会出卖财产，命令无论是谁持有其留给儿子的财产都要为其寡妇提供房屋中的一个房间以供其居住，还要终生提供合乎标准的食物。②

一些妇女可以直接与子女或其他人订立赡养协议，从而为自己的晚年做出安排。农民帕特里克的寡妇伊莎贝尔，将她对土地的权利交给其儿子约翰，并约定他要在圣神降临周前给她15先令4便士，并每年付给她6先令8便士作为赡养费。③埃塞克斯的佩特内拉将她的15英亩土地转让给儿子约翰。约翰则不仅要为领主提供义务，而且要按照惯例为其母亲提供合理的食物供应。佩特内拉要在房宅内拥有一个靠东边的带衣柜的房间，并终生居住于此，而且她的1头牛、4只羊和1头猪可以在冬天和夏天在上述的15英亩土地上放牧，以保证她有衣物和鞋类可用。④从这一具体的安排可以看出，妇女在交出土地和房屋支配权的同时，为自己的晚年生活进行了尽可能详尽的安排。

有些妇女把土地交给孙子或孙女，对方则要提供老年生活的保障。这

---

① Elaine Clark, "Some Aspects of Social Security in Medieval England", *Journal of Family History* 7 (1982), p. 311.

② Barbara A. Hanawalt, *The Ties That Bound*, p. 234.

③ Ibid. , p. 223.

④ George Homans, *English Villagers of the Thirteenth Century*, p. 145.

种安排有时候是出于老年人的自主选择，有时则是由地方习俗所决定的。正如 1306 年的牛津郡的寡妇艾格尼丝那样，她就是按照地方惯例将土地和房宅交给了自己的孙女，并从孙女和其丈夫那里获得赡养。[①] 有时，老年妇女会把地产分给多个子女，并从他们那里得到相应的供应。布里格斯托克庄园的艾玛·塞普赫德在寡居生活 17 年后，在 1319 年把一部分土地在几个儿子中分开，并要求他们每年为此给她一卡车干草。她自己继续经营其他的地产，在 6 年后才安排一个儿子在她死后接管所剩的所有财产。[②]

　　不过，养老协议并非仅限于家庭之内。老年人及其子女，可以根据协商来选择何时退休或退休后由谁来接管地产。在没有子女或子女都不愿接管其地产的情况下，一些老年人选择与其他村民邻居来缔结养老协议。克拉克对东盎格利亚的研究表明，大约有一半的退休者与子女之外的人缔结了赡养协议。[③] 这种情况在其他地区也非常普遍。在 1345 年，布里格斯托克庄园的约翰·波普林的寡妇艾丽丝在丈夫死后管理整个家庭，几年后其儿子威廉结了婚，但他搬出去另过。艾丽丝在安排老年生活时，也没有仅把目光投向自己的儿女，而是与没有明显亲属关系的一对夫妻订立了养老契约。[④] 与非亲属订立的赡养协议，在财产转让中也有体现。在一个叫休的男人接管西蒙的宅地时，他同意修缮房屋，并且"充足地供应西蒙的妻子、他的儿子和所有的子女"。[⑤] 可见，中世纪老年妇女的赡养并不一定仅仅依赖于子女。但是，庄园记录可能倾向于夸大非亲属之间赡养关系的程度。一些父母和子女缔结友善的协议，从而使他们不必在庄园法庭上进行担保证明。也不排除另一种可能性，即老年人已经把他们的土地分配给了子女，但是保留了一个茅屋和几英亩土地，直到他们年老体衰无力耕作时，才与非亲属签订赡养协议。

　　多数退休的协议显示，退休者会把他们将得到的食物、衣物和居所具体写明。房屋的限定条件可以具体到房间的位置和设施情况。在 1281 年，

---

① George Homans, *English Villagers of the Thirteenth Century*, pp. 152—153.

② Judith M. Bennett, *Women in the Medieval English Countryside*, p. 152.

③ Elaine Clark, "Some Aspects of Social Security in Medieval England", *Journal of Family History* 7 (1982), pp. 307—320.

④ Judith M. Bennett, *Women in the Medieval English Countryside*, pp. 151, 174.

⑤ Barbara A. Hanawalt, *The Ties That Bound*, p. 230.

托马斯·布雷德就在协议中承诺，要为其母亲建一座 30 英尺长、14 英尺宽并有三扇门和两扇窗户的房子。① 另外，一些人还要求定期洗衣服、有马可骑、园地、燃料、从业的工具以及其他一些好处。精神的需求也在契约中被约定。一些条款规定在退休者卧病在床时有朋友来探访，并且在他们去世时朋友来参加其葬礼并为其灵魂祈祷。②

　　为了保证协议条款的履行，退休者通常是有条件地转让土地。一旦协议的条款没有被履行，土地就会返回到退休者手中。惯例以及这种协议的约束性质保护了他们，因为共同体或领主支持在契约被破坏时土地重归退休者持有。布里格斯托克庄园的一位寡妇玛蒂尔达·科库斯曾与儿子订立协议，她交出地产，儿子则每年提供一份年金给她。但是，1311 年，她从儿子手中要回土地权利，理由是他未能提供给她原先许诺的食物和衣服。③ 而且退休者的权利通常能够得到习惯法的支持。如果赡养者比退休者早逝，退休者也能要回财产，而如果赡养协议随着土地的转让而转入其他人手中，接管土地的人必须按照原来的条款为退休者提供供应才能持有土地。尽管有如此细致的考虑和安排，围绕赡养协议产生的纠纷在法庭上大量出现，说明缔结了赡养协议的老年人不一定能够安享晚年。

　　而且退休协议也不是所有的老年人都可以获得的赡养方式。法庭上的案例，多数来自富裕的农民阶层，他们能够仅仅用土地和住宅来交换生活上的各种舒适安排和供给。但是，对于那些茅舍农来说，他们仅有供养一个人所必需的两三英亩土地，会发现很难吸引一个照顾者。茅舍农经常为了要保证一份照顾而做出更多的妥协，例如不仅把土地的使用权许诺给照顾者，而且还把他或她作为遗嘱的主要受益人。实际上，这意味着他们所有的家具、衣物和其他动产都将会给予那个同意为他们的老年生活提供供给的人。④

---

　　① R. K. Field, "Worcestershire Peasant Building, Household Goods and Farming Equipment in the Later Middle Ages", *Medieval Archaeology* 9 (1965), pp. 126, 121. Barbara A. Hanawalt, *The Ties That Bound*, p. 231.

　　② Elaine Clark, "Some Aspects of Social Security in Medieval England", *Journal of Family History* 7 (1982), pp. 313—314.

　　③ Judith M. Bennett, *Women in the Medieval English Countryside*, p. 151.

　　④ Elaine Clark, "Some Aspects of Social Security in Medieval England", *Journal of Family History* 7 (1982), p. 312.

不过，老年人可以通过正式契约或私人协议的方式得到基本的赡养保障。拉兹研究了那些父亲退休把土地交给儿子的情况，发现在瘟疫前的海尔索温，仅有 20% 的父亲在把地产转让给儿子时订立了正式的赡养协议。[①] 由此可以推断，出现于法庭上的赡养协议并非当时人们所缔结的所有赡养协议，而仅仅是由于某种原因或出于缔约者的某种考虑而进入公共视野的一部分正式约定。大量的私人赡养协议在照顾老年人的生活方面起了主要作用，但是由于协议的订立没有在法庭上进行登记，而且协议的实施上没有产生大的矛盾，所以从未受到陪审团的关注。不可否认，赡养协议为老年妇女提供了获得晚年生活来源的一个重要保障。

中世纪社会没有对老年人赡养的统一规范，但是共同体的法规对于老年人所采取的各种养老安排提供了基本的保护。农民的退休协议可以在村庄或庄园法庭上得到公众的认可和证明，从而被记录于法庭档案之中；在中世纪后期，农民的遗嘱得到了普遍的认可。这样，虽然习俗和惯例中没有对老年人赡养问题的明确规定，但是与此相关的契约和各类安排都能得到法律的保护。

有时，共同体在安排老年人退休方面也可能起直接作用。在 1306 年牛津郡的纽英顿庄园上，法庭按照地方惯例为寡妇艾格尼丝安排了赡养者。[②] 在 1286 年，共同体指控威廉·沃德莫斯把莫尔·德·莫拉及其儿子赶出她的房子，抢夺其财物，并没有履行修缮她的房屋的义务。共同体的干预使威廉受到惩罚。当一个儿子不遵守与年老母亲的协议时，陪审员对其进行处罚，并把土地交还给她，禁止他在其母在世期间持有该土地。[③] 此类案件反映了共同体对于赡养安排的支持和保护。

村庄共同体对老年人的关照还体现在比较细致的村庄法规上。地方法规包含了一些对穷人的保障措施。通过把拾穗权限定给穷人的方式，地方法规保证了贫穷且没有谋生能力的人能够获得基本的生计。[④] 这为老年妇女提供了一定的生活来源。

---

① Zvi Razi, "Family, Land and the Village Community in Later Medieval England", *Past & Present 93* (1981), pp. 7—8.

② George Homans, *English Villagers of the Thirteenth Century*, pp. 152—153.

③ J. A. Raftis, *Tenure and Mobility: Studies in the Social History of the Medieval English Village*, pp. 111—112.

④ Judith M. Bennett, *Women in the Medieval English Countryside*, p. 149.

此外，在缺乏社会保障体系的时代，教会和私人的慈善行为给生活在社会底层的大量老年人提供了时断时续的帮助。邻居可能为不少流浪者和老年乞丐提供了部分帮助，而且宗教机构和教区牧师也有可能对穷人有慈善之举，比如提供食物或衣物。此外，行会和个人经常在葬礼仪式中提供施舍品。不过，这些形式的帮助具有随意性和偶然性，不可能成为老年人日常生存的依赖。

四　中世纪对老年人的态度

有一个中世纪的故事，在一定程度上反映了社会对待老年人的态度。在冬天，一位已经退休的老父亲冻得瑟瑟发抖，就向儿子要一条毛毯。他的儿子就让自己的儿子去拿一条褥子给其祖父。小男孩回来时手里拿着半条褥子，并告诉其父，"我将保留这半条褥子，到我成年后用来给你披盖。"① 这个故事在一定程度上显示，虐待和轻视已经退休的老年人似乎已是习以为常的事情了。

道德家对虐待老人行为的反复指责，也显示出这种情况的存在。中世纪的道德家非常关注年轻人与老年人之间的矛盾与冲突。一方面，道德家反复指责子女对老年父母的冷酷，并告诫父亲们不要把子女当作遗嘱执行人，因为如果遗嘱中财产赠予的对象不是他们的话，子女并不一定会按照遗嘱行事。另一方面，道德家也指出了两代人之间围绕财产和权力而产生的冲突。一旦老年人退休并把土地、动产传递给年轻人时，他们就开始受制于年青一代的权威。②

不过，民间故事和道德家的训诫所呈现出的情况并不一定符合多数老年人的处境，因为大多数的老年人在把土地交给儿子的同时，能够获得某种保障。尽管庄园法庭记录上那些因为居住在一起而导致不和睦关系的案例经常出现，而且许多人因为没有履行赡养协议的条款而引起纠纷，但是，多数家庭中老年人和年轻人平稳且和平地过渡财产与权力，因而从未引起共同体和庄园法庭的关注。而且即使那些因为赡养协议而出现冲突的双方，也没有表现出特别的仇恨或憎恶。研究表明，在中世纪的英格兰，

---

① Robert［Mannyng］of Brunne's Handlyng Synne, in George Homans, *English Villagers of the Thirteenth Century*, p. 155.

② Barbara A. Hanawalt, *The Ties That Bound*, p. 228.

代际亲属之间很少发生极端的冲突，杀害长辈的事情非常少见。① 这些情况表明，在中世纪老年人与年青一代之间没有特别明显的对立和激烈冲突。而且遗嘱资料显示，许多老年人在去世前有亲戚、仆人、邻居和朋友围绕床侧，他们的晚年并不一定是贫困且孤单的。

　　综上可见，伴随着年龄的增长，老年人面临体力的日渐衰弱和家内权威的日趋减少，以及随之俱来的各种问题。在生存状况上，老年男女面临类似的机会与问题，但是老年妇女往往陷入更为不利的处境，因为她们拥有财产的机会通常很少，或者她们仅有少量财产可以与继承人或其他人缔结赡养协议，很难就赡养问题进行讨价还价。退休之前，多数老年妇女尽可能地独立生活，但是在晚年她们比男人更可能与已婚的子女居住在一起。此外，她们的公共参与也随着年龄的增长不断减少，经济状况也每况愈下，庄园档案和文献资料中不乏那些贫困潦倒的年迈的女乞丐和女流民的记录。

---

① Barbara A. Hanawalt, *Crime and Conflict in English Communities*, *1300—1348*, pp. 159—161.

结　语

对于中世纪英格兰农村妇女这样一个群体的研究，不仅要从整体上把握，而且还要考察其内部的差异性。通过前面几个章节对于妇女的权利、经济活动、公共生活、婚姻家庭、婚外生活与老年时光等方面的考察，笔者发现，中世纪英格兰的农村劳动妇女的生活状况、权利和机会明显受到其社会地位、性别和婚姻状态等因素的影响：阶级和性别因素使妇女具有了在中世纪乡村社会中生活的基本属性，即第三等级——劳作者，与"第四等级"[①]——妇女；阶层、婚姻状态、家户地位和生命阶段等因素则倾向于把妇女分成不同的小群体，即富裕阶层、中等阶层和下层妇女，未婚、已婚、寡居的妇女，作为家庭依附者的妇女、女户主、女佃户，以及青年、中年和老年的妇女，等等。

这些不同的范畴在中世纪社会中实质上就是一系列不同的身份。不同身份的妇女拥有不同的权利和机会，承担了不同的家庭和社会责任，而且也获得了不同的家内或社会位置。但是，这些权利、机会、责任和地位的分布并不是永恒不变的。对于乡村劳动妇女来说，属于劳动阶层和女性这一性别几乎是无法改变的属性，但是，被划分的各个群体的身份却从来不是静止的，而是不断变化和流动的，大多数妇女会从未婚妇女变成妻子，而许多妻子也可能会经历寡居阶段，从而有机会成为女户主。这样，她们的一生将会面对不同责任、权利和机会，她们既可能在某个时期依附于父亲或丈夫，也可能在另一时期独立自主地生活和参与社会交往。

从对各地资料的研究来看，中世纪英格兰农村劳动妇女的状况还受到地方因素的明显影响。不同的地区、不同的庄园存在不同的惯例和习俗，也存在不同的经济运行方式，这些地域上的差别赋予了各地妇女不同的权

---

① ［以］苏拉密斯·萨哈：《第四等级：欧洲中世纪妇女史》，第1—9页。

利，也使她们面对不同的劳动和生活选择。比如，不同的地方经济条件，决定了妇女劳动的基本方式和内容，也影响了她们可以参与的经济活动类型；继承惯例很大程度上决定了妇女获得家庭财产的机会和份额，也直接影响到了她们的婚姻选择和生活水平；各地不同的婚姻习俗使妇女在婚龄、婚礼或通婚方式等方面呈现出不同特点。

当然，同一地区的妇女的生活状况还会因时而异。黑死病给各地的人口和经济带来几乎压倒一切的影响，使那些从瘟疫肆虐中侥幸活下来的人们获得了新的机会，包括土地变得容易获得，以及雇佣劳动工资的上涨等。这些因素也反映到了私人生活领域，女孩的婚龄提前了，女继承人和拥有财产的寡妇对单身汉的诱惑力减少了。黑死病过后的年月里，妇女的继承机会明显下降，在有的地区，女孩得到继承权或者土地形式的嫁妆几乎变成了奢望。在中世纪末期，原先在酿酒业里发挥主导作用的妇女，没有从酒业的技术变革中直接受益，而是逐渐被男性酿酒人所取代。

此外，中世纪与近代以来的社会一样，个人的情感因素也对妇女的生活有很大的影响。许多地区，在惯例实施不严格，或者惯例允许的范围内，一些父母愿意给女孩提供尽可能多的嫁妆，一些丈夫也会为妻子提供超过普通法规定的寡妇地产。

在前面各章节的研究中，这些影响妇女生活的因素都被尽可能地考虑进来。笔者发现很难对中世纪英格兰农村妇女的权利、机会和生活状况进行概括，最为稳妥的做法是把妇女之间因为基本属性和流动的身份而不断变化的社会身份考虑进来，结合时空的不同条件，揭示妇女的各种权利、机会和生活状况上的多样性，以及各种差异和变化背后的那些未曾变革或从未被发现和触及的方面。

中世纪英格兰农村劳动妇女，作为乡村社会中占人口半数以上的群体，无论在公共生活、经济领域，还是私人生活中都不是被动、消极、无助的依附者，而是扮演了丰富多元的社会角色。但是，妇女也经常遭遇对她们这个性别的种种限制，不能像其男性同伴那样拥有参与社会政治、经济活动的机会。

从妇女参与乡村公共生活的情况来看，青年妇女、寡妇或者独身妇女通常能够自主地出现在公共领域内；已婚妇女一般不能独立地出现在法庭上，但她们似乎并未从公共生活中完全退出，家庭的责任和劳动的需要，使她们要出入乡村市场，要与其他村民一起为领主服役，要去领主的磨坊加工谷物，等等。对多数妇女来说，公共生活和社会交往是其生活中不可缺少的部分。但不管是对哪一种妇女群体来说，她们几乎都不能染指公共权力，从来不能为共同体的治安做出贡献。

从妇女在经济领域中参与情况来看，妇女作为土地持有者、女仆、酿酒人、集市交易者和酒馆旅店经营者活跃在乡村的经济生活中。但是，在地产继承方面，女儿只在没有兄弟的情况下才有可能获得继承权；在财产支配方面，妻子不能控制自己带入婚姻的财产，也不能支配婚姻存续期内获得的任何资产。尽管寡妇能够获得寡妇产，但她们的财产权利也经常受到惯例的限制，不能转让或带入其后的婚姻。在这种情况下，妇女作为土地持有者的机会有限。在雇佣劳动中，妇女在择业上受到性别分工的限制，她们仅能受雇做那些低技术且低报酬的工作。

从私人领域中妇女的处境来看，多数妇女被视为男人的附属品，女儿依附于父亲，妻子依附于丈夫。而且基督教会宣扬婚姻中的禁欲，否定夫妻之爱，倡导家庭内丈夫对妻子的权威。这些说教容易使人把妇女当作被动的依附者，但是，地方资料却显示出农民阶级对教会婚姻理想相当漠视，以及夫妻关系经常呈现出融洽与和谐，而不是冷淡与对立。父权和夫权即使存在于中世纪的社会机制之内，也很少被农民阶级积极地运用和维护。生存的需要与核心家庭的日渐独立，使夫妻间的相互信任与支持变得日渐重要。

参 考 文 献

中文参考书

1. 〔奥〕M. 米特罗尔、L. 西德尔：《欧洲家庭史》，华夏出版社 1987 年版。

2. 〔比〕亨利·皮朗：《中世纪欧洲经济社会史》，上海人民出版社 1964 年版。

3. 〔德〕汉斯—维尔纳·格茨：《欧洲中世纪生活》，王亚平译，东方出版社 2002 年版。

4. 〔德〕尤尔根·哈贝马斯：《公共领域的社会转型》，学林出版社 1999 年版。

5. 〔法〕安德列·比尔基埃等：《家庭史》，三联书店 1998 年版。

6. 〔法〕费尔南·布罗代尔：《15 至 18 世纪的物质文明、经济和资本主义》，三联书店 1996 年版。

7. 〔法〕马克·布洛赫：《中世纪欧洲生活和劳动》，商务印书馆 1985 年版。

8. 〔法〕西蒙娜·德·波伏娃：《第二性》，陶铁柱译，中国书籍出版社 1997 年版。

9. 〔美〕道格拉斯·C. 诺斯：《西方世界的兴起》，华夏出版社 1989 年版。

10. 〔美〕里安·艾斯勒：《圣杯与剑——男女之间的战争》，程志民译，社会科学文献出版社 1995 年版。

11. 〔美〕理查德·A. 波斯纳，《性与理性》，苏力译，中国政法大学出版社 2002 年版。

12. 〔美〕罗伯特·麦克艾文：《夏娃的种子——重读两性对抗的历史》，王祖哲译，上海人民出版社 2004 年版。

13. 〔美〕马文·佩里主编：《西方文明史》，商务印书馆 1993 年版。

14. 〔美〕梅里·E. 维斯纳—汉克斯：《历史中的性别》，何开松译，东方出版社 2003 年版。

15. 〔美〕汤普逊：《中世纪晚期欧洲经济社会史》，徐家玲等译，商务印书馆 1996 年版。

16. ［美］雅各布·布克哈特：《意大利文艺复兴时期的文化》，商务印书馆 1979 年版。

17. ［以］苏拉密斯·萨哈：《第四等级：欧洲中世纪妇女史》，林英译，广东人民出版社 2003 年版。

18. ［意］卡洛·M. 奇波拉：《欧洲经济史》，1—4 卷，商务印书馆 1988 年版。

19. ［意］欧金尼奥·加林主编：《文艺复兴时期的人》，李玉成译，三联书店 2003 年版。

20. ［英］阿萨·勃里格斯：《英国社会史》，中国人民大学出版社 1991 年版。

21. ［英］爱德华·汤普森：《共有的习惯》，沈汉、王加丰译，上海人民出版社 2002 年版。

22. ［英］菲利普·沃尔夫：《欧洲的觉醒》，商务出版社 1990 年版。

23. ［英］亨利·斯坦利·贝内特：《英国庄园生活：1150—1400 年农民生活状况研究》，龙秀清等译，上海人民出版社 2005 年版。

24. ［英］杰弗雷·乔叟：《坎特伯雷故事集》，方重译，人民文学出版社 2004 年版。

25. ［英］肯尼思·O. 摩根：《牛津英国通史》，商务印书馆 1993 年版。

26. ［英］罗莎琳·迪尔斯：《女人的世界史》，刁莜苹译，麦田出版社 1998 年版。

27. ［英］梅因：《古代法》，沈景一译，商务印书馆 1984 年版。

28. ［英］伊·勒·伍德沃德：《英国简史》，王世训译，上海外语教育出版社 1990 年版。

29. ［美］凯瑟琳·克莱、钱德里·卡保罗、克里斯蒂娜·塞内卡尔：《世界妇女史》（上），裔昭印、张凯译，格致出版社 2012 年版。

30. 《赋知识以社会性别》，天津师范大学妇女研究中心内部本，2000 年。

31. 《马克思恩格斯选集》第 2 卷，人民出版社 1972 年版。

32. 《圣经》（简化字合本），中国基督教协会。

33. 安长春：《基督教笼罩下的欧洲》，中央编译出版社 1995 年版。

34. 薄洁萍：《上帝作证——中世纪基督教文化中的婚姻》，学林出版社 2005 年版。

35. 陈曦文：《基督教与中世纪西欧社会》，中国青年出版社 1999 年版。

36. 侯建新：《社会转型时期的西欧与中国》，济南出版社 2001 年版。

37. 侯建新：《现代化第一基石——农民个人力量与中世纪晚期社会变迁》，天津社会科学出版社 1991 年版。

38. 蒋孟引：《英国史》，中国社会科学出版社 1988 年版。

39. 金志霖：《英国行会史》，上海社会科学院出版社 1996 年版。

40. 李平：《世界妇女史》，海南出版社 1993 年版。

41. 李银河主编：《妇女——最漫长的革命》，三联书店 1997 年版。

42. 刘景华：《西欧中世纪城市新论》，湖南人民出版社 2000 年版。

43. 刘文明：《上帝与女性：传统基督教文化视野中的西方女性》，武汉大学出版社 2003 年版。

44. 刘文明：《文化变迁中的罗马女性》，湖南人民出版社 2001 年版。

45. 陆伟芳：《英国妇女选举权运动》，中国社会科学出版社 2004 年版。

46. 罗荣渠：《现代化新论》，北京大学出版社 1993 年版。

47. 马克垚：《英国封建社会研究》，北京大学出版社 1992 年版。

48. 马克垚：《中西封建社会比较研究》，学林出版社 1997 年版。

49. 马缨：《工业革命与英国妇女》，上海社会科学院出版社 1993 年版。

50. 潘迎华：《19 世纪英国现代化与女性》，浙江人民出版社 2005 年版。

51. 庞卓恒：《唯物史观与历史科学》，高等教育出版社 1999 年版。

52. 谈大正：《性文化与法》，上海人民出版社 1998 年版。

53. 王萍：《现代英国社会中的妇女形象》，江苏人民出版社 2005 年版。

54. 王政、杜芳琴主编：《社会性别研究选译》，三联书店 1998 年版。

55. 徐浩、侯建新：《西方史学流派》，中国人民大学出版社 1996 年版。

56. 徐浩：《农民经济的历史变迁——中英乡村社会区域发展比较》，社会科学文献出版社 2002 年版。

57. 裔昭印：《西方妇女史》，商务印书馆 2009 年版。

58. 裔昭印：《古希腊的妇女——文化视域中的研究》，商务印书馆 2001 年版。

59. 赵文洪：《20 世纪中华学术精华·世界历史卷》（上、下），兰州大学出版社 2000 年版。

60. 赵文洪：《私人财产权利体系的发展》，中国社会科学出版社 1998 年版。

中文参考论文

61. ［美］琼·W. 斯科特：《性别：历史分析中一个有效范畴》，见李银河主编《妇女——最漫长的革命》，三联书店 1997 年版。

62. ［美］琼·W. 斯科特：《女性主义与历史·序》（1996），见王政、杜芳琴主编《社会性别研究选译》，三联书店 1998 年版。

63. 陈志坚：《试论中世纪英格兰贵族妇女的不动产继承权》，《首都师范大学学报》（社会科学版）2005 年第 5 期。

64. 盖尔·鲁宾：《女人交易》，见王政、杜芳琴主编《社会性别研究选译》，三联书店 1998 年版。

65. 郭超英、颜海英：《古希腊妇女的社会地位及其演变》，《河南大学学报》（社会科学版）1995 年第 4 期。

66. 侯建新：《工业革命前英国农民的生活与消费水平》，《世界历史》2001 年第 1 期。

67. 黄虚峰：《工业化与美国妇女地位的变化》，《历史教学问题》1998 年第 4 期。

68. 康琪：《美国工业化时代的妇女解放运动》，《中学历史教学参考》2003 年第 4 期。

69. 李建军：《从修道生活试析中世纪英国贵族妇女的社会地位》，《首都师范大学学报》（社会科学版）2005 年第 5 期。

70. 李建军：《西欧中世纪贵族妇女修道原因试析》，《首都师范大学学报》（社会科学版）2003 年第 5 期。

71. 林中泽：《古代雅典的妇女与民主政治》，《华南师范大学学报》（社会科学版）1996 年第 3 期。

72. 刘文明：《"新妇女史"在中国大陆的兴起》，《史学理论研究》2003 年第 1 期。

73. 刘文明：《妇女在中世纪西欧城市工商业中的作用与地位》，《首都师范大学学报》（社会科学版）2002 年第 1 期。

74. 刘扬：《古希腊女神与女人的两种角色》，《历史教学》2004 年第 3 期。

75. 马瑞映：《德国纳粹时期的妇女政策与妇女》，《世界历史》2003 年第 4 期。

76. 潘迎华：《19 世纪英国妇女选举权运动与自由主义》，《世界历史》2002 年第 6 期。

77. 琼·凯利—加多：《性别的社会关系——妇女史在方法论上的含义》，见王政、杜芳琴主编《社会性别研究选译》，三联书店 1998 年版。

78. 苏珊·弗里德曼：《"超越"社会性别："社会身份新疆界说"与女权主义批评之未来》（节译），载《赋知识以社会性别》，天津师范大学妇女研究中心内部本，2000 年。

79. 王纠：《论英国维多利亚前期中产阶级妇女的地位》，《江西社会科学》2001 年第 6 期。

80. 王纠：《英国维多利亚时期已婚妇女财产权的变迁》，《历史教学问题》2002 年第 2 期。

81. 吴新云：《美国民权运动中的黑人妇女》，《妇女研究论丛》2001 年第 5 期。

82. 裔昭印：《古希腊人妇女观的衍变》，《上海师大学报》（哲学社会科学版）1999 年第 6 期。

83. 俞金尧：《中世纪欧洲寡妇产的起源和演变》，《世界历史》2001 年第 5 期。

84. 俞金尧：《中世纪晚期和近代早期欧洲的寡妇改嫁》，《历史研究》2000 年第 5 期。

85. 王超华：《中世纪英国乡村妇女的劳动和工资》，《史林》2012 年第 2 期。

英文参考书

86. Adams, Phythian, *Desolation of a City: Coventry and the Urban Crisis of the Later Middle Ages*, Cambridge, 1979.

87. Amt, Emilie, ed., *Women's Lives in Medieval Europe: A Sourcebook*, Routledge, 1993.

88. Amussen, Susan Dwyer, *An Ordered Society: Gender and Class in Early Modern England*, Basil Blackwell, 1988.

89. Ault, Warren O., *Open-field Farming in Medieval England*, London, 1972.

90. Bellamy, John, *Crime and Public Order in England in the Later Middle Ages*, London: Routledge, 1973.

91. Bennett, Judith M., and Froide, Amy M., eds., *Single women in the European Past, 1250—1800*, Philadelphia: University of Pennsylvania Press, 1999.

92. Bennett, Judith M., *Ale, Beer, and Brewsters in England: Women's Work in a Changing World, 1300—1600*, Oxford, 1999.

93. Bennett, Judith M., *Women in the Medieval English Countryside: Gender and Household in Brigstock before the Plague*, New York: Oxford University Press, 1987.

94. Anderson, Bonnie S., and Zinsser, Judith P., eds., *A History of Their Own: Women in Europe from Prehistory to the Present*, Volume I, Harper & Row, 1988.

95. Botelho, Lynn & Thane, Pat eds., *Women and Ageing in British Society since 1500*, New York and London: Longman, 2001.

96. Boulay, Du, *An Age of Ambition: English Society in the Later Middle Ages*, London, 1970.

97. Britnell, H., *The Commercialisation of English Society, 1000—1500*, Cambridge University Press, 1993.

98. Brundage, James A., *Law, Sex and Christian Society in Medieval Europe*, the University of Chicago Press, 1987.

99. Cahn, Susan, *Industry of Devotion: the Transformation of Women's Work in England, 1500—1660*, Columbia University Press, 1987.

100. Cavallo, Sandra, and Warner, Lyndan, eds., *Widowhood in Medieval and Early Modern Europe*, Longman, 1999.

101. Charles, Lindsey, and Duffin, Lorna, eds., *Women and Work in Pre-industrial England*, Croom Helm, 1985.

102. Clark, Alice, *Working Life of Women in the Seventeenth Century*, *1919*; rpt. London: Routledge & Kegan Paul, 1982.

103. Cosman, Madeleine Pelner, *Women at Work in Medieval Europe*, New York: Facts on File, Inc. , 2000.

104. Coulton, G. , *The Medieval Village*, Cambridge, 1925.

105. Harvey, D. A. , *A Medieval Oxfordshire Village: Cuxham 1240 to 1400*, Oxford, 1965, pp. 123, 135—137.

106. Duby, George, *Love and Marriage in the Middle Ages*, Chicago, 1994.

107. Duby, Georges, and Perrot, Michelle, eds. , *A History of Women in the West*, I-V, Harvard University Press, 1992—1994.

108. Dyer, Christopher, *Standards of Living in the Later Middle Ages: Social Change in England*, *c. 1200—1520*, Cambridge University Press, 1989.

119. English, Barbara, *The Lords of Holderness*, *1086—1260*, Oxford, 1979.

110. Erler, Mary c. , *Women, Reading, and Piety in Later Medieval England*, Cambridge University Press, 2002.

111. Farmer, Sharon, and Pasternack, Carol Braun, eds. , *Gender and Difference in the Middle Ages*, Minneapolis: University of Minnesota Press, 2001.

112. Flandrin, Jean – Louis, *Families in Former Times: Kinship, Household and Sexuality*, Cambridge University Press, 1979.

113. Fletcher, Anthony, *Gender, Sex and Subordination in England*, *1500—1800*, Yale University Press, 1995.

114. Given, B. , *Society and Homicide in Thirteenth Century England*, Stanford, 1977.

115. Glass, D. V. , and Eversley, D. E. C. , eds. , *Population in History: Essays in Historical Demography*, Chicago, 1965.

116. Goldberg, P. J. P. , *Women, Work, and Life Cycle in a Medieval Economy: York and Yorkshire*, *c. 1300—1520*, Oxford, Clarendon Press, 1992.

117. Goody, Jack, Thirsk, Joan, and Thompson, E. P. , eds. , *Family and Inheritance: Rural Society in Western Europe*, Cambridge, 1976.

118. Hanawalt, Barbara A. , *Crime and Conflict in English Communities*, *1300—1348*, Cambridge, Mass. 1979.

119. Hanawalt, Barbara A. , ed. , *Women and Work in Pre-Industrial Europe*, Bloomington, 1986.

120. Hanawalt, Barbara A. , *The Ties That Bound: Peasant Families in Medieval England*, Oxford University Press, 1986.

121. Harvey, P. D. A. , ed. , *The Peasant Land Market in Medieval England*, Oxford, 1984.

122. Helmholz, Richard, *Marriage Litigation in Medieval England*, Cambridge, 1974.

123. Hilton, R. H. , *A Medieval Society: The West Midlands at the End of the Thirteenth Century*, London, 1966.

124. Hilton, R. H. , *The English Peasantry in the Later Middle Age*, Oxford, 1975.

125. Homans, George Caspar, *English Villagers of the Thirteenth Century, 1941*; rpt New York: New York: Ruseell & Russell, 1960.

126. Honeyman, Katrina, *Women, Gender and Industrialisation in England, 1700—1870*, New York: St. Martin's Press; London, Macmillan Press LTD, 2000.

127. Houlbrooke, Ralph A. , *The English Family, 1450—1700*, London and New York: Longman, 1984.

128. Howell, Cicely, *Land, Family and Inheritance in Transition*, Cambridge, 1983.

129. Jones, M. , ed. , *Gentry and Lesser Nobility in Late Medieval Europe*, Gloucester, 1986.

130. Kerridge, Eric, *Agrarian Problems in the Sixteenth Century and After*, George Allen & Unwin, London, 1969.

131. Laslett, Peter, and Wall, Richard, eds. , *Household and Family in Past Time*, Cambridge, 1972.

132. Laslett, Peter, *The World We Have Lost*, 3rd edn. , New York, 1984.

133. Lerner, Gerda, *The Creation of Patriarchy*, Oxford University Press, 1986.

134. Levett, E. , *Studies in Manorial History*, Oxford, 1938.

135. Levett, E. , *The Black Death on the Estates of the See of Winchester*, Oxford, 1916.

136. Lewis, Katherine J. , and Phillips, Kim M. , eds. , *Young Medieval Women*, New York: ST. Martin's Press, 1999.

137. Macfarlane, A. , *The Origins of English Individualism: The Family, Property and Social Transitions*, Basil Blackwell, Oxford, 1978.

138. Maitland, F. W. , ed. , *Select Pleas in Manorial and other Seignorial Courts*, Selden Society, Vol. II, 1889.

139. Mate, Mavis E. , *Women in Medieval English Society*, Cambridge, 1999.

140. Mate, Mavis E. , *Daughters, Wives and Widows after the Black Death: Women in Sussex, 1350—1535*, The Boydell Press, 1998.

141. McIntosh, Marjorie Keniston, *Autonomy and Community: The Royal Manor of Havering, 1200—1500*, Cambridge, 1986.

142. Meldrum, Tim, *Domestic Service and Gender, 1660—1750: Life and Work in the*

London Household, New York: Longman, 2000.

143. Mitchell, Linda E. , *Women in Medieval Western European Culture*, New York and London: Garland Publishing, INC. , 1999.

144. Morewedge, R. T. , ed. , *The Role of Woman in the Middle Ages*, London: Hodder and Stoughton, 1975.

145. Morgan, Carol E. , *Women Workers and Gender Identities, 1835—1913: the Cotton and Metal Industries in England*, London and New York: Routledge, 2001.

146. Morris, William Alfred, *The Frankpledge System*, New York, 1910.

147. Morrison, Susan S. , *Women Pilgrims in Late Medieval England: Private Piety as Public Performance*, Routledge, 2000.

148. Phillips, Kim M. , *Medieval Maidens: Young Women and Gender in England, 1270—1540*, Manchester and New York: Manchester University Press, 2003.

149. Plucknett, F. T. , A *Concise History of the Common Law*, Butterworth, London, 5th edit, 1956.

150. Pollock, F. , and Maitland, F. W. , *The History of English Law before the Time of Edward I*, London, 1921; Cambridge, 1898.

151. Poos, L. R. , *A Rural Society after the Black Death: Essex, 1350—1525*, Cambridge, 1991.

152. Power, Eileen, *Medieval Women*, Cambridge University Press, 1975.

153. Raftis, A. , *Tenure and Mobility: Studies in the Social History of the Medieval English Village*, Toronto, 1964.

154. Raftis, J. A. , ed. , *Pathways to Medieval Peasants*, Toronto, 1981.

155. Razi, Zvi, Life, *Marriage and Death in the Medieval Parish: Economy, Society, and Demography in Halesowen, 1270—1400*, Cambridge University Press, 1980.

156. Rendal, Jane, *Women in an Industrializing Society: England, 1750—1880*, Oxford, UK; Cambridge, Mass; U. S. A. : B. Blackwell, 1991.

157. Rigby, S. H. , *English Society in the Later Middle Ages: Class, Status, and Gender*, Macmillan Press LTD. , 1995.

158. Rogers, Thorold, *Six Centuries of Work and Wages: The History of English Labour*, New York, 1903.

159. Russell, Josiah Cox, *British Medieval Population*, Albuquerque, 1948.

160. Sharpe, Pamela, *Adapting to Capitalism: Working Women in the English Economy, 1700—1850*, New York: St. Martin's Press, 1996.

161. Sharpe, Pamela, *Women's Work: the English Experience, 1650—1914*, New York: Arnold, 1998.

162. Sherington, C. Chibnall, *Fiefs and Fields of a Buckinghamshire Village*, Cambridge, 1965.

163. Shoemaker, Robert B. , *Gender in English Society, 1650—1850: The Emergence of Separate Sphere?* London and New York: Longman, 1998.

164. Sim, Alison, *The Tudor Housewife*, Mcgill Queens University Press, 1996.

165. Stone, Lawrence, *The Family, Sex, and Marriage in England, 1500—1800*, Penguin Books, 1984.

166. Stuard, Susan Mosher, *Women in Medieval Society*, the University of Pennsylvania Press, 1976.

167. Stubbs, William, *Select Chartes and other Illustrations of English Constitutional History*, Oxford, 1921.

168. Thirsk, J. , and Thompson, E. P. , eds. , *Family and Inheritance: Rural Society in Western Europe, 1200—1800*, Cambridge, 1976.

169. Verdon, Nicola, *Rural Women Workers in Nineteenth-Century England: Gender, Work and Wages*, Woodbridge: The Boydell Press, 2002.

170. Ward, J. , ed. , *Women of the English Nobility and Gentry, 1066—1500*, Manchester, 1995.

171. Wiesner, Merrry E. , *Women and Gender in Early Modern Europe*, Cambridge University Press, 2000.

英文论文

172. Bardsley, Sandy, "Women's work reconsidered: gender and wage differentiation in late medieval England," Past & Present, November, 165 (1999), pp. 3—29.

173. Bennett, Judith M. , and Froide, Amy M. , "A singular past", in Judith M. Bennett & Amy M. Froide, eds. , *Singlewomen in the European Past, 1250—1800*, Philadelphia: University of Pennsylvania Press, 1999, pp. 1—37.

174. Bennett, Judith M. , "Medieval women, modern women: across the great divide", in David Aers, ed. , *Culture and History: Essays on English Communities, Identities and Writing, 1350—1600*, London, 1992.

175. Bennett, Judith M. , "Medieval peasant marriage: an examination of marriage license fines in the Liber Gersumarum", in J. A. Raftis, ed. , *Pathways to Medieval Peasants*, Toronto, 1981.

176. Bennett, Judith M. , "The village ale – wife: women and brewing in fourteenth – century England", in Hanawalt, Barbara A. , ed. , *Women and Work in Pre – Industrial Europe*, Bloomington, 1986.

177. Beveridge, Lord, "Westminster wages in the manorial era", *Economic History Review*, 2nd. , ser. , viii (1955—6) .

178. Bonfield, Lloyd and Poos, L. , "The development of deathbed transfers in medieval English manor courts", in Zvi Razi & Richard M. Smith, eds. , *Medieval Society and the Manor Court*, Oxford, 1996.

179. Brand, Paul A. , and Hyams, Paul R. , "Debate: seigneurial control of Women's marriage", *Past and Present*, 99 (1983), pp. 123—160.

180. Brand, Paul, "Family and inheritance, women and children", in Chris Given-Wilson, ed. , *An Illustrated History of Medieval England*, Manchester, 1996.

181. Campbell, Bruce M. S. , "Population pressure, inheritance and the land market in a fourteenth-century peasant community", in Richard M. Smith, ed. , *Land, Kinship and Life-Cycle*, Cambridge, 1984.

182. Clark, Elaine, "Debt litigants in late medieval English vill", in J. A. Raftis, ed. , *Pathways to Medieval Peasants*, Toronto, 1981.

183. Dewindt, Anne, "Peasant power structures in fourteenth-century King's Ripton," *Mediaeval Studies*, 38 (1976), pp. 236—267.

184. Fitzherbert, Anthony, The Book of Husbandry, 1523, in C. H. William, ed. , *English Historical Documents*, Vol. V, 1485—1558, gen. ed. , David C. Douglas, Oxford: Oxford University Press, 1967, pp. 917—925.

185. Goody, Jack, "Inheritance, property and women: some comparative considerations", in Jack Goody, Joan Thirsk, and E. P. Thompson, eds. , *Family and Inheritance: Rural Society in Western Europe*, Cambridge, 1976.

186. Hajnal, J. , "European marriage patterns in perspective", in D. V. Glass and D. E. C. Eversley, ed. , *Population in History: Essays in Historical Demography*, Chicago, 1965.

187. Hallam, E. , "Age at first marriage and age at death in the Lincolnshire Fenland, 1252—1478", *Population Studies*, 39 (1985), pp. 55—69.

188. Hanawalt, Barbara A. , "Childrearing among the lower classes of later medieval England", *Journal of Interdisciplinary History*, VIII (1977) .

189. Hanawalt, Barbara A. , "Community conflict and social control: crime and justice in the Ramsey Abbey villages", *Mediaeval Studies*, 39 (1977), pp. 402—423.

190. Hanawalt, Barbara A. , "Remarriage as an option for urban and rural widows in late medieval England", in Sue Sheridan Walker, ed. , *Wife and Widow in Medieval England*, Michigan Univeristy Press, 1993.

191. Hanawalt, Barbara A. , "The female felon in 14th century England", in Susan M.

Stuard, ed. , *Women in Medieval Society*, Philadelphia, 1976.

192. Haskell, S. , "The Paston women on marriage in fifteenth-century England", *Viator*, 4 (1973) .

193. Haskins, George L. , "The development of common law dower", *Harvard Law Review*, 1 (1948), Vol. 62. 转引自俞金尧《中世纪欧洲寡妇产的起源和演变》,《世界历史》2001 年第 5 期, 第 55—56 页。

194. Herlihy, "Life expectancies for women in medieval society", in R. T. Morewedge, ed. , *The Role of Woman in the Middle Ages*, London: Hodder and Stoughton, 1975.

195. Kowaleski, Maryanne , "Women's work in a market town: Exeter in the late fourteenth century", in Hanawalt, Barbara A. , ed. , *Women and Work in Pre-Industrial Europe*, Bloomington, 1986.

196. Meddleton, Christopher, "The sexual division of labour in feudal England", *New Left Review*, 113—114 (1979), pp. 147—168.

197. Payling, J. , "Social mobility, demographic change, and landed society in late medieval heirship", *Comparative Studies in Society and History*, 15 (1973) .

198. Penn, Simon A. C. , "Female wage earners in late fourteenth century England", *Agricultural History Review*, 35 (1987), pp. 1—14.

199. Pimsler, Martin, "Solidarity in the medieval village? The evidence of personal pledging at Elton, Huntingdonshire", *Journal of British Studies* 17, No. 1 (1977) .

200. Poos, R. , & Richard M. Smith, " 'Legal windows onto historical populations' ? Recent research on demography and the manor court in medieval England", in Zvi Razi & Richard M. Smith (eds.), *Medieval Society and the Manor Court*, Oxford, 1996, p. 304.

201. Purvis, June, "Women's history today", *History Today*, Nov. , 2004, Vol. 54, Issue 11.

202. Schammell, Jean, "Freedom and marriage in medieval England", *Economic History Review*, 2nd ser. 27 (1974), pp. 523—537.

203. Schammell, Jean, "Wife – rents and merchet", *Economic History Review*, 2nd ser. 29 (1976), pp. 487—490.

204. Scott, Joan W. , "Some reflections on gender and politics", *Gender and the Politics of History*, New York: Columbia University Press, 1999.

205. Searle, Eleanor, "A rejoinder", *Past and Present*, 99 (1983), pp. 149—160.

206. Searle, Eleanor, "Freedom and marriage in medieval England: an alternative hypothesis", *Economic History Review*, 29 (1976), 2nd ser. , pp. 482—486.

207. Searle, Eleanor, "Seigneurial control of Women's marriage: the antecedents and function of merchet in England", *Past and Present*, 82 (1979) .

208. Sheehan, Michael M. , "Choice of marriage partners in the middle ages: development and mode of application of a theory of marriage", *Studies in Medieval and Renaissance History*, new series, 1 (1978), pp. 3—33.

209. Sheehan, Michael M. , "The formation and stability of marriage in fourteenth-century England: evidence of an ely register", *Medieval Studies*, 33 (1971), pp. 228—263.

210. Sheehan, Michael M. , "The influence of canon law on the property rights of married women in England", *Mediaeval Studies*, (1963), Vol. 25.

211. Smith, R. M. , "Women's property rights under customary law: some developments in the thirteenth and fourteenth centuries", *Transactions of the Royal Historical Society*, 36 (1986). 转引自俞金尧《中世纪欧洲寡妇产的起源和演变》,《世界历史》2001 年第 5 期, 第 56 页。

212. Smith, Richard M. , "Coping with uncertainty: Women's tenure of customary land in England, c. 1370—1430", in Jennifer Kermode (ed.), *Enterprise and Individuals in Fifteenth-Century England*, Stroud, 1991, p. 62.

213. Smith, Richard M. , "Families and their land in an area of partible inheritance: Redgrave, Suffolk 1260—1320", in Richard M. Smith (ed.), *Land, Kinship and Life-Cycle*, Cambridge, 1984, pp. 135—196.

214. Smith, Richard M. , "Some reflections on the evidence for the origins of the 'European Marriage Pattern' in England", in C. Harris, ed. , *The Sociology of the Family: New Directions for Britain*, Keele, 1979.

215. Weiner, Carol Z. , "Sex roles and crime in late Elizabethan Hertfordshire", *Journal of Social History*, 8 (1975), pp. 38—60.

216. Wrigley, A. , "Fertility strategy for the individual and the group", in Charles Tilly, ed. , *Historical Studies of Changing Fertility*, Princeton, 1978.

后　记

　　本书是在笔者博士论文基础上修改而成的。博士毕业后，曾有一段时间将大量的精力投入妇女发展相关的课题调研与实践中，使得论文的修改一直断断续续，没有满意的定稿。近年来，随着工作和生活逐渐稳定下来，教学和科研也逐渐聚焦到妇女学和妇女史领域，才真正静下心来认真修改我的论文，补充和更新资料，完善结构与思路，终于完成书稿。本书虽然几经修改，但因笔者资质愚钝，文稿或有行文粗糙和内容疏漏之处，敬请赐教。

　　本书的撰写、修改与出版，折射出笔者漫长的求学经历，更凝聚着老师、亲人和朋友的帮助与挚爱。回首十余年的求学和教研历程，我不仅收获了知识，更得到良师益友们的帮助与支持。

　　首先，我特别要感谢我的两位恩师。一位是我的硕士导师侯建新教授，另一位是我的博士导师徐浩教授。2000 年我踏入天津师范大学的校门，开始跟随侯先生学习世界历史，先生知识渊博，视野开阔，严谨治学，对学生如"严父"一般的关爱和投入，其道德学识皆令后学折服，且受益终生。三年中，无论是学业还是人生发展，我都深深受教于先生，崇敬之情、感恩之心也伴我一生。

　　2003 年我考入中国人民大学历史系，开始师从徐先生，攻读世界中世纪史博士学位。三年中先生耳提面命，谆谆教诲，从我博士阶段的专业学习到博士论文写作，都给予了悉心的指导和无私的帮助。当年，为了帮助我确定一个合适的研究课题，先生不厌其烦地为我分析选题的可行性；在我最终确定以农村劳动妇女研究为题时，先生给予了极大的支持和鼓励，并推荐相关的书籍以帮助我打开研究思路；其后的研究过程中，先生悉心指导，不时地督促和帮助，使我少走了许多弯路，也避免了因为惰性和浮躁而耽搁研究工作。另外，先生严谨治学的态度和敏锐才思一直令我从心底里钦佩不已，而其宽博仁厚的为人处世态度更令我尊敬，我虽然生性愚钝，但也希望能够以先生为治学与处世的楷模，在学术道路上取得更多的进步，以回报先生的付出。

其次，我要感谢天津师范大学杜芳琴教授，她是我职业生涯的第一位领导，更是我人生一位重要的导师。2002年的一门课程让我有幸得以结识先生，其后又因一个学术会议而与先生进一步结缘。2003年在考入中国人民大学的同时，我留校工作，成为先生主持的、享有国内盛誉的妇女研究中心的一员。工作期间得到先生如师长般的教导，如亲友般的关爱。先生为了妇女事业在学术上孜孜以求，不断创新，在知识传播和行动中不辞劳苦地耕耘，其学识、胸怀都令我敬佩不已，其无私奉献、执着于事业的精神，是我辈之楷模，唯有不断努力，在妇女研究领域不断开拓，以回报先生对我的信任与支持。

再次，我要感谢中华女子学院的领导和同事们。2009年，因为要解决孩子在北京入托和夫妻两地分居的问题，我依依不舍地拜别杜先生，开始人生第一次求职经历，但精心制作的简历也只投给了中华女子学院女性学系。因为这是国内唯一的女性学专业人才培养平台，是我最向往的地方。感谢学校领导和院系老师们的认可，让我如愿以偿地成为女性学系教师；也感谢学校学术委员会和评审专家给予本书的认可和出版机会；感谢科研处的领导和同事们给予本书出版的大力帮助；感谢所有给我信任、关心和支持的同仁！

此外，还要感谢参加我博士论文评审和答辩的专家们对论文的肯定和非常宝贵的修改意见，感谢徐善伟教授，他在我论文的选题上曾给予积极帮助和宝贵建议；感谢妇女史研究前辈朱迪斯·贝内特女士慷慨提供研究资料，并为我提了不少宝贵意见；感谢中国社会科学出版社任明先生为本书出版所付出的努力；感谢天津师范大学的老朋友们，大家不仅在学术研究上为我提供了许多帮助，而且在日常生活中也给予了我较多的关心和支持；还有诸多在学业和生活中关心和帮助过我的同仁、师门好友，在此一并谢过。

最后，我要感谢我的家人，在我历年的求学过程中始终给予了充分的理解和支持。尤其感谢我的父母，无怨无悔地培养我、支持我，而我因外出求学，未能在父母膝前尽孝，心中常怀愧疚。2009年8月30日，我得到父亲病危消息即刻赶回却未能见最后一面，这成为我心底最大的痛！

今后唯有不断努力，才能回报家人对我的爱和付出，才能回报师友和亲朋的关怀与厚望。

2013 年 7 月于中华女子学院